投资交易笔记（续）

——2011~2015年中国债券市场研究回眸

董德志　著

中国财经出版传媒集团
经济科学出版社

图书在版编目（CIP）数据

投资交易笔记：续：2011～2015年中国债券市场研究回眸／董德志著．—北京：经济科学出版社，2016.8（2024.9重印）
ISBN 978－7－5141－7233－1

Ⅰ.①投…　Ⅱ.①董…　Ⅲ.①债券市场－中国－2011－2015　Ⅳ.①F832.51

中国版本图书馆CIP数据核字（2016）第211172号

责任编辑：杜　鹏　王东岗
责任校对：郑淑艳
版式设计：齐　杰
责任印制：邱　天

投资交易笔记（续）
——2011～2015年中国债券市场研究回眸
董德志　著
经济科学出版社出版、发行　新华书店经销
社址：北京市海淀区阜成路甲28号　邮编：100142
总编部电话：010－88191217　发行部电话：010－88191522
网址：www.esp.com.cn
电子邮件：esp@esp.com.cn
天猫网店：经济科学出版社旗舰店
网址：http：//jjkxcbs.tmall.com
固安华明印业有限公司印装
787×1092　16开　18印张　400000字
2016年9月第1版　2024年9月第13次印刷
ISBN 978－7－5141－7233－1　定价：58.00元
（图书出现印装问题，本社负责调换。电话：010－88191510）

自 序

距 2011 年《投资交易笔记——2002～2010 年中国债券市场研究回眸》一书出版发行已经整整五年了。在这五年时间中，中国的债券市场也发生着日新月异的变化。与此同时，笔者也未敢故步自封，始终紧紧跟随着中国债券市场的“脉搏”。

2011～2015 年，五年时间，合计 1245 个交易日，每个交易日所发生的故事都铭记于笔者的心头。微观构成了宏观，而宏观又潜移默化的指导着微观，这一特征在金融市场的变化中尤为显著。也正是借《投资交易笔记（续）——2011～2015 年中国债券市场研究回眸》一书撰写之际，笔者试图将 1245 个交易日的微观故事串成宏观视角。

相比于 2002～2010 年的债券市场，2011～2015 年的市场发生了深刻变化，而这也恰逢中国宏观经济运行从“旧动能”驱动向“新动能”驱动转化，这一转折时点大致发生在 2011 年附近。以此时点划分，中国经济运行也从周期性特征向结构性特征转变。幸运的是，前、后两册书见证了中国经济与中国债券市场的这种转折与变化。

比较《投资交易笔记——2002～2010 年中国债券市场研究回眸》与《投资交易笔记（续）——2011～2015 年中国债券市场研究回眸》，两本书的共通之处在于，都没有脱离从微观入手的视角，依然站在一个市场观察者的角度尽可能公正、客观的刻画纷繁复杂的市场变化。这部分内容已经成为笔者工作中潜移默化的习惯，也非常希望这部分内容能以“字典”、“备忘录”之类的功能提供给读者以一定参考。

如果说前、后两册书的不同之处，则更为显著。这也恰好对应了笔者工作属性的变化，从一个交易员彻底转化为了一个研究员。也正是由于这种工作角色的转变，令前、后两册书在主导思维方面出现了较大的变化。

如果说《投资交易笔记——2002～2010 年中国债券市场研究回眸》的思索更侧重于从概念、经验角度出发去梳理市场变化，那么《投资交易笔记（续）——2011～2015 年中国债券市场研究回眸》则更试图从理性、逻辑角度来归纳整理。2002～2015年长达十四年的思考与观察，一些思路上的去伪存真、反复斟酌，最终浓缩于本书之中，也令本书更为厚重。

长期的市场经历和观察，令笔者面对市场的波动、情绪的起伏已经相对淡定，而更希望从稳定的逻辑线条去解释、理解各种变化。

《投资交易笔记——2002～2010年中国债券市场研究回眸》内容中，经济增长与通货膨胀的“双轮驱动”逻辑线条贯穿始终，且经历了历史周期的检验。《投资交易笔记（续）——2011～2015年中国债券市场研究回眸》中，笔者试图将“双轮驱动”的逻辑线条进一步丰富扩展至“三因素决定框架”、“货币＋信用组合分析框架”以及“利差分布决定论”等框架中。虽然前后逻辑的内涵有所差异，后者更为丰富，但是本质依然是殊途同归。

笔者始终遵循着这样一个基本原则：尽可能用少的因素去解释更多的内容。因为一旦解释变量增多，其应用的实际效果就会大打折扣。即：研究分析需要从微观中而来，但是目标还是向宏观而去。

十四载经历、两册书、合计60余万字，希望能给读者以帮助。

在成书的过程中，感谢我的同事赵婧、魏玉敏、陶川、燕翔、李智能、柯聪伟等，在一定程度上，本书是我们智慧的合力之作，感谢他们！

还要感谢金融市场中的各位同仁，在与你们的交流探讨中，给予了我各种各样的灵感与思索，感谢你们！

感谢我的家人。在我繁忙工作之余，撰写本书之时，是家人给予了我支持和理解，由衷的感谢他们！

最终，依然采用英国首相丘吉尔所说的名言：“回顾愈深，思之愈远”。希望我们在对历史的不断回顾与反思中，能对未来看得更远一些！

本书中所有内容仅代表我个人观点，疏漏和错误之处敬请读者批评指正。

是为序。

董德志

2016年5月18日于上海

目　录

第一篇

2011～2015 年利率市场变化回顾

经过了这么多年，笔者依然信奉着“以史为鉴”的信条。历史的反复回顾虽然未必能令投资思路领先未来，但是却可以令投资者面临不确定性时刻，多一些心理准备、少一些迷茫。

因此在本书的第一篇内容笔者承接了《投资交易笔记——2002～2010 年中国债券市场研究回眸》一书的框架，梳理了 2010～2015 年这五年时期中债券市场所发生的事情。在梳理变化的过程中，也确实是非常巧合，笔者由衷的感受到，似乎恰好是以 2010～2011 年时间点为分界线，中国的债券市场变化前后呈现出更为丰富化的逻辑线条。

如果说之前的驱动债券市场的逻辑主线可以用一个词衡量，那就是传统周期性，而之后驱动债券市场的逻辑主线则定位于结构性。在传统周期性的债券市场变化中，经济增长和通货膨胀因素成为主导债券市场的主体力量，而在结构性变迁的债券市场中，除去原有的基本面主导因素外，债务杠杆情况也成为一个重要的影响因素。

对应于债券市场这种巨变，背后深层次的宏观基本面分化在于，之前的中国经济基本面变化是周期性特征为主，潜在经济增长速度是平稳的，之后的中国经济基本面变化是结构性特征为主的，我们正在经历着长期难遇的潜在增长速度下行阶段。

对应于经济基本面的特征变化，中国宏观政策也发生着深刻的变化，之前的政策是以需求端调节为主导，之后的政策是以供给侧调节为主导。

总体来看，潜在增长速度的变迁导致了中国经济基本面运行的特征发生根本性变化，进而导致了中国的宏观调控政策发生着根本性变化，而作为中国宏观经济、政策温度计的债券市场也自然呈现出前后各异的变化特征。而发生这一系列变迁的分界点笔者认为正是 2011 年。

但是历史和现实不能相互否定，以往的特征与经历依然是非常宝贵的财富。周期性特征的市场变化和结构性特征的市场变化在历史长河中将依次交替，以潜在经济增长速度的稳定与否为各自发生前提，2002～2010 年的债券市场经历的是潜在增速稳定下的波动与变化，2011～2015 年的债券市场经历的是潜在增速在下行状况下的波动与变化，也许这一进程还没有结束，但是相信我们已经经历了过半的历程。

也正是由于前后中国经济基本面的本质特征发生了变化，以往周期中的经验似乎在新状况下遭遇了挑战，很多新的变化、新的特征发生在了最近五年时间中，也由此催发了很多新的思考。

在本篇内容中，笔者按照年度周期为跨度，仔细梳理了每一时期中驱动债券市场变化的因素，这与《投资交易笔记——2002～2010 年中国债券市场研究回眸》中的格局相仿，但是在每年的梳理结束了，笔者增加了一节内容，对于当年度市场思潮中的热点、焦点问题进行回顾评述，起名为“历年市场变化之启迪”。

首先需要声明的是，这些热点或焦点探讨并非全部是笔者自身所创，多取之于市场的集体结晶，这些思维是当时市场变化中的关注焦点，有的内容和结论在当期可能难以立时证实或证伪，但是经过了历史的检验后，这些看法和评述在今天可以大致的进行更为客观的评说，时间起到了去伪存真的重要作用。大浪淘沙后的经验更值得读者去关注与反思。

让我们一起展开波澜壮阔的 2011～2015 年中国债券市场长轴画卷！

第一章

2011年[1]：滞胀时期

2002～2010年，笔者经历过中国经济的过热、衰退等变化，但是始终没有遭遇过滞涨时期。从教科书中也可以了解，滞涨[2]是一种较为罕见的经济基本面现象，在滞涨时期，债券品种会有如何的变化和表现是一个非常值得回顾记忆的内容。

2011年中，中国的经济基本面变化在相当一段时期遭遇到了这种罕见的局面，而这一过程中，债券市场的变化也确实展现出与以往并不相同的特征。

单纯从长期利率变化来看，似乎也很难将2011年的债券市场简单归纳为熊市或牛市，但是从整体市场投资者的感受来看，2011年却是一个刻骨难忘又格外难熬的历史时期，期间大悲到大喜的转化似乎来得那么意外。

第一节 2011年基准国债利率运行轨迹综述

2011年10年期国债的利率波动区间在（3.42%，4.13%），全年利率呈现出“久盘而后下跌”的变化。从走势特征来看，2011年前三个季度，10年期国债利率维持在一个很窄的区间（3.80%，4.10%）波动，而进入四季度后，快速地出现了明显下跌，一举回落到3.40%附近。全年波动幅度在70基点[3]附近。2011年10年期国债利率走向在历史长河中的分布位置，如图1－1－1所示。

---

① 2011年2月3日是大年初一。

② 停滞性通货膨胀（英文：stagflation），简称滞胀或停滞性通胀，在经济学、特别是宏观经济学中，特指经济停滞（stagnation），失业及通货膨胀（inflation）同时持续高涨的经济现象。

③ 一个基点等于1个百分点的1%，即1个基点＝0.01%。

图1－1－1　2002～2014年10年期国债利率变化一览

资料来源：中央国债登记结算有限责任公司（简称CDC①）www.chinabond.com.cn。

如果单独从CPI水平来看，2011年的CPI增速最高上冲到6.5%，可谓通货膨胀形势严峻，但是与以往高通胀时期相比，在CPI一路上冲的前三季度中，长期利率的波动可谓相当温和，10年期国债的波动幅度不超过30基点，这也是历年以来较为罕见的局面。如图1－1－2所示。

图1－1－2　2011年10年期国债利率变化一览

资料来源：中央国债登记结算有限责任公司www.chinabond.com.cn。

如果说2010年长期利率变化的驱动受到双因素（经济增长、通货膨胀）变化的先后影响，在2011年长期利率变化的驱动则是受到了双因素（经济增长、通货膨胀）变化的同时影响。

---

① CDC系中央国债登记结算有限责任公司英文缩写。

在2011年，特别是前三个季度中呈现出较为典型的“经济增速下行，通货膨胀上行”的“类滞胀”特征。因此笔者倾向于将此定义为罕见的“滞胀”时期，回顾滞胀时期的长期利率变化，从经验上有两个结论可以参考：

（1）滞胀时期之后，经济基本面大概率会进入衰退时期；

（2）滞胀时期对于长期利率的冲击幅度是有限的。回顾2011年来看，10年期国债由于利率波动幅度可控，甚至可以取代短期债券作为一种不错的流动性管理品种，且考虑到第一个结论，长期利率品种就更适合在滞胀时期作为一种进可攻、退可守的品种。

2011年中，不可忽略的是长、短期利率的走势和波幅存在着非常显著的差异，如图1－1－3所示。

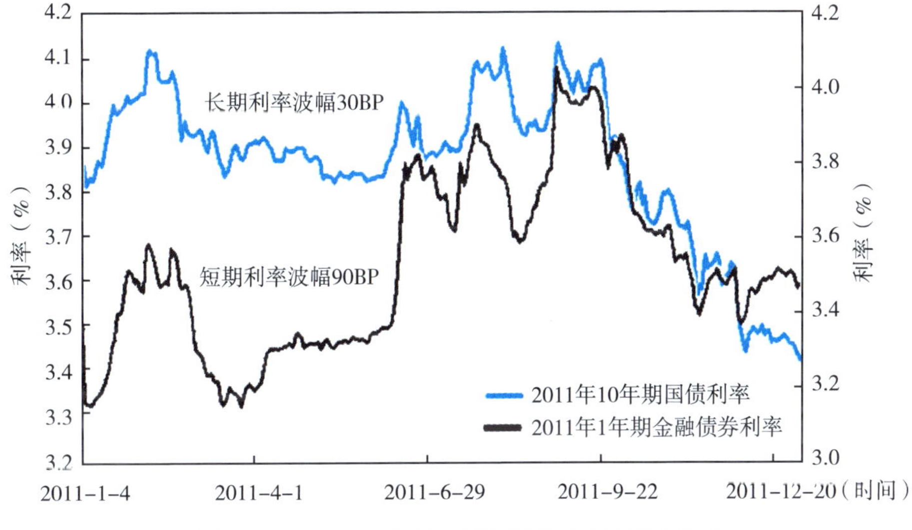

图1－1－3　2011年长、短期利率的走势变化差异

资料来源：中央国债登记结算有限责任公司 www. chinabond. com. cn。

第二节　2011年长期利率波动详解

2010年底，突发而至的通货膨胀在2011年蔓延开来，且伴随2010年底以来的上调法定存款准备金率和加息政策出台，新年伊始的国内债券市场就被政策紧缩氛围所笼罩。

从通货膨胀率的变化来看，这是2002年以来所经历的第三轮高通胀时期，但是与前两轮通货膨胀时期相比，长期利率的变化则相对淡定很多。原因是在高通胀进行过程中，中国经济的增长却没有出现前两轮的过热特征，反而呈现出不断回落、下行的态势。不断上行的通货膨胀率和逐渐下行的经济增长速度同时而出现，形成了“滞胀”特征。

从回顾历史角度来看，2011年也是一个中国经济增长周期重要的“分水岭”。始自2002年以来的经济上行大周期在2011年附近形成了重要的拐折点。

如果从事后观察来看，中国经济的大周期大致可以做以下三个阶段的划分：

（1）2002～2008年：大的增长上行周期；

（2）2009～2011年：在“四万亿元”大刺激下推动的“伪”复苏时期；

（3）2012年至本书截止日：大的增长下行周期。

因此以2011年为分界线，笔者倾向于将前期作为“旧时期”对待，2012年后则作为“新时期”对待。

当然这种划分是事后总结的结果，因为站在2011年时期，我们并不清晰这是一个重要的历史转折点。

身处2011年，开年的债券市场被通货膨胀走高的预期所困扰，前三个季度中，市场始终在“通货膨胀走高—政策紧缩—资金面紧张—利率上行”的循环中运行，但是非常意外的是在2011年上半年时期中，国际市场动荡不止，一系列意想不到的风险事件依次爆发，这在一定程度上弱化了利率上行的幅度（出自避险因素），而也正是在这种风险事件频发、“避险情绪”阶段性主导市场的时期，国内经济增长因素也发生着微妙的变化。高通胀时期的高增长状况始终没有出现，反而出现了经济增长动能逐级下降的局面，这引发了投资者的逐渐关注。

需要关注的是，外围市场的动荡虽然在一定程度上诱发了中国经济的不确定性，即外需衰退的担忧，但是中国经济的调整与回落主要还是植根于内需的弱化。

一、2011年初至3月17日：通货膨胀忧虑与“避险情绪”的对抗

在2010年底通货膨胀再起、货币政策紧缩不断的氛围中，市场走入2011年，连续数月的高通胀局面，令市场对政策紧缩的预期不断高涨，长期利率也出现了攀升走势，但是这个局面却在2月下旬被突如其来的一系列“风险事件”所逆转。

（一）2011年1月4日至2月21日：通胀高企+紧缩预期不断

在2010年11月份CPI增速上行破“5”之后，12月份的CPI增速虽然略有下行（4.6%），但是依然高于当时的市场预期（4.5%），此外四季度中国的GDP增速水平达到了10%，也显著高于当时的市场主流预期。

在通货膨胀和经济增速双超预期的背景下，市场投资者的加息预期不断高涨，加息传言屡屡不断，长期利率也从年初的3.86%附近上行到1月18日的3.99%一线，该时期处于对去年（2010年）底数据走势的消化阶段。

随后，市场进入了春节前模式，市场主要的聚焦点在于春节前资金面的波动上。长期利率在1月下旬期间基本处于高位整理的格局（4.0%一线），应该说，春节前市场资金面的紧张局面没有给其造成进一步冲击。

最终传言中的加息措施在春节末期落地，在随后的4个交易日中，10年期国债利率从4.0%上冲到4.10%附近（2月12日）。随后的交易日中，由于1月份CPI增速弱于市场预期（市场预期在5.3%，实际增速在4.9%），长期利率稍有回落，并稳定于4.05%一线。

客观来说，这接近2个月的利率上行完全是针对于国内通货膨胀率的变化而展开的。

（二）2011年2月21日至3月17日：突发而至的系列“风险事件”

通货膨胀居高的担忧情绪伴随2月18日提高法定存款准备金率政策落地后而达到极致（2月份中加息、加准政策密集出台），但是由于加准政策并没有进一步恶化资金面状况（反映在加准政策落地后，银行间回购利率并没有异常上升），因此长期利率只是经历了一个短期“脉冲”式的波动。

2月下旬以来，一系列海外“风险事件”成为焦点，这些事件甚至是出乎预期的，而且是多线条、集中式爆发。分别表现为：北非一些国家的政治动荡局面①引发了市场避险情绪回升、欧洲债务危机担忧情绪引发国际股票市场大幅度下跌、日本大地震以及随后引发的核泄漏危机②等，其中以日本地震以及核核泄漏危机的影响程度最为显著（3月11～17日）。在此阶段，中国10年期国债利率从高点4.07%下跌到3.83%附近，回落幅度近25个基点。

回顾一下，一季度中，大致可划分为两个阶段：第一阶段主要以国内基本面为主导，其发酵、酝酿直至以加息加准先后落地而达到高潮，利率上行约20个基点，在这种悲观预期释放后，突发而至的国际系列“风险事件”引发了第二阶段，利率再度出现了回落。

这里需要提示一个奇特的名词：“风险偏好”，这个词在以前乃至未来的市场评论中会非常常见。

例如，以该阶段的市场变化主导因素来看，我们提及了三个“风险事件”：北非动乱、欧债危机担忧、日本大地震及核泄漏危机。这三个“风险事件”都会引发市场所谓“风险偏好”的变化（各类分析报告中常以risk on/off去表述），但是从笔者自身认识角度来看，有的所谓“风险事件”是密切联系于实际经济基本面的，而有的则是对经济基本面存在着非常模糊的预期影响。

例如，笔者认为欧债危机因素对于中国经济基本面而言，影响的关联性会更大一些，因为其会较为持续的削弱中国的外需，所以该因素对于中国利率市场的影响持续

---

① 2010年12月中下旬以来，突尼斯、埃及、利比亚、也门和叙利亚等阿拉伯多国相继陷入动荡、战乱和政权更替，规模、范围和影响之大前所未见，而且持续冲击地区力量格局并波及世界。

② 2011年3月11日，日本当地时间14时46分，日本东北部海域发生里氏9.0级地震并引发海啸，造成重大人员伤亡和财产损失。地震震中位于宫城县以东太平洋海域，震源深度海下10千米。东京有强烈震感。地震引发的海啸影响到太平洋沿岸的大部分地区。地震造成日本福岛第一核电站1～4号机组发生核泄漏事故。4月1日，日本内阁会议决定将此次地震称为“东日本大地震”。

性会更长一些。而对于北非动乱、日本大地震及核泄漏危机等因素，并不应轻易将其视为持续影响因素，其更多意义上影响的是投资者即时的情绪。

因此“风险事件”的属性应该依据其对于国内经济基本面的影响持续性进行详细分类，当然这种认识在理论上、后视性角度来看是容易理解的，当投资者身处其境中，是很难以理性区分的。例如在日本大地震并引发核泄露危机后，当时中国市场中各类分析报告也将其影响联系到了经济基本面角度，比如会引发与日本产业链相关行业生产的放缓、会造成某些物资的缺乏并导致价格上涨（事实上，当时确实在民间引发了居民抢购食盐，造成盐价波动的现实），虽然这一系列预期在后期很快消失，并没有兑现。

针对“风险偏好”的这一问题的理解，笔者会在后面章节中进一步介绍。

二、2011年3月18日至6月7日：国内基本面因素与“避险情绪”的二度交锋

从微观视角来观察2011年的国内利率市场驱动因素，会发现非常有趣。年初至3月中旬的驱动因素在随后的这段时期中再度显现、重复出现。

（一）2011年3月18日至4月7日：通胀预期再度主导

当日本地震引发的核泄漏危机担忧情绪逐渐平缓下来，市场的焦点再度转移回国内，通货膨胀问题依然是主要关注点。3月份的中国CPI指数再度冲破5%，并创下新高，自然对债券市场具有显著冲击，长期利率再度回升到3.90%上方。

针对CPI过高局面，4月5日中央银行宣布再度加息。由于市场对于物价的上涨并最终引发加息已有预期（事实上从3月中下旬以来的利率回升就是在反映通货膨胀的回升，并同步反映消化着加息的预期），加息后长期利率只是短暂性“脉冲”，并定格于3.92%。

（二）2011年4月8日至6月7日：莫名的“风险事件”再度发生

加息过后，也随后落地了提高法定存款准备金率政策，但是由于准备金政策出台后，货币市场资金面依然保持平稳，并没有给长期利率形成更大、更持续性的冲击。

而非常意外的是，在该阶段中两个莫名的“风险事件”依次涌现。

在“311日本大地震”引发核泄漏危机忧虑后，在4月12日，日本核泄漏事件恶化升级，并引发了全球大宗商品价格的暴跌局面。

无独有偶，令人意想不到是的5月1日，美国宣布击毙了基地组织灵魂人物

本·拉登[1]，让人更意外的是，这个消息竟然引发了国际原油价格的大幅度下跌。

当中国的利率环境被高通胀所困扰时，国际原油商品的大幅度下跌，自然在缓解着高涨的通货膨胀预期，也牵引着长期利率出现了再度回落。直至 6 月 7 日，中国 10 年期国债利率再度回落到 3.83% 附近，与前次回落的位置基本相当。

就这样，在 1 ~5 月份中国通货膨胀率破“5”冲“6”、高涨不断的过程中，两度意外的风险事件（主要是日本核泄漏危机以及拉登事件）一次次在阻挡着中国利率的冲高进程。

虽然在微观视角上，可以用“避险情绪”去解释对冲“通货膨胀”，但是如果从宏观视角来看，事实上从 4 月份开始，中国的经济增长速度也在“悄悄的”（在当时似乎并没有引发过多的讨论）下行，以最重要的指标工业增加值增速来看，从年初 14% 以上的位置向 13% 方向下行（4 月份开始加速）。

因此，如果以回顾的角度来看，2011 年 4 ~8 月份，中国的经济基本面组合形成的是“CPI 不断走高 + 工业增加值速度依次下降”的组合，从数据变化形态来看，是一种“类滞胀”特征，这和以往的经济过热组合（CPI 与工业增速同步上行）显著不同。

因此笔者倾向于将此阶段视为经济变化中较为罕见的“滞胀”阶段，虽然这一阶段持续的时间并不长（不足半年时间）。

2011 年上半年长期国债利率的变化详解示意如图 1 –1 –4 所示。

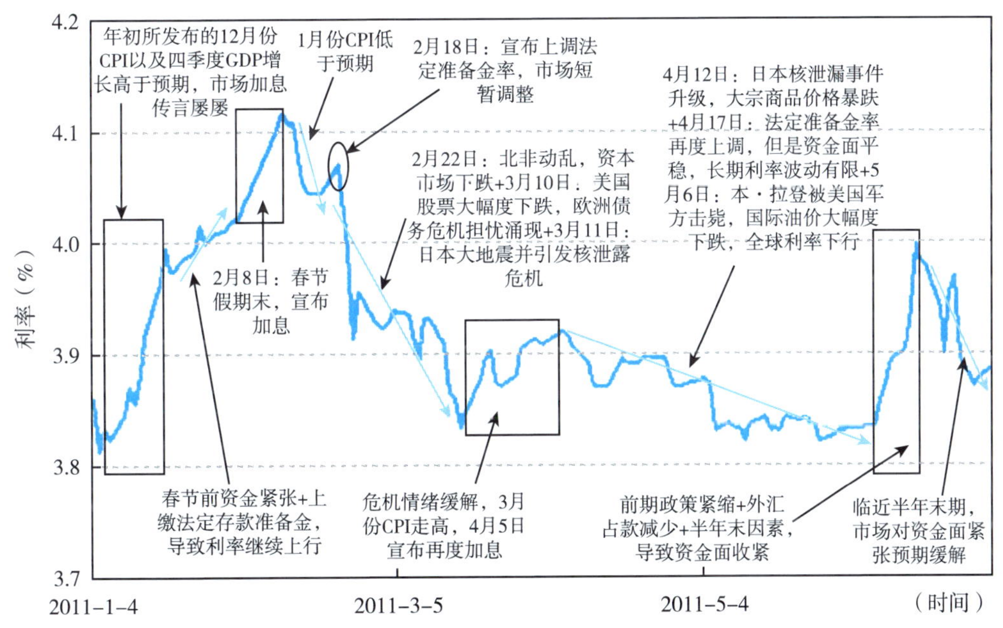

图 1 –1 –4　2011 年 1 ~6 月份长期利率变化详解

资料来源：中央国债登记结算有限责任公司 www. chinabond. com. cn。

---

① 美国总统奥巴马 2011 年 5 月 1 日在白宫宣布，基地组织领导人本·拉登已经被美国军方击毙。

三、2011年6月8日至8月31日：国内通货膨胀因素居于主导

风险事件依次消失后，市场的主导力量依然是通货膨胀问题，终于在2011年6月份，中国的CPI增速突破了6%，在此阶段，通货膨胀预期、紧缩预期形成了本轮利率调整以来最“黑暗”的一段时期。

（一）2011年6月8日至7月13日：半年度节点资金波动

当海外风险事件的阴霾散去，投资者逐渐淡化了“风险情绪”。在此时期中，三个因素造成了资金面的起伏波动，分别是：①人民币汇率出现了贬值预期，外汇占款降低；②前期系列紧缩措施累计发酵；③半年末时点。

三因素集中在6月中旬相聚，造成了资金面紧张局面，该局面也造成了长期利率从3.83%回升到了6月15日的3.99%水平。

从历史经验来看，资金面的波动紧张并不应该导致长期利率的异常变化，但是在通货膨胀预期主导的基本面背景下，资金面的波动是雪上加霜作用（如果在经济基本面有利于债券市场条件下，资金面的短期内紧张局面对于长期利率的影响程度很弱，长期利率更多会以盘整、停滞状态应对资金面的短期波动），因此造成了长期国债利率16个基点的上行幅度。

其后，由于资金面紧张局面被预期所缓解下来（注意：是预期缓解，市场普遍预期在经过6月底存款冲规模后，7月中旬会有大量的法定准备金退款，因此预期资金面进入7月15日后会有明显缓解），因此长期利率在冲击4%后再度小幅度回落到3.90%附近。

（二）2011年7月14日至8月31日：多重利空叠加而至

首先预期中的准备金退款没有如期发生，预期与实际出现了背离，资金面紧张的局面没有被实际缓解，这造成了稍有回落的长期利率再度回升。

随后，7月中旬发布的6月份CPI数据终于冲破了6%关口，而且市场普遍关注的食品价格因素依然在高涨之中，通货膨胀预期再度恶化，货币政策紧缩预期强化。这一因素是推动长期利率走高的最坚定支撑点。

在资金面预期失望、通货膨胀高歌猛进的过程中，2011年最值得回味的“城投债信用危机”爆发了。

由于城投类债券是各大机构重仓持有的品种，投资者的恐慌情绪导致其纷纷赎回基金，基金公司面临了非常严重的流动性变现危机，以城投债券为代表的信用品交易市场流动性变现能力迅速枯竭，为应对赎回压力，基金公司只能抛售手中流动性最好的品种：可转债、利率债券。在一定程度上看，利率债券被信用危机所“误伤”了。

从时间分布上看，城投债危机从6月30日开始发酵，高潮至9月30日，在此阶

段的前期，为了筹措现金应对投资者赎回压力，流动性最好的利率债券遭遇了猛烈抛售，这正是发生在 7 月上中旬。

背景资料

2011 年城投债信用危机

2011 年 4 月间，云南省公路开发投资有限公司向债权银行发函，表示："即日起，只付息不还本。"该公司在建行、国开行、工行等十几家银行贷款余额接近千亿元，这引起债权银行的震惊。

2011 年 6 月 29 日，有香港媒体报道，上海市政府辖下一家从事地产及公路建设的城市投资公司，本月起停止向银行偿还流动贷款，并向银行要求拉长还款期，以及把该笔款项转换成以资产抵押的固定贷款，这同样被市场视为地方政府的债务违约，市场上议论纷纷。

以上两个事件经过地方政府出面协调和澄清，事态渐渐平息。但紧接着 6 月 30 日，云投集团重组传闻得到证实：云南省政府拟将其持有的全部电力、煤炭资产及云投集团控股的云南电力投资有限公司账面总资产进行整合，组建新的集团。

由于电力资产是云投集团最为优良的资产，很多债务是以电力资产作为抵押，或者以电力收益作为还款来源，如今这一块资产剥离出去，这将造成这些债券失去了还款来源，被市场人士看作是明显的违约行为。

截至 2011 年 6 月 30 日，云投集团负债总额为 425.9 亿元，集团合并资产总额 573.62 亿元，资产负债率为 74.25%。到去年底，云投集团还有在上证所发行的公司债券两只，金额 35 亿元；云电投发行债券两只，总额为 7 亿元。

尽管云投集团负责人对此事澄清，但并没有打消市场的担忧，城投债的风险传递到整个企业债市场。

这就是所谓的，2011 年城投债违约的详细过程。

整体 7 月份中，资金缓解程度不达预期、通胀冲高、城投债危机误伤国债这三个因素造成了长期利率从 7 月 14 日的 3.90% 回升到 7 月 21 日的 4.09%。

而从 8 月 24 ~ 31 日，长期国债又迎接来了第二轮政策冲击。2011 年 8 月下旬，中央银行下发文件，要求将商业银行保证金存款纳入到存款准备金的缴存范围①。

粗略估算，保证金纳入存款准备金缴存范围，预计约冻结银行资金 9000 亿元，相当于 3 次上调银行业存款准备金率。虽然准备金上缴模式采用分期方式进行，但是

① 2011 年 8 月 26 日，中国人民银行下发通知指出，商业银行的保证金存款将纳入存款准备金的缴存范围，从 9 月 5 日起实行分批上缴。

在本以疲弱不堪的市场状况下，该信息对于市场预期造成了非常严重的冲击。

8 月 24～31 日期间，是该政策信息集中冲击市场的时期，10 年期国债利率也从 3.93% 附近一举冲高到 4.13% 位置。

可以说，8 月下旬，市场的心态极度悲观，投资者心态已达到冰点。

四、2011 年 9 月 1 日至 12 月 31 日：黎明前的黑暗—曙光—天明

2011 年四季度是一个熊牛转换的时期，虽然从事后来看，确实对应了 CPI 以及工业增加值的加速回落，但是回忆当初，这个熊牛转换走的还是很艰难的，因为通货膨胀数据回落的初期并没有被市场主流认为是通货膨胀结束的开始。

（一）2011 年 9 月 1 日至 9 月 21 日：黎明前的黑暗

这段时期中，10 年期国债利率维持在 4.0% ～4.10% 区间内高位整理，虽然 8 月份的 CPI 增速出现了些许回落（相比 7 月份而言），但是由于 8 月份实际增速依然略高于预期水平，因此并没有给市场投资者更多的信心支撑，当时市场投资者对于 9 月份 CPI 是否能延续回落并没有信心，因此宏观基本面方向没有给予市场过多的利多信心支撑。

但是令市场较为意外的是，保证金存款上缴法定准备金的举措并没有给资金市场以预期般强烈的冲击，进入 9 月份以来，资金市场回购利率反而是小幅度下行一些，这与市场预期相比存在了较大的反差。

（二）2011 年 9 月 22 日至 10 月 31 日：曙光

10 年期国债利率从 9 月 22 日开始出现回落，主要的触发因素在于 9 月 21 日美联储认为美国经济出现了显著下行特征，并展开了扭转操作①。这种扭转操作并没有释放流动性，因此全球资本市场更多接受的是美国经济下行的信息，全球资本市场出现了大幅度调整。

对于中国国债市场而言，“风险偏好”下降又开始左右投资者的情绪了。在这个因素作用下，9 月 22 日至 10 月 11 日期间，中国 10 年期国债利率从 4.09% 回落到 3.75% 附近，幅度可观。

其后虽然有波动，但是始终没有形成明显的回升趋势。在 10 月中下旬发生了一个很有意思的事情。10 月 12 日，停发的 3 年期中央银行票据再度被中央银行重新启动，这无疑给市场传递的是紧缩预期，但是 10 月 20 日，3 年期中央银行票据的发行利率却微妙地降低了 1 个基点。

---

① 2011 年 9 月 21 日美联储表示，将购入 4000 亿美元剩余期限从 6 年到 30 年不等的美国国债，并通过出售等值的 3 年或更短时间内到期的国债筹措所需资金。

一正一反两种预期同时出现了，但是由于市场并没有把3年期中央银行票据品种作为政策利率的信号指标（投资者更认可1年期中央银行票据的政策指标含义），所以对于这一微妙变化，市场没有给出更多的解读。

（三）2011 年 11 月 1 日至 12 月 31 日：天明

具有政策指标性的1年期中央银行票据发行利率终于在11月8日出现了松动，当天发行利率降幅为1个基点，这足以带动了市场的积极性。终于，货币政策停止紧缩的预期得到了确认，长期利率开始下行突破。同时10月份的CPI数据也一举跌破了6%关口，通货膨胀预期发生了转折。

继而，11月15日，1年期中央银行票据的发行利率再度下降10个基点，带动长期利率继续回落，11月30日，法定存款准备金率终于下调，虽然市场从前期开始就已经酝酿降准的预期，但是这次降准的实际落地还是比普遍主流预期来的更早一些。

至此，货币政策从紧缩状态很快地转向了宽松状态，中间似乎都没有经历什么平稳观望的平台观察期。

从11月初到年底，CPI接连跌破“6”、“5”关口，工业增加值增速跌破13%向12%靠拢，基本面的转折以及货币政策方向的转折推动长期国债利率从3.75%附近一举回落到年底的3.40%附近，回落幅度达到了35个基点。

回顾历史，应该说2011年的基本面转折和货币政策转折都是比较快速的，在经历了三个季度熊市氛围后，在第四季度迅速的转移到了牛市过程中，速度之快令人震惊。

2011年7~12月份中国长期国债利率的变化轨迹和详解见图1-1-5。

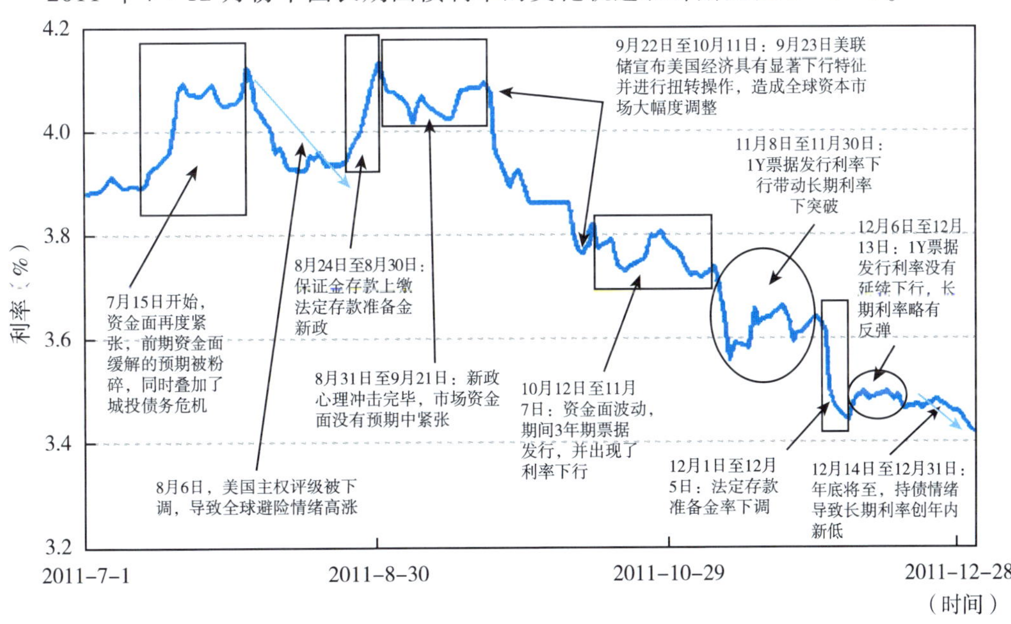

图1-1-5 2011年7~12月份长期利率变化详解

资料来源：中央国债登记结算有限责任公司 www.chinabond.com.cn。

第三节　2011年市场变化之启迪

一、"滞胀"及其影响

笔者始终认为2011年经济基本面是一个类"滞胀"特征，这一特征是十几年（2002～2015年）来都没有出现过的情形。

如何衡量滞胀特征，从实用角度出发，不去从学术角度上追索，更关注经济增长指标和通货膨胀指标的变化方向。

（一）佐证之一：从预期与现实比较角度衡量"滞胀"

市场预期数据可以采用REUTERS（路透）通讯社每月针对市场投资研究机构的数据预测采样，实际数据和预期数据进行比较，可以看出以下特征：

2011年4～8月份期间，CPI的实际变化多高于预期值，而工业增加值的实际变化则基本符合预期，但是也出现过几次低于预期值的情况。只有进入到8月份之后，通货膨胀和工业增加值的实际增速同时开始低于每月的预期水平。因此总体来看，2011年4～8月份期间，大致是一个类"滞胀"的特征，如图1－1－6所示。

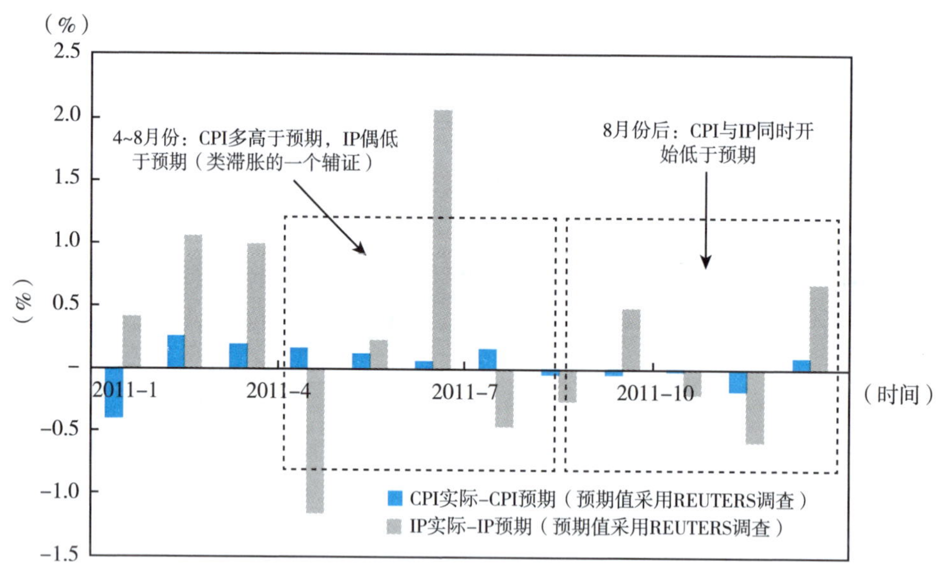

图1－1－6　经济基本面数据预期和实际的比较

资料来源：国家统计局、REUTERS。

（二）佐证之二：通货膨胀率显著上行，而名义增速稳定

假设用"CPI同比增速＋工业增加值同比增速"来衡量名义增长速度，2011年

期间，在 CPI 同比增速显著走高的时期中，名义增速却保持了相对稳定，显示经济增速并没有伴随通货膨胀率的上行而同步走热，甚至有所回落，如图 1－1－7 所示。

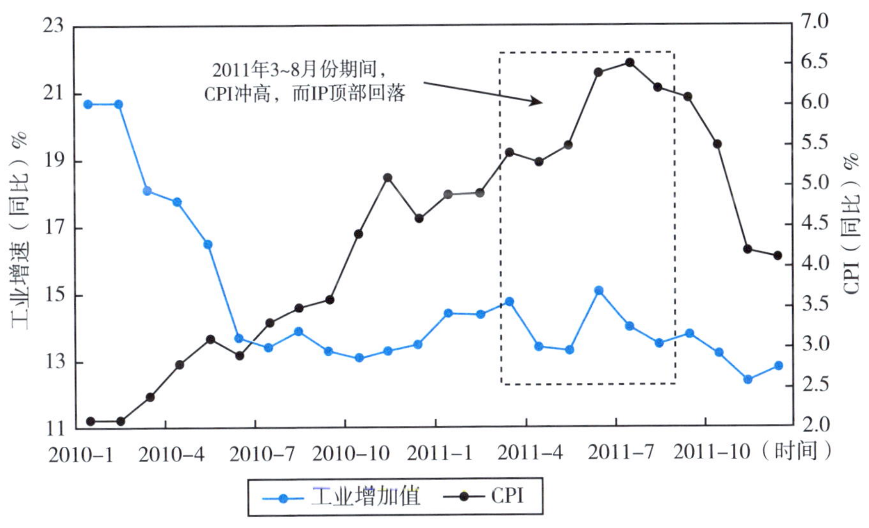

图 1－1－7 工业增速与 CPI 同比增速变化

资料来源：国家统计局。

（三）滞胀对于金融资产价格的影响

1. 股债双杀

可以观察到 2011 年 4～8 月份时期，是一个股债双杀的局面。上证指数从 3000 点附近一路回落到 2500 点附近，同期 10 年期国债利率从 3.80% 附近回升到 4.0% 附近，变化虽然不大，但是如果考虑到其他各类债券品种的综合走势（如信用债券、短久期品种），则依然表现惨淡。

2. 长期利率的调整并不剧烈

虽然在滞胀时期，市场的关注焦点在于通货膨胀的不断走高，而且货币政策的针对焦点也是控制通货膨胀，这都注定了短期利率会出现比较确定性的回升，但是长期利率由于存在对于经济增长因素的反应和预期，调整幅度和空间都有限。

在 4～8 月份期间，10 年期中国国债利率在（3.90%，4.10%）的狭小区域内震荡，方向趋势色彩并不浓重，而同期的 1 年期金融债券利率则从 3.30% 一路上行到 4.50%，幅度超过 100 个基点。

因此从现实表现来看，在滞胀时期，持有长久期、高流动性的品种也是一种不错的选择，特别是考虑到滞胀之后经济体大概率走向衰退的基本面切换特征。

3. 滞胀之后大概率走入衰退

滞胀从各国历史周期来看，都是一种较为罕见、持续时期不长的现象，那么滞胀之后经济基本面走向何方，是当时市场争论的一个焦点。

由于滞胀时期，经济增长动能本已衰退，且货币政策的主要针对点在于通货膨胀，会继续实施相对偏紧的措施，因此从逻辑外推来看，滞胀之后，经济基本面大概率会走向衰退，也正是这种预期，会导致长期利率并不会跟随紧缩的货币政策出现大幅度、显著的调整。

而股票市场则首先受到滞胀冲击，表现疲弱，随后将再度受到衰退因素的影响而继续走弱，在滞胀之后，"股债双杀"将变化为"债强股仍弱"的局面。

二、周期叠动

笔者说过，2011年可能是中国经济大周期划分的一个重要分水岭。2002～2011年期间中国经济基本面变化具有显著的周期弹性，通货膨胀周期、经济增长周期以及货币政策周期依次展开，弹性特征很明显。

而2011年之后，中国经济的弹性色彩显著淡化下来，始终处于一种回落的大趋势中，特别对于经济增长因素的分歧由"强弱之别"变化为了"稳弱之分"，即以往争论的是经济增长后期是上行还是下行，后期则争论的只是经济增长率后期是稳定的还是继续下行的。

2002～2011年期间的周期弹性，也造成了市场利率围绕在一个大的箱体中进行大幅度震荡，而摸索利率区间的顶或底则成为市场投资者重要的关注点。针对于此摸索，也产生了重要的投资逻辑："周期叠动"。

（一）利率寻顶过程中的周期叠动

从逻辑上看，有三股力量存在周期变化特征：经济增长、通货膨胀、货币政策。这三个周期是依次展开的，后者都以前者的变化为依据并展开变化，并且存在时滞。

对于经济增长周期和通货膨胀周期的先后关系，在理论上已经有证明，即经济增长是通货膨胀的先行指标，这个先后关系分歧不大。

对于货币政策周期与通货膨胀周期的先后关系，存在一定的分歧。有人认为货币政策应该具有前瞻性，在通货膨胀周期启动之前就应该逆周期调整，但是在现实中，这种前瞻性是非常难以实现的，这需要货币当局对于宏观经济运行具有高度把握预测能力，这不是很现实。

因此在实际环境中，货币政策更多是经济基本面周期的跟随反映，更多是跟随性特征，很难具有前瞻性特征。

在上述基本假设下，反观2002～2011年中国债券市场中的三轮大的周期变化，体现出典型的周期叠动特征：经济增长周期、通货膨胀周期、货币政策周期依次展开，而且存在稳定的时差关系，利用这种稳定的时差关系，笔者将债券操作划分为"广义配置时期"、"狭义配置时期"和"交易时期"。

以历史上三轮利率大顶部的出现为例。经济增长周期的回落会最先发生，其后是通货膨胀周期的顶点回落，经济增长顶点和通货膨胀顶点的时滞没有稳定的规律，但是紧随通货膨胀周期之后的货币紧缩周期则以较为稳定的时差关系滞后变化。这个时差关系稳定在 1 个月时期。即当 CPI 水平冲至最高水平的当月，货币政策依然选择紧缩取向，甚至会再度出台进一步紧缩的措施，以确保 CPI 的回落具有确定性、趋势性，而这个时间段，债券市场则处于黎明前最黑暗的时期，甚至往往会出现利率上行跳跃、机构止损出局等现象。

以 2004 年利率大顶部的筑造过程为例。2004 年 4 月份的经济增长数据（以工业增加值为代表）达到了顶部，2004 年 9 月份的 CPI 增速达到了顶部，而 2004 年 10 月份中依然出现了加息措施，并最终被确认这是货币紧缩周期的顶部。

从对应的债券市场变化而言，从经济增长顶部时期至货币紧缩周期顶部时期（4 ~ 10 月份），10 年期国债的平均利率水平居于高位，对于配置需求过百亿的资金规模，这一时期都可以作为“广义的黄金配置时期”。以经济增长见顶为入场时间点，一直购买至货币政策紧缩顶点，该段时期配置的总收益率水平居于相对高位。

而从通货膨胀见顶时间点至货币政策紧缩顶点时期，笔者称之为“狭义的黄金配置时期”。这段时间的时差较为稳定，在 1 ~ 2 个月时期内，且在通货膨胀至顶之后还很可能会面临一次货币紧缩行为。例如 2004 年 10 月的加息、2008 年 6 月份的提高准备金率、2011 年 8 月底的保证金存款上缴法定准备金。这个时期是债券市场由“熊”转“牛”过程中“黎明前最黑暗的时期”，但是对于配置需求在几十亿、近百亿规模的资金而言，其提供的是一个非常好的黄金配置时间窗口，从统计意义来看，该段时期内的配置资产平均收益率都会达到最高。例如 2004 年 9 ~ 11 月份 10 年期国债利率的平均水平超越了 5%，2008 年 6 ~ 7 月份 10 年期国债利率的平均水平超过了 4.5%，2011 年 7 ~ 8 月份的 10 年期国债利率的平均水平在 4.0% 附近。

从货币政策紧缩顶点开始（以通货膨胀顶点过后的那次货币紧缩措施为标志），则进入到一个“交易介入时点”，随后利率会出现快速回落，配置型的资金已经很难从容的配置到应有的规模，交易属性的资金会迅速入场，推动利率无量下行。

“广义黄金配置时期”、“狭义黄金配置时期”以及“交易介入时点”三个概念的运行针对不同规模的配置资金和交易资金各有用处，特别是“狭义黄金配置时期”的时间长度大约在 2 个月附近，是“黎明前的黑暗”时期。

利率寻顶过程中的周期叠动关系如图 1 - 1 - 8 所示。

（二）利率寻底过程中的周期叠动

利率盘顶回落过程中，三个周期的切换非常具有规律性，但是在利率盘底回升中，会相对复杂一些。

利率周期之所以能下探到底部（债券牛市），主要是受到经济基本面因素走弱影响，一种是基于通货膨胀下行所导致的牛市，还有一种是基于经济增长放缓所导致的牛市。两种原因属性不同的牛市都对应着一定的货币政策放松。

但是不同基本面变化属性所形成的货币政策放松，其后的变化节奏并不相同。

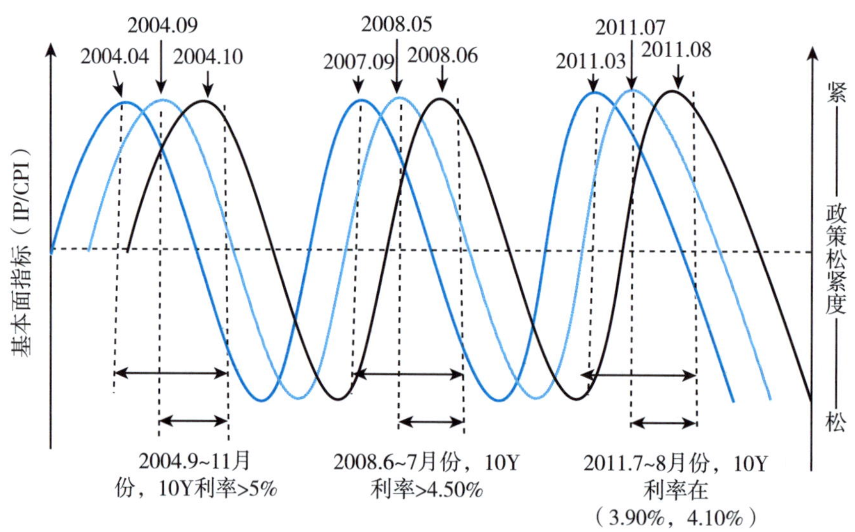

图1－1－8　利率寻顶中的周期叠动关系

针对通货膨胀下行所形成的政策放松，货币政策转折的时间点会“提前”于CPI见底时点，典型的案例是2005年。

2005年经济增长无忧，但是CPI一路下行，对应于CPI的一路下行，货币政策不断放松（典型标志是中央银行票据发行利率不断下调）。本轮通货膨胀率下行底部出现在2006年1～2月份期间（CPI在0.8%～0.9%），但是货币政策的转折时间点出现在2005年10月18日，以1年期中央银行票据发行利率回升为标志，从此基本终结了利率下行趋势，这一时间点甚至都早于2005年9月份CPI（同样是0.9%）的公布日期。

针对经济增长放缓所形成的政策放松，货币政策转折的时间点会相对滞后，是在完全确保了经济增长动能恢复后，货币政策才开始酝酿转折，典型的案例是2009年。

2008年下半年以来的债券牛市主要是基于经济衰退，在政策强力刺激下，经济增长已经在2009年初出现了回升，但是为了确保这种回升是可持续的，货币政策在2009年上半年依然保持了宽松基调，直至2009年7月份才开始转折调整（典型标志是2009年7月9日中央银行票据重启发行）。

因此在利率寻底的周期叠动过程中，依然是三个周期在相互变化，经济增长周期依然领先于其他两个周期变化，但是通货膨胀周期和货币政策周期的先后至底顺序并不稳定。

当通货膨胀下行是主要矛盾点并带动债券牛市情形下，货币政策宽松周期的底部会提前于通货膨胀率下行的底部；当经济增长放缓是主要矛盾点并带动债券牛市的情形下，货币政策宽松周期的底部会相对滞后发生，甚至等待通胀率回升来进一步确认经济动能恢复，才转折货币宽松基调。

在第一种情形下，从经济增长恢复上行时间点到货币政策宽松底部时间点，这一

时期债券投资策略应该由以往的激进乐观转移到中性策略（投资配置行为不用激进了）；而从货币政策宽松底部到通货膨胀率底部时间段，利率虽然不会出现大幅度的上行，但是已经进入了谨慎交易时期（可以有适当的波段交易行为，但是不主张大规模的投资配置行为了）；而在通货膨胀率出现回升后，则进入到操作潜伏时期（交易行为和投资行为都暂缓）。

在第二种情况下，从经济增长恢复上行拐点一直到政策拐点时期（一般情况下，政策拐点时期都同步与通货膨胀拐点时期发生），无论投资还是交易行为都趋于保守谨慎了，而一旦进入了货币政策转折点后，则交易行为和投资行为都暂缓。

总体来看，对于利率寻底的周期叠动逻辑，需要先明确好前期债券牛市的主导线条是什么（通货膨胀下行为主导？经济增长放缓为主导？），当明确了牛市的主要矛盾后，针对这一矛盾主线在后期寻底过程中对投资和交易行为进行节奏上的调整。

利率寻底过程中的周期叠动关系如图 1 –1 –9 所示。

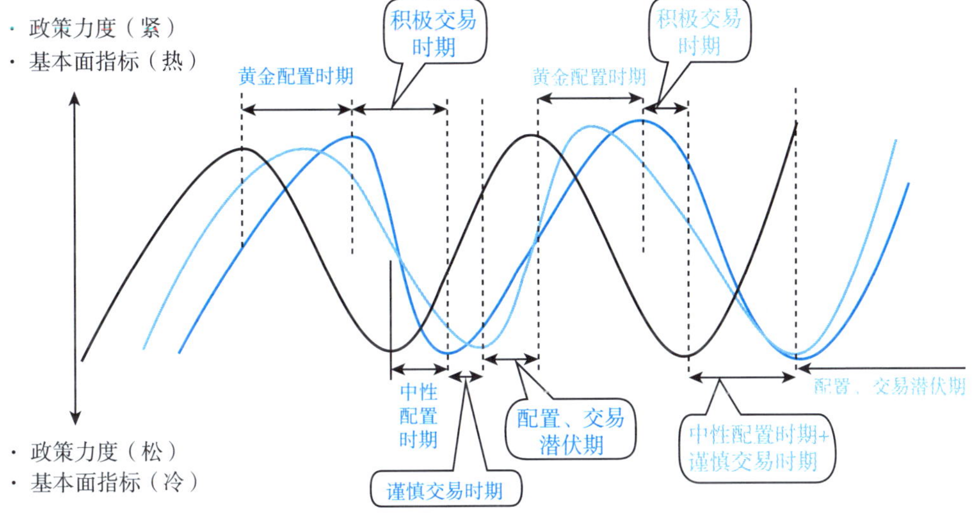

图 1 –1 –9　利率寻顶中的周期叠动关系

总体来看，在一个强弹性、周期波动的时代，债券市场投资与交易操作可以借助于周期叠动逻辑线条。这类似于美林投资时钟的思路，对于债券周期投资具有比较好的指引作用，但是可惜的是其后的中国经济增长走上了一个缺乏弹性、大趋势回落的新格局中，令这一经验模式在后期的用武之地有限。

但是周期是反复的，当经济体恢复到一个弹性状态后，笔者相信这一体系依然有自身的用武之地。

第二章

2012 年[①]："微型" 小复苏

2012 年的中国债券市场在短短一年时间内经历了一个"微型"的小周期，经济基本面的变化也呈现出下坠而后回升的局面，这种走法是一个较为常见的传统债券市场逻辑线条。其中两个事情在 2012 年值得回味。

其一是金融数据对于实体经济数据的领先性在 2012 年体现得淋漓尽致。金融货币数据相对于实体经济数据的领先性一直是被债券市场投资者所推崇的逻辑，但是可惜的是这种逻辑线条在历史周期中展现作用的案例并不多见，一次是发生在 2008 年底，另一次则发生在 2012 年中。

其二则是中国金融市场中的影子银行初露端倪，非标资产这种特殊的金融资产形式开始被市场所关注，通道业务这种新名词逐渐涌现，并蓬勃发展，只是谁都没有想到这一苗头的出现埋下了 2013 年著名"钱荒"事件的伏笔，也正是从 2012 年开始，整体社会的债务杠杆情况逐渐地成为影响中国债券市场的重要因素。

第一节　2012 年基准国债利率运行轨迹综述

2012 年的债券市场在潜意识中总给投资者留下一种牛市的感觉，这也许对于信用债券投资而言的，但是如果以基准的国债市场衡量，2012 年的国债市场则展现出一个震荡反复的"小年"特征，全年利率重心居于以往历史区间的下限。如图 1－2－1 所示。

全年来看，10 年期国债利率呈现一波三折的变化态势，大体呈现出"V"型走势，全年波动范围在（3.20%，3.60%），重要的拐点变化出现在 6 月份期间，这个年内底部位置的形成驱动力具有非常典型性含义，也引发

① 2012 年 1 月 23 日是大年初一。

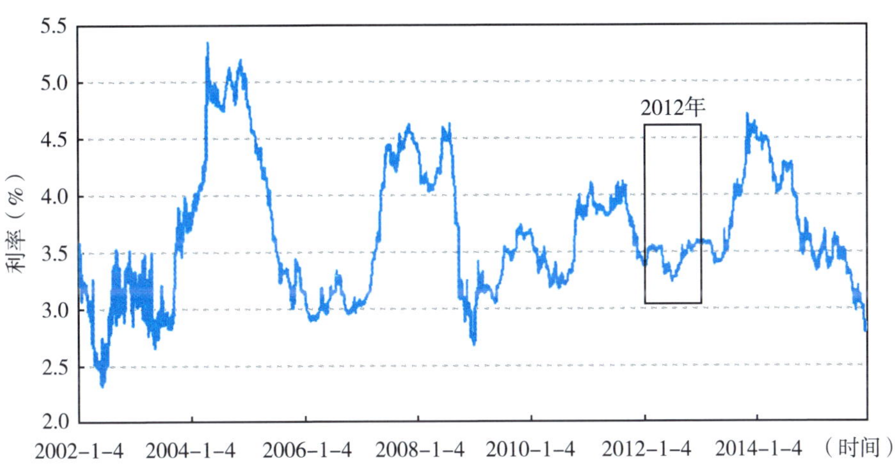

图 1-2-1 2002~2015 年 10 年期国债利率变化一览

资料来源：中央国债登记结算有限责任公司 www. chinabond. com. cn。

了市场的一个新逻辑认识，即"金融底—利率底—经济底"的先后轮动。

此外，2012 年基准利率市场变化的另一个有意思的现象在于，在一定时期内，国债和政策性金融债券的走势出现了较为显著的分歧（主要集中在 2012 年第一季度），这种走势上的分歧在历史上是较为罕见的。如图 1-2-2 所示。

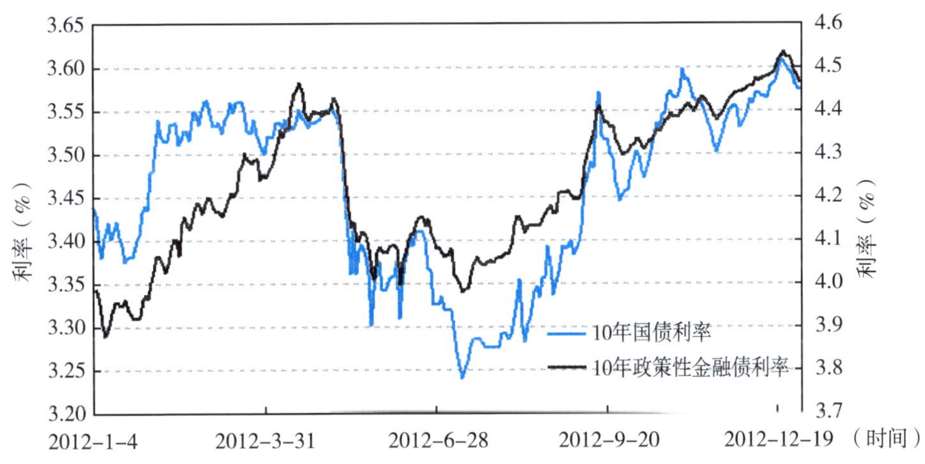

图 1-2-2 2012 年 10 年期国债、金融债券利率走势比较

资料来源：中央国债登记结算有限责任公司 www. chinabond. com. cn。

第二节 2012 年长期利率波动详解

2012 年中，以 10 年国债利率变化为例，第一季度中 10 年国债利率在 3.40%～3.60%弱势摆动，总体呈现重心上行态势。进入二季度后，整体经济增长突发"断崖式”下坠态势，导致长期利率一举向3.20%方向突破，这种“断崖式”特征只有在2008年有所经历，其后却时而发生，导致中国经济增长不断出现平台下行的特征。但是就在整体市场憧憬长牛延续的过程中，长期利率却在三、四季度呈现出“莫名其妙”的逐级上行，甚至在很长一段时期中投资者都没有找到利率上行的驱动因素是什么。

总体来看，在短短的一年时间中利率的变化似乎发生了一个小周期的波动特征，因此笔者倾向于将2012年定义为一个“微型”的小复苏年份，而且从事后角度来看，2013年著名的“钱荒”事件也正是在2012年时期埋下的伏笔。

一、2012年初至4月19日：经济稳定预期逐渐加强

如果以2011年11月30日宣布下调法定存款准备金率作为货币政策放松信号来看，短短不足月余时间，进入2012年伊始整体市场必然是一个货币政策正在放松途中、债券牛市依然延续的牛市思维。可是确实出乎预料的是，2012年的债券市场开年则不利，整体一季度中，债券市场一直被经济增长逐渐回暖的预期所笼罩。

（一）2012年1月4日至1月21日：春节前的盘整波动

2012年的春节在1月下旬，在春节前经济基本面数据处于真空期，市场的主要焦点在于资金面问题。春节前期的资金面会“惯例性”波动偏紧，在此期间长期国债利率在3.40%一线窄幅波动，缺乏明确的方向，但是市场投资者心态非常稳定，牛市思维依然浓重。

（二）2012年1月29日至3月21日：经济改善预期与政策放松预期的PK

春节过后，虽然资金面依然处于不稳定状态（因为前期为应对春节居民提现而进行的大规模逆回购面临到期），但是市场的关注焦点已经从资金面因素开始转移。

在此期间，市场多空变化的驱动因素在于政策面预期和基本面预期。从趋势延续来看，政策面依然存在浓重的放松预期，市场对于降准等措施依然强烈期待，这是支撑债券市场多头力量的主要因素。

但是春节过后的一系列前瞻类基本面数据（主要涉及信贷金融数据和PMI数据两类）都在显示经济基本面数据没有持续恶化下去，这一因素对于债券市场产生了负面压制作用。

政策面预期和基本面预期的对抗，最终以基本面预期改善所主导，形成了利率的上行态势。

1月29日至3月21日期间，债券市场主要面临的基本面负面冲击信息有：①1月

份信贷传言过万亿；②连续两个月 PMI 数据高于市场预期并呈现上行态势；③1 月份的 CPI 增速高于市场预期（市场预期为 4%，实际增速为 4.5%）。

期间，在政策面因素也有一些变化，主要是 2 月 18 日法定存款准备金率再度下调，但是由于在随后交易日中，货币市场利率没有出现回落，反而依然呈现资金面紧张局面，因此该政策的落地实施根本没有给长期利率产生明显的持续激励效应。

政策面预期和基本面预期相互 PK，最终后者居于主导地位，导致了 10 年期国债利率从 3.38% 回升到 3.56%，回升幅度近 20 个基点（10 年期政策性金融债券利率则从 3.90% 回升到 4.27%，回升幅度达到了 37 个基点）。

（三）2012 年 3 月 22 日至 4 月 19 日：经济改善预期延续

进入 3 月份后，显示经济增长变化的高频、前瞻类信号依然表现强于预期，其中 3 月份的信贷、CPI 以及工业增长数据都强于预期。这导致市场投资者对于经济改善的预期得以不断延续和强化，虽然在 3 月下旬长期利率小有回落（受到汇丰 PMI 初值回落以及资金利率回落影响），但是整体而言，长期利率依然不断走高。10 年期国债利率虽然变化不大，在 3.50% ~3.55% 区间窄幅波动，但是 10 年期政策性金融债券利率则突破新高，一举冲高到 4 月 19 日的高点位置 –4.46%，再度攀升近 20 个基点。

二、2012 年 4 月 20 日至 7 月 11 日：经济增长“断崖式”下坠

（一）2012 年 4 月 20 日至 5 月 25 日：4 月份经济增长突发断崖，希腊危机同步叠加

2012 年 5 月 9 日，希腊债务危机初露苗头，希腊政府威胁无法保证还清债务，这在国际市场引发了一些动荡，但是对于国内债券市场的影响程度还并不高。

真正的转折点发生在 5 月 11 日，当天发布 2012 年 4 月份经济增长数据。其中市场最为关注的工业增加值增速出乎意外的从 3 月份的 11.9%（预期 4 月份是 12%）大幅度回落到 9.3%。

这种回落幅度是近些年历史上从来没有过的，甚至 2008 年的经济大衰退时期，也没有发生如此快速、大幅度的下行。构筑了 3 ~4 个月的经济增长稳定预期被突然打破，甚至是以超预期的方式被打破，市场出现了急剧转折变化。

在经济增长数据大幅度下行条件下，5 月 13 日，中国人民银行宣布再度降准，经济转折下行与货币政策放松迅速到来，本已经成为长期利率下行的坚实推动力，而希腊危机更成为雪上加霜的另一个推动力。

如前所述，5 月 9 日希腊政府威胁无法还清国际债务，随后在 5 月中旬希腊政府组阁失败，欧债危机氛围进一步浓重化，欧洲资本市场大幅度下跌。

以国内经济断崖式下坠、货币政策放松预期（降准政策落地，降息预期依然强烈）为主要推动力，以希腊问题、欧洲债务危机所导致的风险厌恶情绪为辅助推动力，中国长期利率出现迅速下行。

截至5月25日，10年期国债利率从3.55%回落到3.30%，回落幅度达到25个基点，而同期10年期金融债券利率则从4.46%回落到4.0%，回落幅度更是达到了近50个基点。如图1－2－3所示。

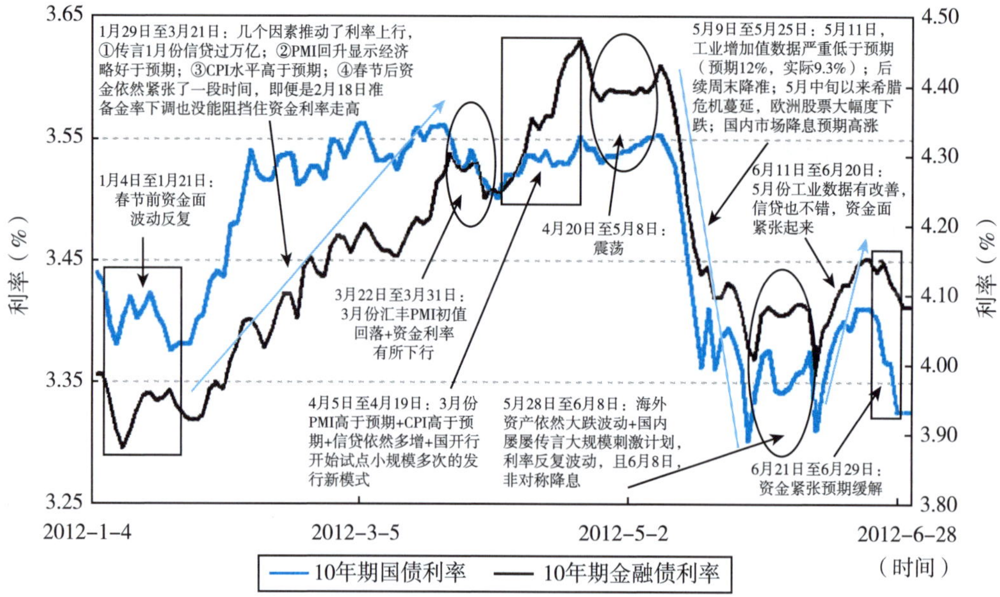

图1－2－3　2012年1～6月份长期利率变化详解

资料来源：中央国债登记结算有限责任公司 www.chinabond.com.cn。

（二）2012年5月28日至2012年7月11日：两次降息反而构筑了利率底

从事后回顾来看，2012年利率下行的主要阶段集中在4月20日至5月25日阶段，经济意外大幅度下行＋政策放松（降准）及预期（降息）浓重＋希腊危机，三者集中冲击。

进入6月份后，虽然欧洲债务危机所形成的国际股票市场动荡依然在延续，但是对于所谓的风险偏好情绪已经不再形成剧烈的冲击效应，而5月份的工业增长数据相比4月份的断崖式下坠也出现了些许改善，市场的紧张情绪得以缓解。

虽然市场投资者对于降准（5月13日）之后的降息预期异常浓重，而事实上也确实在6月7日、7月5日连续两次降息（在一个月内连续两次降息，力度不可谓不大），但是市场的总体反应平平。

分别以降息后次一交易日市场变化为例。6月8日利率呈现先下后上格局，最终收盘利率比降息前仅下降5基点；7月6日的情绪表现更为收敛，债券利率面对再度降息，开盘后利率仅仅下冲5个基点，随后缓慢回升，最终收盘比降息前仅仅下行3

个基点。

这说明了市场前期对于降息政策已经进行了充分消化，而降息的落地只不过是在确认前期预期的一种实现，并没有再形成持续强劲的推动力。

需要注意的是在此期间，5～6 月份所发布的工业增加值增速相比于 4 月份，在一个平稳的水平上，没有进一步恶化下去。即基本面因素没有给政策面预期以更多的配合。

从回顾历史来看，该时期（5 月 28 日至 7 月 11 日）虽然中国债券市场面临了一个月内两度降息的利多刺激，但是整体利率在一个底部平台的位置上震荡，10 年期国债利率从 3.30% 仅仅下行不足 10 个基点到 3.24% 附近，10 年期政策性金融债券利率则基本在 4% 位置平衡震荡。

从当时市场投资者的感受来看，大家确实对于长期利率的这种反应非常疑惑。

三、2012 年 7 月 12 日至 9 月 17 日：迟迟不到的经济改善 + 迟等不到的降准

2012 年的三季度是一个比较奇怪的时期，经济改善迟迟未来，甚至比 4 月份时期更加低迷，但是市场强烈预期的货币政策放松（主要是针对降准政策）却迟迟没有等来，甚至在边际意义上还出现了收紧的特征。

长期习惯于基本面（经济增长因素 + 通货膨胀因素）向货币政策面传导的逻辑线条出现了偏差，身处当时的投资者确实感到了困惑，但是从事后回顾来看，这可能是 2013 年"钱荒"的前奏，从那时候开始（但是当时的投资者并无意识），债务杠杆率问题将成为未来中国货币政策的一个重要关注焦点。

（一）2012 年 7 月 12 日至 2012 年 8 月 22 日：降准预期一次次落空

在经历了一个月内两次降息后，面对时而发生的资金面紧张波动，市场投资者的降准预期空前高涨。7～8 月份期间，几乎每个周末投资者都在等待中央银行发布降准政策，降准传言也时而弥漫，但是却一再落空，甚至较为意外的是 2012 年 7 月 19 日，中央银行的公开市场逆回购利率"莫名其妙"的上调了 5 个基点。

由于当时市场投资者并没有将公开市场短期回购利率作为政策基准利率来对待（事后来看，这是一个错误、滞后的认识），因此虽然感觉奇怪，但是却没有引发投资者更深刻的思索。

在降准预期一次一次落空，而货币市场资金面时而紧张的背景下，长期利率持续缓慢地走高，从 7 月 12 日的 3.23% 位置上行到 8 月 22 日的 3.39% 附近。

（二）2012年8月23日至9月17日：稳增长预期抬头＋QE3①

中国债券市场一直有一个固有的现象，即对于稳增长措施的认识。对于这个问题，本书后面将会专题论述。但是总体而言，就是多数投资者潜移默化的会认为，只要是以投项目、动财政为手段的稳增长，对于债券市场意味着利空。

例如，2012年9月11日，国务院总理温家宝在达沃斯论坛致辞时表示，中国政府即使财政收入近两个月大幅下降，但到7月底收支相比还有一万亿元余额，历年结余的还有一千多亿元的稳定调节资金，中国将适时地把它作为预调微调的措施，以推动经济稳定增长。

类此如此的表态，非常容易被投资者理解为投项目、动财政式的稳增长，势必会对债券市场形成负面冲击。

此外，2012年9月7日，《每日经济新闻》报道，近日住建部政策研究中心主任秦虹称，今年房地产市场销售和价格都出现了回升的态势，6～7月份比较明显。房地产市场的调整主要源于货币政策有限的放松，主要由货币政策的调控引起。

投资者也开始怀疑，7月份以来货币政策的放松被停止下来、放松进程迟迟不达市场预期，很可能是与地产市场的变化有关的，即地产价格的再度扬升制约了货币政策的后续放松，并造成了债券市场的调整，这种看法是有一定道理的，但是是否如此，还可以进一步去讨论。

总体来看，国内投资者看法正发生着一些微妙变化，稳增长预期有所抬头。而无独有偶，在这种不利于国内债券市场的氛围中，海外政策的变化则形成了雪上加霜的冲击。

8月下旬至9月上旬以来，不仅欧洲中央银行推出了购债计划，更重要的是美联储推出了QE3，虽然这是一种货币宽松行为，但是在当时市场中更多的造成了股票、大宗商品的价格显著上涨，这从风险偏好情绪上行以及通货膨胀预期上涨角度来负面压制国内债券市场。在9月17日美联储QE3落地当日，中国长期利率出现了显著上行，10年期国债利率上涨到3.57%。

四、2012年9月18日至12月31日：经济改善最终来临

2012年三季度中，经济增长数据持续低迷，这种低迷状态终于在四季度出现了些许实质性改善，以当时市场中最为关注的工业增加值来看（当时的投资者关注焦点在于工业增加值，而不在于CPI），9月份以来出现了持续改善，其同比增速上行突破了9%和10%两个关口。

① 美国当地时间2012年9月13日，美国联邦储备委员会宣布了第三轮量化宽松货币政策（QE3），以进一步支持经济复苏和劳工市场。

经济增长速度稳定回升（比预期的来的迟）是四季度债券市场面临的主要考验，期间虽然经历了美国财政悬崖①危机所导致的避险情绪升温，但是其并不具有可持续性冲击，只有在经济改善的影响下，方推动了长期利率不断走高。

（一）2012 年 9 月 18 日至 11 月 1 日：资金面始终紧平衡，9 月份增长数据强于预期

由于政策放松迟迟不到，货币市场资金面始终是一种紧平衡状态，资金利率时而冲高上行，再而伴随着短期公开市场逆回购投放而被平稳下来，虽然长期利率也伴随资金面的紧张以及被平抑而时有波动，但是整体重心则在缓慢攀升。

10 月 18 日发布的 9 月份工业增长数据终于出现了回升，并且还高于市场预期值，在这个因素刺激下，10 年期国债利率终于突破了 3.50% 附近的震荡盘整，向上走高，截至 11 月 1 日达到了 3.60% 水平。

（二）2012 年 11 月 2 日至 11 月 19 日：美国财政悬崖危机的短暂影响

11 月 8 日开始，国际市场焦点集中在了美国的财政悬崖问题上，国际市场的避险情绪高涨，等待美国政府的处理结果。在此期间，全球股票市场也出现了调整反复，即出现了所谓的"风险厌恶情绪"升温。国内长期利率在此情绪影响下，也出现了些许回落，从 3.60% 附近回落到 3.50% 附近。

（三）2012 年 11 月 20 日至 12 月 31 日：经济面继续改善，利率依然上行

从 11 月下旬开始，全球市场对于美国财政悬崖的担忧情绪逐渐散去，而事实上美国财政悬崖问题的最终落定要等待 2013 年 1 月 1 日。市场所谓的"风险偏好"情绪就是那么奇妙，面对这种属性的风险偏好情绪变化，你很难知道他何时降临市场，又何时离开市场。

总体来看，在风险忧虑情绪逐渐淡化后，主导国内债券市场的依然是基本面因素，在 9、10 月份中国工业增加值连续改善后，11 月份中国工业增加值增速更是上行突破了 10% 关口，达到了 10.1%（当时的市场主流预期为 9.8%）。

市场对于经济改善的预期被验证，长期利率依然保持了缓步上行的态势，10 年期国债利率从 3.50% 位置缓步走高，截至年底达到了 3.60% 附近。如图 1－2－4 所示。

---

① "财政悬崖"一词由美联储主席伯南克在 2012 年 2 月 7 日的国会听证会上首次提出，用以形容在 2013 年 1 月 1 日这一"时间节点"上，自动削减赤字机制的启动，会使政府财政开支被迫突然减少，使支出曲线看上去状如悬崖，故得名"财政悬崖"。

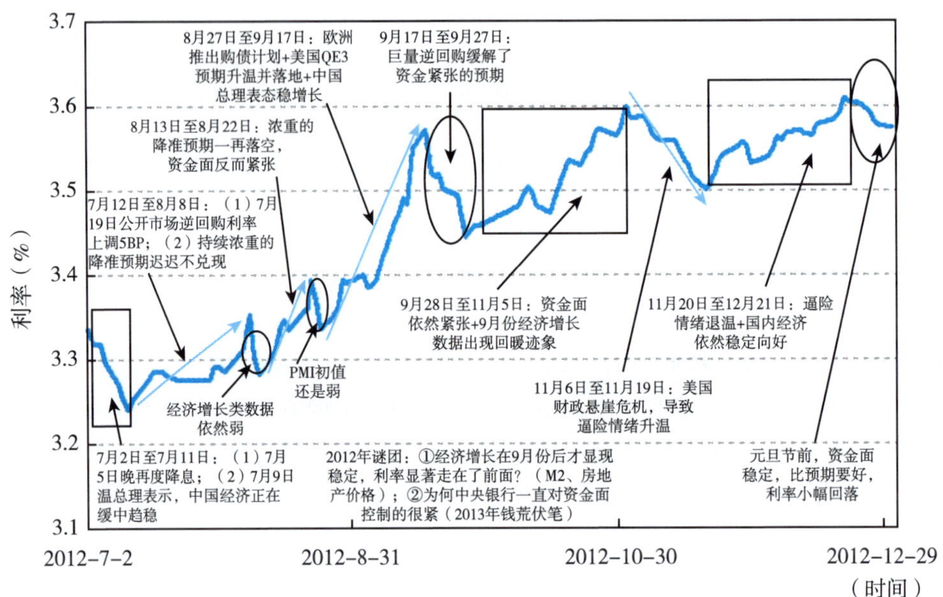

图1-2-4　2012年7~12月份长期利率变化详解

资料来源：中央国债登记结算有限责任公司 www. chinabond. com. cn。

第三节　2012年市场变化之启迪

一、“金融底—利率底—经济底”

从运行周期时间长短来看，始于2011年9月份之后的债券牛市持续的时间不长，基本在2012年6~7月份就得以终止。其中从表观现象来看，终止牛市的一个关键性信号是2012年7月19日，中央银行的公开市场逆回购操作利率被“莫名其妙”的上调了5个基点，从此也基本宣告了货币政策宽松的进程发生逆转，此后长期利率则开始出现攀升。

但是与利率和政策性利率（公开市场操作利率）走向不同的则是，中国经济基本面的数据迟迟未见好转。以最为重要的两个经济数据（工业增加值和通货膨胀率CPI）来看，以6月份数据为观察起点（该期数据于7月中旬公布），工业增加值增速从6月份的9.5%进一步回落到8月份的8.9%（公布日期在9月中旬）。CPI增速则从6月份的2.3%回落到7月份的1.7%（8月中旬发布），虽然8月份略有回升，但是9、10月份再度回落到年内相对低位水平（1.9%）。

应该说基本面角度都延续了前期的下行态势，既无经济改善的迹象，也无通货膨胀稳定回升的迹象，但是货币政策却是出现了“莫名其妙”的转折，长期利率确实也出现了回升。

这种相背离（10 年期国债月平均值在 7 月份达到底部，而名义增长率在 8 月份方达到底部，这与长期以来被市场所广泛接受的"双轮驱动"逻辑产生了背离）在当时是令投资者非常意外的，甚至究竟原因为何到目前为止也是存在一些争论分歧的。

事后的一系列反思，令笔者对于当时的背离产生了如下解释，并按照笔者所认可的重要程度依次列示如下：

（一）金融数据触底回升是一个关键性信号

中国最关键的金融指标有三个：M2、社会融资总量以及信贷增速。其中更为全面的应该是前两者：M2 和社会融资总量（将其处理为累计增速概念则更容易观察）。

2011 年四季度以来的经济衰退伴随着 M2 和社会融资总量增速的下行，而进入 2012 年后，M2、社会融资总量增速分别在 4 ~5 月份达到了本轮下行的最低点，并开始回升。而经济增长率（工业增加值）在 2012 年 8 月份才达到底部，即金融底的产生领先了经济底大概 3 ~4 个月时间。而长期利率底部则发生在金融底与利率底之间。这就是一直被市场所关注的"金融底—利率底—经济底"的传导逻辑。如图 1 –2 –5 所示。

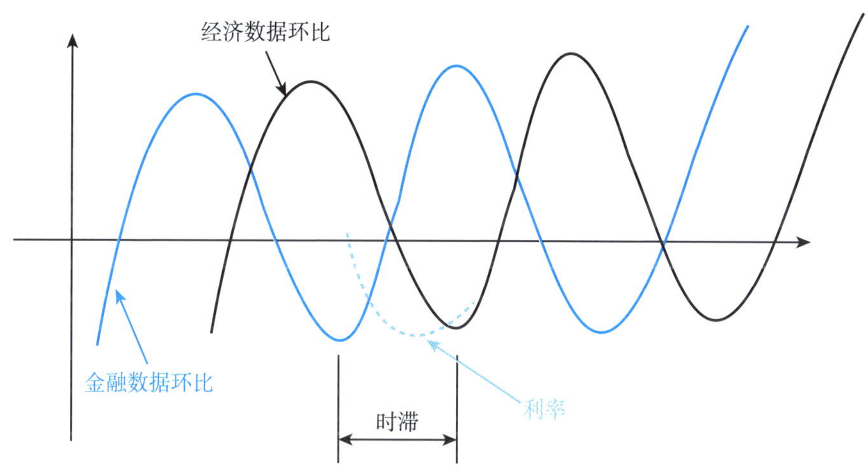

图 1 –2 –5　"金融底—利率底—经济底" 示意

其中需要注意的是，如果不考虑利率市场变化，"金融底—经济底" 的传导必然性是需要商榷的。从传统意义上看，金融数据作为先行性指标，其走强多数代表着未来经济增长数据回升，但是也确实存在着这样一种可能性，金融数据的走高只体现为社会中的杠杆债务水平攀升，却没有、或者说很难的后续传导为经济增长数据的回升。

即金融底的崛起往往意味着两种可能性：一是代表了未来经济增长数据会出现改善回升，而且经验之中的两者时滞大致在 3 ~4 个月时间。另一种可能性则是金融数据的回升并没有带来后期有效的经济增长回升，那么这意味着在经济金融运行中只出现了杠杆债务率的攀升。

因此金融指标无论作为经济增长指标的先行性信号还是作为经济运行的债务杠杆性信号，其底部走高对于债券市场都不是一个有利的信号，大概率都会产生出“金融底—利率底”的传导影响，却未必一定产生出“金融底—经济底”的传导结果。

对于第二种可能性（金融数据的回升没有对应后期经济的改善，只是代表了实体金融体系内杠杆率的攀升），考虑这一局面对债券市场的影响时，最好需要结合中央银行对于M2的目标约束水平，金融数据攀升如果没有显著的超越目标水平，可能暂不会引发中央银行货币政策的干预。

回顾历史上“金融底—利率底—经济底”的案例，大致有以下几次可以借鉴：

（1）2008年11月所形成的金融底（3个月后经济增长同比增速触底）。

（2）2012年4月份所形成的金融底（3个月后经济增长同比增速触底）。

（3）2012年12月份所形成的金融底（经济增长数据迟迟没有触底，在2013年6月份才显示同比增速触底）。

（4）2014年3月份所形成的金融底（工业增加值同比增速在同年6~7月份短暂回升）。

（5）2015年4月份所形成的金融底（经济增长持续没有起色，一直至今）。

这五次历史变化中，第1~2次比较符合传统的认识，即“金融数据是经济数据的先行指标”；第3次金融数据回升更多传递的是杠杆债务水平出现了问题，因此在2013年一季度末期市场中的一个探讨焦点是“金融热、经济冷”；第4次经济回升只是昙花一现（只出现了1个月的回暖）；第5次的金融底至经济底路途持续被延长、没有出现，开始让市场投资者反思以往的经验是否还有效。

总体来看，从2013年以来，金融底部回升对于后期经济起步回升的前瞻性指示意义越发淡化，而更多可能体现的是无效债务杠杆水平的攀升。

但是无论其指示的是经济增长含义还是债务杠杆含义，金融指标的变化对于利率的变化还是具有重要深远影响的，非常值得关注。

（二）房地产价格与利率的变化

2012年房地产价格与利率的同步变化，也曾被市场用来解释为什么中央银行较早的转化了货币宽松操作，不过这个解释更多是后期的一种追溯反思，在市场当期并没有很广泛的市场认识基础。从笔者自我感觉来看，这种解释并不如“金融底—利率底—经济底”的解释更为影响广泛。

这一解释可能更多的是对如下一个言论的反思与追溯而来：2012年9月7日，《每日经济新闻》报道，近日住建部政策研究中心主任秦虹称“今年房地产市场销售和价格都出现了回升的态势，6月、7月份比较明显。房地产市场的调整主要源于货币政策有限的放松，主要由货币政策的调控引起”。

因此市场也有猜测认为，7月中旬中央银行在公开市场操作中态度的微妙变化可能是看到了地产市场的明显回升，因此从预防地产泡沫角度出发，终止了货币继续宽松的操作。

从历史比较来看，也确实可以看到几次利率的大拐点与房地产价格的环比变化走势同步转折，如图 1 -2 -6 所示。

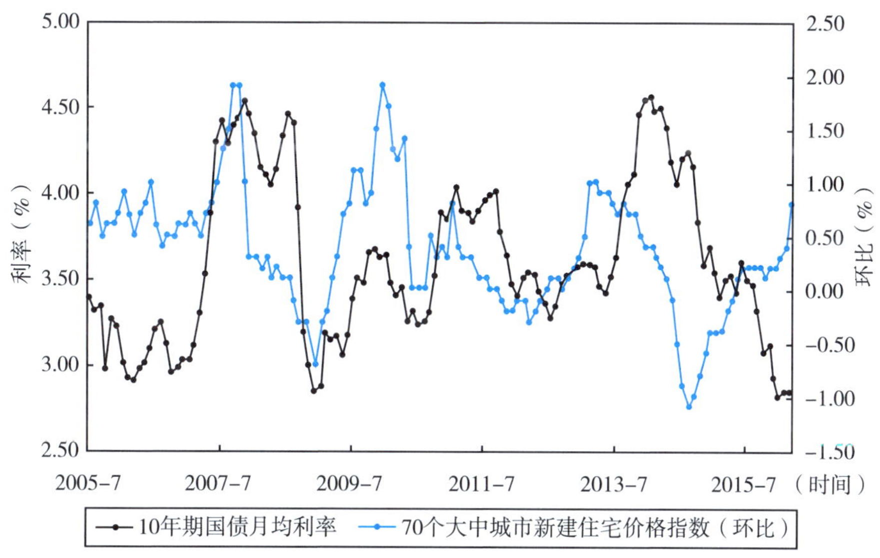

图 1 -2 -6　长期利率与房地产价格环比相关性一览

资料来源：中央国债登记结算有限责任公司、国家统计局。

笔者认为这一现象倒未必是影响货币政策的传导线条："地产价格环比回升→货币政策转折→长期利率转折"，而更应该是影响经济基本面的传导线条："地产价格环比回升→房价上涨→房地产销售增速回升→房地产开发投资有望回升→重融资需求起步回升→利率回升"。

总之地产价格与利率之间的关系也非常密切，也是市场投资者关注的焦点，地产价格一方面代表着通货膨胀预期，另一方面也代表着地产开发融资需求回升的可能，因此会对利率走势变化产生一定的影响。

二、非标资产扩张，埋下"钱荒"伏笔

2012 年中一个关键性的概念逐渐浮出水面："非标资产"，而具体到"非标资产"这一概念的正式出现，则应该是在 2013 年 3 月 27 日。

当天中国银监会在官方网站公布了 3 月 25 日下发的《关于规范商业银行理财业务投资运作有关问题的通知》（简称 8 号文）。文中正式定义并提出了非标资产概念，即：非标准化债权资产是指未在银行间市场及证券交易所市场交易的债权性资产，包括但不限于信贷资产、信托贷款、委托债权、承兑汇票、信用证、应收账款、各类受（收）益权、带回购条款的股权性融资等。

虽然正式的官方定义出现在 2013 年初，但是事实上的非标资产起步膨胀在 2012

年就已经出现了。

2012年在金融市场中一度被信奉推崇的一个概念是，中国金融体系需要扩大直接融资比重，避免间接融资比重的不断扩大。当时这一理念盛行的一个出发点在于中国需要适当降低商业银行所背负的巨大包袱，不能将过多的金融资产负担单纯的背负在商业银行身上，需要社会其他大众主体共同来分担未来所可能面临的金融资产风险。

如果以“信贷增量/社会融资总量”来衡量，2012年前这一比重在70%附近，说明大量的融资业务基本都被银行的表内融资模式所主导。而2012开始，这一比重出现了较为明显的下行，甚至一度回落到30%～40%之间。

为了规避表内资产膨胀受制于信贷额度管控、存贷比约束以及资产充足率约束，商业银行也开始积极地将融资业务以表外方式进行。不仅规避了信贷额度的管控、存贷比的约束和对资本充足率的伤害，而且还在形式上形成了扩大直接融资业务比重的现象，似乎将更多的资产风险分散到了银行体系之外。事实上，这种所谓的风险分散的实际效果是“自欺欺人”，在以商业银行为主导的信用模式下，无论金融资产是否形成了形式上的出表，但是其实质风险都是由银行承担的。

商业银行自身具有了出表扩张的冲动，以信托公司为代表的非银行金融机构成为出表业务的“通道”，相互配合，且以商业银行为事实上的主导，大量的表外资产被创设出来，这时候的信贷增长已经很难衡量中国金融资产膨胀的速度了。

2012年5月7日、8日中国证监会召开了券商创新大会，鼓励允许证券公司仿照信托公司的模式，与商业银行进行对接，展开非标资产通道业务。在股票市场低迷，券商盈利压力巨大的背景下，非标通道业务的拓展自然会导致金融机构的积极性高涨，从而加大了非标业务的突飞猛进。

从宏观指标角度来看，虽然没有看到表内信贷增速出现异常走高，但是却看到了M2以及社会融资总量增速开始回升。非标资产的膨胀一方面为社会建设提供了有效的资金支持，促进了经济增长的企稳回升，但是这种过速的膨胀另一方面也在飞快地扩张着社会经济的债务与杠杆水平，而且加大了隐性金融风险。因为虽然在形式上，过多的金融资产被社会各个主体所持有，似乎形成了形式上的金融风险分散，但是事实上，由于商业银行一直是非标扩张中的主体，其他金融机构（信托、券商类）只不过更多的作为“通道中介”主体，因此金融风险事实上都是集聚在商业银行身上。

这一局面在2012年开始加速上演，并直至进入了2013年。终于金融资产无序、无监管的膨胀模式在2013年遭遇了货币政策的强烈治理，也引发了著名的“钱荒”。

回顾历史，降低间接融资模式、扩大直接融资比重始终是我国金融市场发展的主脉络，但是2012年期间曾一度将非标类资产的扩张作为了工具手段，其后这一思维模式被纠正。因为所谓的“非标表外资产”并没有真正实现金融风险从商业银行体系内被剥离，最终“扩大直接融资规模比重”这一目标的实现手段被放在了债券工具身上，而这已经是2014年之后了。

第三章

2013 年[1]："钱荒"惨烈

2013 年的中国债券市场注定要被浓墨重彩地记录在中国债券史上。从表象上来看，中国债券市场在 2013 年经历了两轮惨烈的"钱荒"冲击，在经济下行，通货膨胀低迷时期，中国长期利率第一次经历了"异常"的上行，而且幅度之大、速度之快令投资者咋舌。从潜在影响上来看，从 2013 年开始，中国的货币政策调控模式和调控效果出现了显著异于以往的转变，在传统的经济增长和通货膨胀之外，债务杠杆首度作为重要因素被引入到货币政策观测框架中，并也成为影响中国债券市场运行的关键性因素。

第一节　2013 年基准国债利率运行轨迹综述

2013 年长期利率呈现出窄幅盘整、而后迅速上行突破的走势，10 年期国债利率的波动范围在（3.40%，4.70%）的宽幅区间。如图 1－3－1 所示。

由于 2013 年的特殊性，笔者倾向于将 2013 年的市场按照 1～5 月、6～12 月份来进行划分（在示意图中的划分区间也如此），以便于更清晰全面地反映 2013 年最重要的"钱荒"事件。

总体来看，2013 年 1～5 月份期间，债券市场偏于多头运行态势，在通货膨胀平稳而经济增长再度趋于下行的背景下，长期利率从 3.60% 一线回落到 3.40% 一线。

但是格外需要事后反思的是，在 2013 年一季度时期末期，"金融热、实体冷"成为市场热议的一个话题。为什么传统经验中的金融信贷增长无法传

---

① 2013 年 2 月 1 日是大年初一。

图1-3-1　2002～2014年10年期国债利率变化一览

资料来源：中央国债登记结算有限责任公司 www.chinabond.com.cn。

递到实体经济增长中，成为当时市场分析讨论的一个焦点，而这个现象却正是为日后的"钱荒"埋下了现象伏笔。

进入2013年6月份后，著名的"620钱荒"出乎预期的降临市场，在市场一再不解、疑惑的情绪中，中央银行的态度却始终不见趋松转变，"钱荒"格局却愈行逾烈，终于在"620钱荒"之后，又演化为了第二次的"1220钱荒"。如图1-3-2所示。

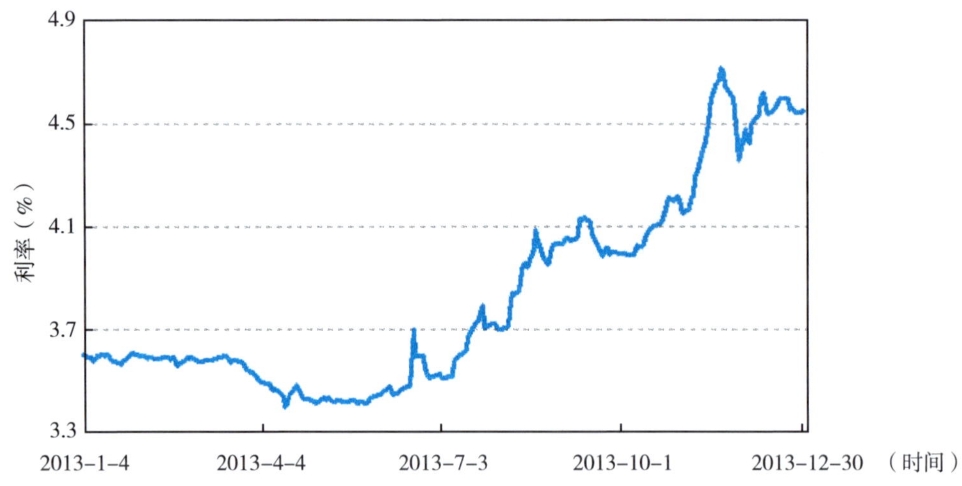

图1-3-2　2013年10年期国债利率变化一览

资料来源：中央国债登记结算有限责任公司 www.chinabond.com.cn。

第二节 2013 年长期利率波动详解

2013 年中，10 年期国债利率从 6 月份开始出现上冲格局，但是结合传统的双轮驱动分析，事实上可以大致分为三个阶段：

1～6 月份时期，经济增长再度低迷是长期利率下行的主要驱动力；

7～10 月份，虽然期间经历了“钱荒”事件的强烈冲击，但是在该期间中，我国的通货膨胀率以及工业增加值水平也确实出现了触底回升的迹象，因此在传统的驱动因素方面也对债券市场呈现负面冲击；

10～11 月份时期，传统的双轮驱动力（CPI 与工业增加值）再显现下行压力，但是“钱荒”的影子阴霾不散，造成了长期利率的再度攀升，而拉长周期来看，这一时期也是“黎明前最黑暗的时期”。

一、2013 年初至 5 月 31 日：经济再回落 + 理财限非标，利率久盘必跌

承接 2012 年以来的经验感受，进入 2013 年后，市场投资者对于货币的宽松预期基本消失了，而 2012 年 10 月份以来的经济改善和通货膨胀上行也成为市场的主流看法，因此 2013 年的开年之初，市场的走势异常纠结。

（一）2013 年 1 月 4 日至 3 月 18 日：现实中的宽松和预期中的紧缩相对抗

2013 年一季度，债券市场的走势异常纠结，10 年期国债利率竟然维持在（3.55%，3.60%）如此一个狭窄的区域内平台内整理了近一个季度。

在近一个季度的窄幅波动中，由于基本面数据的真空缺位（春节前后），市场投资者的探讨焦点集中在货币政策以及资金面松紧预期角度。

当时的整体市场状态是：

市场投资者的政策预期以及资金面预期都是偏于紧张的，主要原因是 2013 年 1～2 月份期间，我国外汇占款出现大量激增，市场基于对冲外汇占款的货币紧缩预期不断增强，这对于当时的债券市场传递的是负面压制作用。例如，春节前后，中央银行启动了正回购操作，虽然这是针对对冲外汇占款流入的，但是给债券投资者的感受则是紧缩进程在强化。

而相对奇怪的则是，预期中的货币紧缩和资金面紧缩迟迟没有落地兑现，现实中没有观察到货币政策不断紧缩的证据，而现实中的货币市场资金面也保持着合理宽松局面。

预期中的紧缩和现实中的宽松相互交织，令投资者异常纠结，长时间内长期利率无法选择突破的方向。

此外从经济基本面角度来看，延续2012年下半年以来CPI不断回升的态势，2013年初，投资者的通货膨胀预期有所升温，但是经济改善的预期却出现边际弱化，这也构成了市场投资者纠结的原因之一。

但是总体来看，政策与货币资金面的纠结是影响当时长期利率的最主要原因。

（二）2013年3月19日至4月16日："非标"概念成型

1～2月份的经济基本面数据在3月中旬落地，其中1～2月份合计的CPI水平走高，而1～2月份合计的工业增加值水平降低，这种一升一降的分歧走势没有给市场投资者以更多的方向选择指示，市场利率的突破选择突破口来自于3月27～28日的监管政策落地。

3月27日，中国银监会发布了针对非标资产在理财投资运用中的相关（3月27日，中国银监会在官方网站公布了3月25日下发的《关于规范商业银行理财业务投资运作有关问题的通知》（简称8号文））规定，限制了非标资产在理财资产池中35%的上限比率。对于这一政策的后续影响解读主要集中在以下几点：

首先这将限制理财资金对于非标类资产的需求，而扩大对于标准债券类资产的需求；再者，由于非标类资产具有类信贷属性，对于经济增长具有强支撑性，当该部分资产扩张受限后，势必对于中国经济增长具有负面压制作用。

总体来看，无论从对标准债券的需求角度，还是从影响中国经济基本面的预期角度来看，银监会的上述政策规定都对于债券市场形成利多支撑。

无独有偶，在监管政策落地后不久，4月15日所发布的3月份经济增长数据全部显著的低于预期，这对于本以开始回落的长期利率更进一步形成利多支撑。因此10年期国债利率从3.60%附近一举下行突破到3.40%附近，回落幅度达到20个基点。

这一时期，关于非标资产的监管政策以及经济增长数据的低迷是推动长期利率下行突破的最关键因素。

（三）2013年4月17日至4月22日：债市风暴

4月17日至4月22日期间，中国债券市场上的监管风暴降临。长期以来债券市场由于监管领域存在灰色地带，在此领域中出现了一些利用丙类账户，以及开放式回购等手段将公司利益向个人利益输送的违规违法现象。从2013年一季度末期开始，公安、监管当局对于不少参与者进行了查处，这被称为2013年著名的债市监管风暴。

在监管风暴过程中，必然存在一些违规机构去杠杆、收缩规模的现象，这在一定程度上负面作用于债券市场。其中2013年4月17日至4月22日期间是监管风暴引发市场恐慌情绪最盛的时期，在此影响下，10年期国债利率也从3.40%开始回升到3.48%附近。

由于监管风暴所造成的去杠杆压力主要应集中在信用债券品种上，事实上国债品种所遭受的压力并不巨大，因此面对监管风暴，长期国债虽然出现了些许调整，但是持续时间和调整幅度上均非常有限。

（四）2013 年 4 月 23 日至 5 月 31 日：基本面偏弱，政策预期偏暖，多头格局运行

监管风暴对于利率债券的影响很快消散，市场重新回到原有的驱动轨迹中。虽然 4 月份的工业增加值数据出现了一定的回升，但是主要是受到基数效应影响（2012 年 4 月份工业增加值增速异常大幅度跌落），实际增长速度（9.3%）依然弱于市场预期（9.5%），此外 4 月份 CPI 增速也在进一步小幅度下行，这些因素都支撑债券利率选择下行方向。

同时在此时期中，受到澳洲、欧洲等多个经济体降息政策出台，中国市场投资者对于中国降息的预期也有所升温，因此政策预期是偏暖的。

基本面的支撑和政策预期的偏暖支撑中国长期利率缓步下行，即便从 5 月中旬开始货币市场出现了资金面紧张局面，也没有引发投资者的过多担忧，更多是倾向于以财政性税收上缴等短期季节性因素去解释，没有引发更多的压力。

截至 5 月底时期，10 年期国债利率处于年内最低水平 3.40% 一线波动，气氛总体偏于多头。如图 1－3－3 所示。

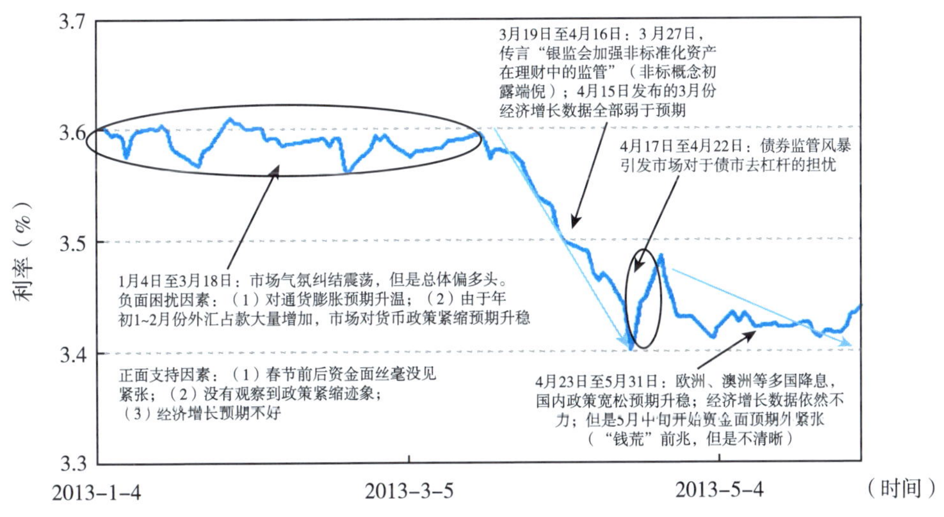

图 1－3－3　2013 年 1～5 月份长期利率变化详解

资料来源：中央国债登记结算有限责任公司 www. chinabond. com. cn。

二、2013 年 6 月 3 日至 8 月 6 日：第一波"钱荒"冲击波

以"620"作为第一波"钱荒"的冲击高潮，笔者倾向于将 6 月 3 日至 8 月 6 日时期作为第一波"钱荒"事件的覆盖日期。

之所以要如此定义，是因为在这一时期中，市场利率的波动变化很少涉及对于经济基本面的分歧上（当时市场普遍认为经济基本面因素是支持利多于债券市场的），而对于该时期中央银行的强势紧缩态度则普遍感觉到并不理解，甚至莫名其妙。

此期间中央银行的紧缩强硬态度主要表现在以下三个方面：

（1）面对日益高涨的货币市场资金利率，迟迟不愿援手相救；

（2）在资金面异常紧张条件下，依然坚持“地量”（20亿元）发行3个月中央银行票据，这最终冲垮了投资者的信心；

（3）7月中旬“悄悄的”续作冻结了本已到期的3年期中央银行票据，而该信息并没有及时透明的传递给市场，直至8月3日发布二季度货币政策执行报告中才首度公开提及，引发了市场的进一步恐慌。

虽然政策态度“莫名其妙”的强硬紧缩，货币市场资金面也异常紧张，但是由于基本面因素依然在下行恶化中，因此投资者对于长期利率的期待并没有放弃。这也造成了在第一波“钱荒”过程中，10年期国债利率的调整幅度较为有限，只是从3.40%附近上冲到3.70%。

如果详细梳理第一波“钱荒”冲击波，其对于长期利率的冲击大致可以划分为以下几个阶段。

（一）2013年6月3日至6月20日：第一波“钱荒”

5月中旬以来一直持续到6月上旬，货币市场资金面始终呈现紧张状态，并没有见到缓解迹象。不过面对这种紧张局面，投资者更多是用税收上缴、银行购汇分红、外汇占款暂时性减少等季节性且非持续性因素来解释，因此并没有造成过多的忧虑担心。更何况6月9日所发布的CPI数据和工业增加值数据都处于回落下滑过程中，基本面的低迷给投资者以更大的信心支撑，特别是针对长期利率而言。

事态发生预期外变化是从6月17日开始的。当天面对持续紧张的资金面，中央银行不仅没有如大家预期般的施加以援助，甚至还继续“地量”（规模为20亿元）发行了3个月期中央银行票据。这表明中央银行丝毫没有因为资金面的紧张而出现任何政策方向偏转，引发了投资者的一丝恐慌情绪，10年期国债利率也从当天开始向上突破3.45%。

6月17日的市场不安情绪延续下去，在6月20日达到了顶峰。同样，在当天资金面预期丝毫没有见到好转的情况下，中央银行继续维持20亿中央银行票据的发行规模，这最终击溃了投资者的所有心理防线，久盼的货币援手没有到来，中央银行依然保持强硬姿态。

在“620”当天，银行间货币市场利率出现了大幅度飙升，7天回购利率最高上冲到28%，即便部分机构手中存在资金，也处于预防保护性需求而选择持有观望。这种恐慌预期导致了资金面的紧张局面进一步强化。在“620”当天，债券、货币市场出现了以下几个“奇葩”局面：

(1) 短期货币利率冲上历史性高峰。最具代表性的 7 天回购利率最高上冲到近 30% 的水平；

(2) 利率曲线出现了倒挂，主要体现在 2 ~ 3 年期金融债券利率甚至高于长期利率，而上一次出现曲线倒挂还是要回溯到 2008 年危机爆发前夕；

(3) 长期利率瞬间突破上行。“620”前夕，虽然资金面紧张，但是由于市场恐慌情绪并非很浓重，因此 10 年期国债利率不过从 3.45% 上行到 3.55% 附近，资金面的波动只造成了长期利率在 10 个基点范围内弱势震荡。但是仅仅“620”当天，由于恐慌情绪爆发，10 年期国债利率一举从 3.55% 上冲到了 3.70%，当天变化幅度超过了 15 个基点。

（二）2013 年 6 月 21 日至 7 月 8 日：短期内的情绪修复

“620”钱荒引发了社会各类主体的普遍关注，也造成了中国股票市场的大幅度下跌。举一个有趣的例子，“钱荒”事件甚至引发了部分居民老百姓对于银行体系出现了不信任情绪。

当时有一个现实的状况就是，不少居民老百姓听到媒体中对于“钱荒”事件的报道，甚至产生了担忧银行无钱、意图去银行提取存款的行为，如果这种情绪蔓延，则很可能产生可怕的银行业挤兑现象。

终于在 6 月 24 ~ 25 日晚间，中国人民银行公开表示，承诺保护货币市场流动性，并停止发行了中央银行票据。市场的恐慌情绪得以缓解。此后，市场投资者的关注焦点就是货币市场回购利率，以确定资金面的实质性缓解是否出现。

从 6 月 21 日开始一直持续到 7 月 8 日期间，“万众瞩目”的银行间货币市场 7 天回购利率始终处于下行轨道中。这种持续下行缓解了投资者的恐慌情绪，伴随 7 大回购利率的不断下行，长期利率也出现了回落。10 年期国债利率从“620”时期最高 3.70% 附近回落到 7 月 8 日的 3.51% 附近，基本回归到“钱荒”出现前的位置。

（三）2013 年 7 月 9 日至 8 月 6 日：“莫名其妙”的发行弱势和隐蔽冻结的 3 年期中央银行票据续发行

7 月上旬发布了 6 月份的宏观经济数据，CPI 增速超过市场预期，而工业增加值增速低于市场预期。虽然这表明 6 月份的经济增长依然在弱态环境中，但是由于市场投资者经过“钱荒”洗礼后，关注焦点始终集中在货币市场资金利率运行态势上，基本面的数据并没有给投资者以过多的扰动。

不幸的是，持续了十几个交易日的货币市场回购利率下行态势在 7 月 9 日被中断，7 天回购利率止步不降，并再度回归到小幅度上行的轨道中，这自然引发了投资者恐慌警惕情绪再度涌现。

无独有偶，从 7 月中旬一直到 8 月上旬期间，国债、金融债券等发行品种均呈现弱势，发行利率一次一次高于市场预期，引导市场利率不断调整。面对这种发行弱态，市场投资者始终没有找到原因，究竟是什么因素造成了投资配置力量一步一步弱化下来，市场议论纷纷，不得要领。

直到后期货币政策执行报告发布，中央银行在7月中旬重新续作冻结了本已到期的3年期中央银行票据一事才被投资者了解。大量的到期再配置力量被“悄悄”的冻结住，这造成了国债、金融债券发行的弱态，而这一谜底的正式揭开时间则是在8月3日晚间二季度货币政策执行报告发布之日。

在此期间，伴随着货币资金利率止跌回升、“莫名其妙”的发行市场弱态，10年期国债利率从3.51%回升到3.71%，幅度达到20个基点。

三、2013年8月7日至11月21日：基本面的超预期改善

8～11月份期间，资金面的紧张恶化并没有进一步延续下去（虽然资金面远谈不上宽松），在紧张的“钱荒”事件后，基本面没有如预期般出现恶化回落，反而出现了改善恢复，则成为2013年压垮长期利率的“最后一根稻草”。

资金面紧张局面不减、政策偏紧态度延续，再加上意外的经济增长回暖与通货膨胀率上行，三者聚头，一举将10年期国债利率从3.70%位置拉升到了4.70%上方，这成为2013年最惨烈的调整阶段。

（一）2013年8月7日至10月8日：3年期票据续发行延续，经济增长数据意外回暖

如前所述，8月3日中央银行二季度货币政策执行报告发布，揭示出3年期中央银行票据到期规模被续作冻结，这给予市场投资者以极大的打击，也解释了前期国债、金融债券发行弱态的原因。

此外，更受打击的则是，8月9日发布了7月份CPI与工业增加值数据，其中工业增加值数据出现了超预期大幅度的回升，实际增速达到了9.7%（上月为8.9%，本月市场预期为9.0%），这彻底击溃了多头的信心。

从“钱荒”发生后，支撑多头的唯一一个信念就是：在“钱荒”作用下，货币市场利率飙升，也一定程度上影响着实体融资成本，而实体融资成本的上升，则必然负面作用于实体经济运行中，造成经济增长的低迷。

但是现实中的数据却告诉大家，实体经济运行不仅没有受到“钱荒”的影响出现下行，反而出现了超预期上行态势。

多头唯一的信心支撑被击溃，长期利率出现了大幅度调整。此期间中，10年期国债利率从3.70%回升到了4%附近。

如果细数此期间的负面冲击因素，主导因素在于：

（1）3年期中央银行票据持续被续发冻结，引发大家对于货币政策紧缩的担忧；

（2）公开市场中的操作利率没有如市场预期般迅速被调降下来，依然传递着中

央银行偏紧的政策态度；

（3）现实中的资金面利率起伏波动，市场预期不稳定；

（4）8月9日、9月10日所发布的7～8月份经济增长数据（主要指工业增加值）超预期增长。

上述为最主导性的驱动因素，而值得回味记忆的是，还有两个意外的因素在一定程度上也助跌了国债市场，就是：

（1）8月16日光大证券发生了著名的中国股票市场"乌龙指"事件[①]。该事件本与债券市场无关，但是由于光大证券为此筹措现金流动性救急，被动抛售了债券以换取流动性，在一定程度上助跌了当时的国债品种；

（2）9月6日，国债期货上市交易。一个具有做空属性的品种在市场弱态情况下被引入交易市场，且期货的波动性较强，情绪渲染意义更强，也在一定程度上助跌了当时的国债现货品种。

（二）2013年10月9日至11月21日：基本面继续改善，长期利率品种继续杀跌

应该说此阶段的债券市场驱动因素与前一阶段如出一辙。10月14日发布的9月份CPI增速冲破3%，且9月份工业增加值数据继续走高，在经济改善预期之外，通货膨胀担忧也油然而生，基本面继续利空于债券市场。

此时期的公开市场货币政策操作依然"阴晴不定"。向市场投放资金的逆回购操作时而停发，造成了市场投资者的神经时而紧张。自然，现实中的货币资金面也保持着偏紧态势。

也即8月7日以来的种种利空驱动因素在此阶段依然延续，长期国债利率自然也呈现调整状态。以10月9日10年期国债在4%计算，截至11月21日，10年期国债利率上冲到4.70%，上行幅度达到70个基点，这是2013年熊市中最为惨烈的时期。

如果合计8月7日至10月8日时期，8～11月份期间，基本面的转暖以及政策预期的紧缩是2013年熊市中最主流的时间段，在该段时间中，10年期国债的上行幅度达到了100个基点。

四、2013年11月22日至12月31日：二度"钱荒"，但是转折时点

从历史回顾来看，该阶段是2013年大熊市的尾端，也是2014年大牛市启动的初期阶段。但是身处当时的市场，货币紧缩的预期依然浓重，甚至还出现了第二波"钱荒"事件，虽然这次的"钱荒"事件并不如"620"那样备受社会关注。

---

① 2013年8月16日11点5分上证指数出现大幅拉升大盘一分钟内涨超5%。最高涨幅5.62%，指数最高报2198.85点，盘中逼近2200点。11点44分上交所称系统运行正常。下午2点，光大证券公告称策略投资部门自营业务在使用其独立的套利系统时出现问题。有媒体将此次事件称为"光大证券乌龙指事件"。

资金面与政策面预期在此阶段没有出现显著改善，如果说唯一出现了隐约的曙光，则在于12月10日所发布的11月份经济增长以及通货膨胀数据出现了边际变化。

11月份CPI增长3%，低于上月的3.3%和市场预期的3.2%；11月份IP增速为10%，低于上月的10.3%和市场预期的10.1%。虽然仅仅一个月的数据回落并没有引发投资者的关注，但是从事后演变情况来看，其确实是“燎原的星星之火”。

（一）2013年11月22日至11月29日：资金虽不松，政策紧缩预期有所缓解

11月下旬，长期利率出现了些许回落，从4.70%高位回落到4.40%附近，期间并没有什么实质性的利好发生，但是市场投资者对于资金进一步紧缩的预期得以缓解。

如果说该时期有什么值得特别关注的事件，则是在11月25日当天10亿元3年期中央银行票据到期没有被续发冻结。这是年内首度出现3年期票据续发冻结操作被终止，但是由于只有10亿元的规模，投资者也没有倾向于将其解读为政策方向的变化转折。

（二）2013年12月2日至12月31日：二度“钱荒”冲击波

2013年的12月份依然充满了恐慌气氛。首先12月1日（周末）证监会宣布重启IPO，这对于本已经紧张的资金面预期更为充满不确定性，而后从12月5日开始，中国人民银行却陆续停止了向市场注入资金的公开市场逆回购操作，资金面的紧张格局再度显现。

12月18～20日三天，银行间资金市场异常紧张，货币市场回购利率再度逼近“620”时期，2013年的第二波“钱荒”袭来。

在这三天的第二波“钱荒”过程中，中央银行依然“矜持”的没有进行逆回购操作，反而以隐蔽的SLO操作来进行平抑，由于SLO操作的公开宣示效应远不如公开市场操作，导致了市场恐慌预期不减。

当然，本次“钱荒”的社会影响效应远不如“620”时期，但是给债券市场投资者心理上还是以极大的压力。

而在12月30～31日两天，中央银行更是出乎意料的“悄悄”的以定向模式展开了正回购操作（中央银行吸收资金的行为）。

年底将至，逆回购停止、“钱荒”再度袭来、正回购重出江湖，三个事件给2013年底的债券市场投资者心理以丝丝寒意，在一片悲观预期中，债券市场结束了惨烈的2013年度。

在12月份中，10年期国债利率也从4.40%一线回升到了年底的4.60%一线。在悲观预期主导格局下，债券市场却步入了一个“出人意料”的年度——2014年。如图1-3-4所示。

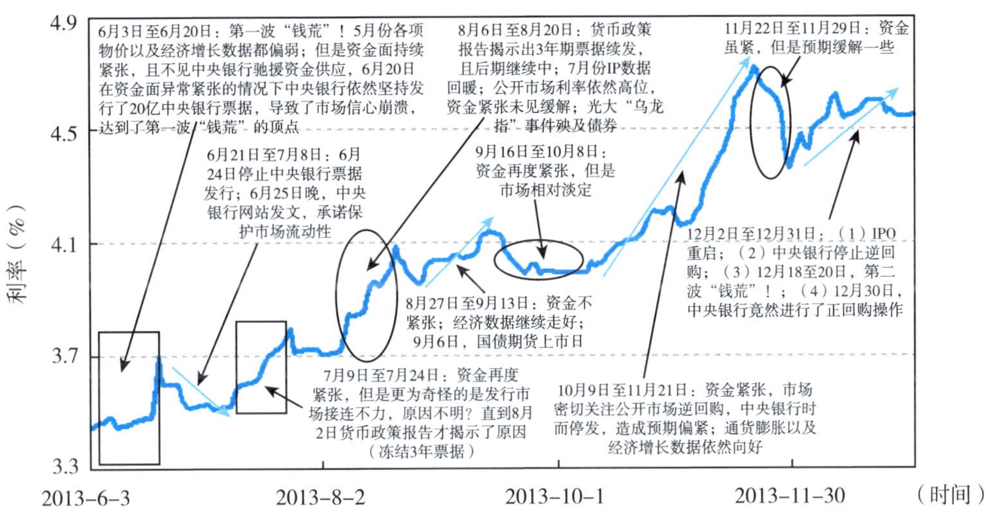

图 1－3－4　2013 年 6～12 月份长期利率变化详解

资料来源：中央国债登记结算有限责任公司 www. chinabond. com. cn。

第三节　2013 年市场变化之启迪

一、由"双轮驱动"到"三因素决定"，债务杠杆率被引入了分析框架

回顾 2013 年的债券市场，几乎每个投资者首先会提及的一定是"钱荒"两字，总结"钱荒"事件的影响，笔者认为有两个重大影响在后期不断地发挥其作用。

第一，"钱荒"事件的发生在一定程度上修正了传统的债券市场驱动框架。市场投资者对于债券市场驱动因素的理解真正从"双轮驱动"（只需要关注于经济增长、通货膨胀这类融资需求因素）转化为"三因素决定"（不仅只关注经济增长、通货膨胀类的融资需求因素，还需要关注来自于债务杠杆方面所导致的资金供应因素影响）。

第二，中央银行在"钱荒"过程中建立起来了权威、铁腕的市场形象，这和以往给市场投资者的形象相比，具有了非常明显的改观。"钱荒"过程中中央银行所树立起来的"独立性"特征，再叠加上此后中国伴随汇率市场变化而产生的外汇占款流入减少的趋势（2014 年开始），令中央银行对于流动性的权威控制能力达到了顶峰。

这令以往"商业银行行为居于主导性，中央银行居于从属性低位"的流动性管理格局发生了彻底逆转，成型为"中央银行行为居于主导地位，商业银行行为居于从属地位"的流动性管理模式。

也正是在此基础上，中央银行获得了"央妈"的市场称号，并对于市场利率的控制不断强化，为中国推出利率走廊机制奠定了关键性基础。

在本节内容中，笔者只从第一点内容来进行论述。对于第二点内容的论述，由于

涉及外汇占款降低条件的发生（在2014年），因此可以参考后面的“2014年市场变化之启迪”内容。

（一）“金融热、经济冷”信号的出现

在前面论述“金融底—利率底—经济底”的内容中，曾经提及2013年初市场的一个普遍关注焦点——“金融热、经济冷”。

2012年底、2013年初以来，中国的宏观金融指标M2、社会融资总量都出现了回升走势，但是实体经济运行数据则依然低迷。虽然从传统经验看法来看，实体经济数据的变化会滞后于金融数据的变化，但是经验时滞周期大致在3个月附近，而2013年实体经济的变化则远超过了这一经验时滞周期。

回顾当初时期，对于“金融热、经济冷”的现象解释会有以下意见：

（1）由于某些原因（不清晰），金融对于经济的传导效应被弱化了，因此时滞会被延长（该解释的不足点在于，没有解释清晰为什么传导效应弱化了）。

（2）大量债务的存在导致了应付利息不断攀升，更多的借贷行为都被用来借新还旧或进行付息，因此金融的增长对于实体经济并没有实质性效果（该解释的不足点在于，借新还旧或付息行为解释不了宏观金融数据增量的扩大）。

（3）大量的资金以空转的模式在运转，进入了其他一些虚拟金融领域中，没有进入到实体经济运行中，“资金空转”一词一度盛行（该解释的不足点在于，从货币运行原理角度来看，没有解释清晰空转的逻辑）。

具体是什么原因导致了“金融热、经济冷”现象，笔者在此无意深究，只是说明在“钱荒”出现之前确实出现了这一怪现象，结合后期事态的发展，也可以说“金融热、实体冷”是“钱荒”的萌芽状态。

（二）一度曾被忽略的M2指标

M2是一个重要的投资市场关注指标。在“钱荒”之前的若干年中，之所以投资者关注M2等宏观金融指标，是因为将其作为宏观实体经济运行的前瞻性指标来对待，但是具体对于M2的实际运行值和年初目标值的差异背离并无人关注。因为投资者潜意识的会将GDP、CPI等指标目标作为“硬”约束对待，而将M2的指标目标作为“软”约束对待。

例如，之前每年都会在年初发布M2的增速目标，但是在实际运行中，很少有人去关注实际增速超过目标增速的情况，而且确实在2013年之前，M2实际增速也经常会超越年初既定的目标增速，但是没有引发任何货币政策当局的干预。

（三）“三因素决定”模式：经济增长、通货膨胀、宏观杠杆（债务）率

2013年的“钱荒”之所以被投资者印象深刻，并不是因为货币政策当局采取了收缩的货币政策基调，而是在经济下行压力很大、通货膨胀不高的情况下，货币当局

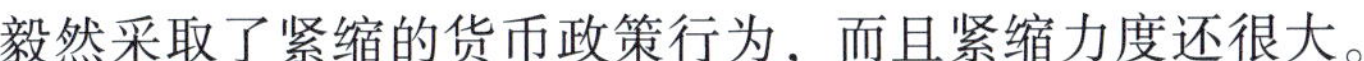
毅然采取了紧缩的货币政策行为，而且紧缩力度还很大。

市场一度摸索不清为何货币当局会采用紧缩措施，因为从传统经验意义上看，紧缩货币政策措施都伴随着经济、通货膨胀走高的局面而发生，而在 2013 年时期，这一基本面状况是不存在的。

从事后观察角度来看，当时支撑货币政策采取紧缩的宏观变量只有一类，即宏观金融指标不断走高，超过了年初既定的目标值。

2013 年初既定的 M2 增速目标值是 13%，而事实上从 1 月份开始，M2 实际增速水平就远超这一目标值，到 2013 年 4 月份，甚至超过了 16% 的水平。

M2 的走高意味着金融资产在快速膨胀，这种膨胀并没有带来经济增长的回升，但是却一定意味着整体宏观经济的债务杠杆率水平在攀升，当然具体到这种攀升是什么金融资产所主导，无疑非标资产是难辞其咎的。

自 2012 年以来，非标资产膨胀带动了宏观金融指标 M2 的不断攀升，更为可怕的是当时对于非标类资产的监管监控体系并不完善。市场所热议的所谓“影子银行”事实上是一种并不透明、隐藏在阴影之下的金融活动体系。

当无序、缺乏有效监管的非标体系出现快速扩张，将中国债务杠杆率水平迅速拉高后，虽然中国经济还没有出现有效的企稳回升，但是中央银行也开始表达了对于债务杠杆率过高的担忧，并采取了紧缩的货币政策措施。在此背景下，产生了随后的“钱荒”事件，也产生了“非标不死，债券不兴”的说法。

从此以后，在传统的经济增长、通货膨胀因素外，债务杠杆率水平也成为投资者密切关注的一个因素，被纳入到了影响市场利率的观察焦点中。以往传统的“双轮驱动（经济增长 + 通货膨胀）”框架被拓展到了“三因素决定（经济增长 + 通货膨胀 + M2 或社会融资总量）”框架。

具体到三因素如何影响债券市场利率，这一模式构思笔者将在后面进行更为系统化的归纳介绍。

二、利率市场化之辩

2013 年由于经济基本面变化与利率走向出现了背离，同时利率市场化改革进入了纵深发展领域，因此也出现了利率市场化因素来解释利率变化的逻辑线条。

中国的利率市场化事实上由来已久，但是真正进入到利率市场化的“深水区”改革则是以触动存款利率浮动为标志。

其起步时间点是 2012 年 6 月 7 日，中国人民银行宣布在利率调整同时，将金融机构存款利率浮动区间的上限调整为基准利率的 1.1 倍，并将金融机构贷款利率浮动区间的下限调整为基准利率的 0.8 倍。

其基本完成时间点为 2015 年 10 月 24 日，中国人民银行宣布在利率调整同时，对商业银行和农村合作金融机构等不再设置存款利率浮动上限，至此存款利率的浮动区间彻底打开。

伴随2012年启动存款利率市场化改革以来，又恰好碰到了2013年债券大熊市，而且这个熊市还似乎用基本面原理解释不了，因此市场中涌现出一类用利率市场化因素来解释利率上行格局的思路。

利率市场化思路解释2013年的高利率现象，是从两个角度展开，一个角度是从价格角度，另一个角度是从量的角度。其逻辑传导线条分别如下：

（一）利率市场化引发了资金负债成本的上行，导致了债券市场的调整

这种看法有两个基本假设：

（1）在相互竞争作用下，利率市场化容易引发银行体系的资金成本提高。

（2）资金负债成本的提高，将影响资产收益率，并带动资产收益率走高。

针对于第一个假设，市场研究机构采用了历史比较方法，采样了各个国家经济体在利率市场化过程中利率的变化情况作为论据，以说明在利率市场化期间，利率上行是一种常态。

但是非常可惜的是，这些论据都忽略了这些经济体在当时的基本面状态，单纯地将利率的变化与基本面状态割裂，而仅与利率市场化联系在一起，是一个非常不合适的论据。

例如以美国为例，美国是在1980年3月份通过了《废止对存款机构管制及货币控制法案》，承诺6年内取消存款利率上限规定（与我国的2012年6月份起点阶段相仿），并于1986年4月取消了存折账户的利率上限，同时管理当局设定存款利率上限的权利到期，利率市场化进程结束。

在1980～1986年期间，也确实从表象上看到了美国利率的上行（以国债利率变化为代表），但是不能轻易地将这种利率的上行视为利率市场化的单独影响，而应该更多地考虑到在1980～1986年期间，美国经历了严重的滞胀问题，并引发了持续的加息行为，这才是导致利率上行的根本原因，而很难归咎到利率市场化的因素上。

因此笔者始终认为，第一个基本假设是存在巨大缺陷的。

针对第二个基本假设，其基本思路是认为“负债的成本在影响决定着资产的收益率”，所采用的一个基本论据就是银行理财产品的利率始终居高不下，而理财产品利率作为商业银行资金负债成本，其居高难下，自然对于各类资产投资回报要求较高，导致了债券市场利率难以降低。

笔者认为这个假设依然存在着巨大缺陷。从原理来看，“负债成本决定资产收益率”的看法是错误的，结论恰好相反，即应该为“资产收益率在决定着负债的成本”。

影响资产收益率的根本并不是负债成本，而是负债的机会成本，有一个现实发生过的案例可作为佐证。

2009年时期，银行间拆借回购利率低于1%，而当时银行的吸储综合成本在1%

以上，但是银行依然持续地将资金拆借出去。这时候负债成本（吸储成本）高于资产运用收益（拆借回购利率），但是高于机会成本（超额准备金利率），在“两害相权取其轻”的理性思维下，就产生了上述行为。而无独有偶，2016 年初，日本中央银行实施了超额存款准备金利率为负的政策，也一度出现了日本银行体系拆借利率为负的局面。

总体来看，笔者始终认为以负债成本去看待资产收益率是一个基本原理上的错误，而现实中以银行理财产品收益率的变化去揣度债券收益率的变化也是本末倒置的行为。

（二）利率市场化所引发的金融资产创新化，导致了债券市场的调整

如上所述，笔者对于从价格角度阐述利率市场化对债券利率的影响持否定态度。而另一个解释线条则有些道理，但是这一线条从本质而言，其与利率市场化的关系并不大。

从量的角度来理解，这个推导线条如下：“利率市场化—导致了金融机构传统的资产运作模式受到挑战—加大了金融资产运用创新—各类创新类资产出现（例如非标）—对标准债券品种产生了挤出”。

本质来看，就是在利率市场化过程中，出现了大量的金融产品的创新，形成了资产多元化局面，而这些所谓的“创新资产”收益率高于债券，因此对标准债券品种形成了“挤出”现象。

金融产品多元化事实上在宏观意义上代表了债务杠杆率的走高（其背后也是社会融资需求的强劲所导致），这导致对标准债券产生了负面作用，即传导链条的后半段是存在的，但是利率市场化与金融资产创新多元化的关系则并非那么令人信服。

事实上，中国金融体系的资产创新多元化远早于存款利率市场化的出现，因此很难理解存款利率的市场化进程引发了金融资产多元化创新，反不如直接从债务工具多元化，债务杠杆率高升角度来理解债券市场的变化，即前述的“三因素决定”。

利率市场化对于 2013 年熊市的解释曾经辉煌一时，但是伴随 2014 年牛市的展开（而此时利率市场化还在中途进行中），这个声音逐渐地减少了，最终消失了。

当 2014 年债券市场出现了利率下行趋势后，利率市场化的余音犹在，出现了“利率市场化末期会导致利率下行”的声音，这个论述和前面的论述一样，缺乏基本的传导原理支撑，最终被市场所遗忘。

总体来看，利率市场化在 2013 年乃至 2014 年初喧嚣一时，但是笔者始终认为这对于债券熊市的解释是一个伪命题，是一个忽略了经济基本面状态的命题，因此其注定是一个“流星”。

第四章

2014年[1]：重归基本面，与利率市场化之争

2013年的“钱荒”深刻的烙印在投资者脑海中，而且如上所述，直至2013年底，中央银行的正回购操作启动依然给市场投资者以紧缩的政策感受，因此这注定了2014年开局的艰难运行态势。

2014年的债券市场运行如果以一条主线来定性描述，即基本面的不断下行直至推动了货币政策的明确性转变是市场运行的主驱动。但是在这条传统的运行逻辑线条之外，关于利率市场化的影响也一再成为市场的热议焦点，并不断的扰乱着投资者的心态。

第一节　2014年基准国债利率运行轨迹综述

从回顾比较角度来看，2014年的中国债券市场是一个罕见的历史大牛市，长期国债利率几乎呈现单边下行态势，中途虽然也产生过波折，但是整体来看，重心不断走低。如图1-4-1所示。

全年来看，10年期国债利率运行区间在（3.50%，4.60%）范围，呈现单边下行态势，如果将全年走势按照变化形态以及驱动因素来进行划分，大致可以划分为四个阶段，如图1-4-2所示。

（1）年初至2014年4月中旬：整体处于市场纠结时期，投资者针对货币政策松与紧的转变，疑虑重重；

（2）以4月中旬国务院会议宣布适当降低县域农商行存准率为触发点，彻底改变了投资者的货币政策紧缩预期，政策预期正式转向，这一过程持续贯穿到6月底；

---

① 2014年1月31日是大年初一。

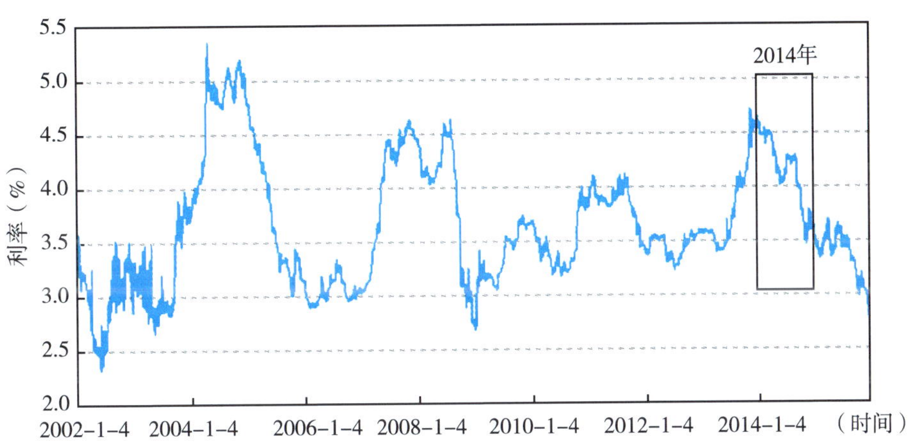

图 1-4-1　2002～2015 年 10 年期国债利率变化一览

资料来源：中央国债登记结算有限责任公司 www.chinabond.com.cn。

图 1-4-2　2014 年 10 年期国债利率变化一览

资料来源：中央国债登记结算有限责任公司 www.chinabond.com.cn

（3）7 月至 8 月底时期，面对经济数据的改善，市场运行出现了大致 2 个月的犹疑盘整状态；

（4）经济改善最终被证伪，基本面突破下行以及货币政策进一步放松再现，导致了市场利率再度出现了加速下行走势。

第二节　2014 年长期利率波动详解

2014 年债券市场的运行起步并非一帆风顺，货币政策紧缩延续与否的争论几乎贯穿了整体一个季度，而政策转向的认知被市场所共识则发生在二季度时期。随后中国债券市场进入了一轮摧枯拉朽的牛市，中途虽然也存在利率波动反复，但是始终呈现的是利率回弹高点一浪低于一浪。

一、2014年初至4月10日：货币政策松紧与否的反复纠结

2013年的“钱荒”事件给广大市场投资者一个深刻的教训或印象，即货币政策未必时刻紧跟随经济基本面的变化，其还关注着债务杠杆水平的变化，但是由于杠杆率水平在现实中难以观测，因此货币政策取向更为模糊。

在这一印象下，市场在2014年开年之初，已经放弃了传统的思维模式（即通过观察基本面状况来揣度货币政策的取向变化），转而通过微观信号去确认感知货币政策的转折变化。简单而言，就是通过细致、严密的跟踪公开市场中的动向来揣度政策变化信号。

这种模式虽然谨慎、安全，但是由于缺乏了前瞻性逻辑线条的引导，自然缺乏远见性。因此在应用中，市场心态会伴随微观市场的反复变化而起伏不定，非常纠结犹豫。2014年一季度时期，市场的这种犹豫情绪被体现得淋漓尽致。

（一）2014年1月2日至3月17日：心态轮动交错，市场纠结前行

2014年一季度，影响投资者心态的事情基本就是三个事件的轮回：“正回购—逆回购—暂停逆回购—重启正回购”，伴随这三个事件的依次循环出现，市场的心态呈现出“悲观—喜悦—谨慎—悲观”的往复变化，市场利率则在这三种心态中纠结运行。

以一个当时很典型的例子来阐述表明市场的心态。春节前夕，市场资金面宽松，但是悲观者的解释是货币当局在春节前暂时的维持稳定。因此春节过后，市场投资者对于政策预期和资金面预期又转而偏紧，而春节过后却发现资金面依然保持适度宽松格局，没有出现预期中的紧张态势，悲观者的解释又变化为“两会”召开之前，货币政策维持稳定，而两会召开之后市场心态再度转为悲观谨慎。

从事后来回顾这段时期的市场情绪心态变化，是较为可笑的，但是身处当时，这种情绪的起伏确实是市场变化的主导因素。

甚至到了3月中旬时期，1～2月份经济增长、通货膨胀类关键数据都已经发布，工业增加值和CPI水平已经被确认是明显下行，而同期货币政策也没有显现的异常“鹰派”，市场资金面也并没有如悲观者预期般紧张，但是市场投资者的犹疑情绪一直难以消散，心态异常脆弱。

从年初一直到3月17日时期，10年期国债利率在（4.45%，4.65%）区域内震荡反复，虽然重心有所下行，但是走得非常艰难。

在一季度时期需要事后补充说明的一个事项则是：中央银行在公开市场中确实不

断地进行正回购操作（甚至有较为隐秘性质的定向正回购操作），从市场中吸收资金，这种操作被市场投资者视为传递紧缩信号。

但是事实上，如果观察当期的外汇占款情况（从 2013 年 9 月份开始一直到 2014 年 4 月份，中央银行口径的外汇占款增量在 2000 亿～4000 亿元，相比于前期出现了显著回升），则可以发现这种正回购操作事实上体现的是一种中性对冲流动性的思路。而且面对外汇占款这种长久期属性的资金流入，中央银行却没有采用长久期属性的准备金率工具去对冲，事实上也传递着一种中性甚至偏于宽松的信号。

当然这个教训是从事后总结来得出，在当时的市场环境下，很难这么乐观的去理性分析，2013 年以来的恐惧情绪始终占据着主流。

（二）2014 年 3 月 18 日至 4 月 10 日：稳增长的纠结

该时期中，市场的主线和前期一般无二，之所以将其单列出来，主要想说明的案例是稳增长对于债券市场的影响。

3 月 19 日，国务院总理李克强首提“稳增长”，对于稳增长的政策取向会对债券市场产生什么影响，市场分歧很大。

一派认为，稳增长更多的含义寄托在财政刺激方面，因此会激发社会融资需求的起步，对于债券市场是利空作用；另一派则认为，在前期货币政策呈现偏紧条件下的稳增长取向，一定也意味着货币政策将由紧缩转向宽松，这对于债券市场是具有利多作用的。

而 4 月 2 日晚间，国务院出台了小规模刺激措施①，而第二天的公开市场操作却是 900 亿正回购操作（规模大于市场预期），这引发了投资者的恐慌，一度认为稳增长的措施意味着“不松货币、松投资”，这必然对于债券市场产生了一定的冲击。

虽然从事后观察来看，第二派的看法是正确的，但是在当时条件下的市场波动透彻的反映了投资者心态的脆弱。

二、2014 年 4 月 11 日至 6 月 30 日：政策彻底确认转向宽松

2014 年的二季度在定向降准政策落地后，市场投资者才坚定地相信了经过 2013 年一个年度的货币政策紧缩后，2014 年中国的货币政策终于转向宽松。

“货币政策不确定性”这个长久以来压在每个投资者心头的“大石头”终于被撬动了，政策面因素终于起到了利多支撑债券市场的效应。而对于经济本面因素，投资者则早已达成共识，经济下行以及通货膨胀下行都将延续。

经历了一个多季度的纠结反复，政策面因素终于追赶上了基本面因素的脚步，共

---

① 据中国政府网消息，国务院总理李克强 4 月 2 日主持召开国务院常务会议，研究扩大小微企业所得税优惠政策实施范围，部署进一步发挥开发性金融对棚户区改造的支持作用，确定深化铁路投融资体制改革、加快铁路建设的政策措施，讨论通过《中华人民共和国航道法（草案）》。

同推动了利率下行突破。在2014年二季度时期，10年期国债利率一举从4.50%附近回落到4.0%附近。

（一）2014年4月11日至5月9日：定向降准逆转货币政策紧缩预期

4月11日，中国人民银行行长周小川表示“若经济增速过于偏离目标水平，央行或采取微调措施”，结合1～2月份大幅度回落的经济增长数据以及3月份大幅度回落的M2数据（表明了经济增长、通货膨胀、杠杆率三个方面都支撑货币政策的调整转换），市场投资者心态积极起来。

4月16日晚间的国务院常务会议宣布“适当降低县域农商行存准率”，则正式拉开了货币政策宽松的序幕，长期利率开始松动并加速下行。

而在该期间中，正回购操作始终延续，但是发行规模出现了缩减，也给投资者以显著的信心支撑。10年期国债利率从4.50%起步回落，截至5月9日一举回落到4.10%附近。

回顾2014年4月底5月初时期，市场心态发生了很显著的变化。首先是对于公开市场正回购的态度变化，由以前的非常关注正回购操作状态，逐渐演变为不太关注正回购操作了，当然这一心态变化的过程中也确实看到了正回购操作的规模开始出现越发降低的趋势。

其次是对于资金面的预期，从谨慎悲观突然一下子变得积极乐观起来，这是导致长期利率横亘长久的“堰塞湖”突然崩塌的根本原因。长期以来，投资者都认为从经济增长、通货膨胀等基本面角度都支持长期利率的回落，但是对于资金面的紧缩预期迟迟没有转变，导致了长期利率始终横亘于高位，当资金面预期突发转变后，“偃塞湖”崩塌了。

具体到是什么原因促使了资金面预期的突然转变，而且这种转变来的很突然，似乎前无征兆，只能归因于定向降准导致了货币政策预期的突变。

长达4个月以来，投资者每天观察一周两次的公开市场正回购操作模式、感受正回购规模增减变化的做法终于休止了。

（二）2014年5月12日至6月4日：由关注正回购操作规模转为关注正回购利率

定向降准的落地宣布了货币政策正式转化为宽松取向，但是在很长一段时间中中央银行在公开市场中依然维持着28天正回购操作，而且利率始终维持在4%一线。

由于正回购操作的规模不断降低，市场投资者已经不再关注操作规模。但是当10年期国债利率回落逼近4%关口时（1年期政策性金融债利率也逼近4%关口），长期横亘于4%的正回购利率则成为投资者的心理障碍。

投资者普遍期待着正回购利率被下调，从而打开1年期政策性金融债券的利率空间下限，带动整体利率曲线出现下行。但是这种预期迟迟没有出现，导致了市场在

4%附近反复波动盘整。

期间有一个重要事件值得回顾，虽然其对于短期内的债券市场难以形成显著影响，但是对于长周期债券市场的变化贡献意义不可忽视。

即 5 月 16 日晚间一行三会和外管局联合发布《关于规范金融机构同业业务的通知》（下称 127 号文，也是市场一直传说中的 9 号文），进一步规范银行同业业务。127 号文对于金融机构的影响是压低其同业业务中的非标规模，提高非标业务的操作难度，将大量游离在体系之外的融资行为压缩回表内，并实施监管。

终于在 2013 年 3 月 27 日中国银监会发布《关于规范商业银行理财业务投资运作有关问题的通知》（简称 8 号文），监管商业银行理财投资非标行为的一年之后，127 号文开始监管金融机构同业业务中的非标问题。

这对于中国标准债券市场形成了长期利多影响，但是由于市场对于该类政策监管的效果存在分歧认识，因此在短期内没有形成利率下行突破的现实。

（三）2014 年 6 月 5 日至 2014 年 6 月 30 日：公开市场利率横亘不动，长期利率犹疑

在整体 5～6 月期间，虽然货币政策转向宽松已经被市场共识，期间也出现了若干次的定向降准措施（没有出现普惠性、全面性降准），但是由于公开市场中一直存在的 28 天正回购操作（规模不断降低）利率始终横亘于 4%关口，这导致了 1 年期政策性金融债券利率无法下行突破，因此 10 年期国债利率基本以 4.10%为中心，在（4.0%，4.20%）的狭小区域内反复震荡，利率下行突破态势出现了一定的遏制迹象。如图 1－4－3 所示。

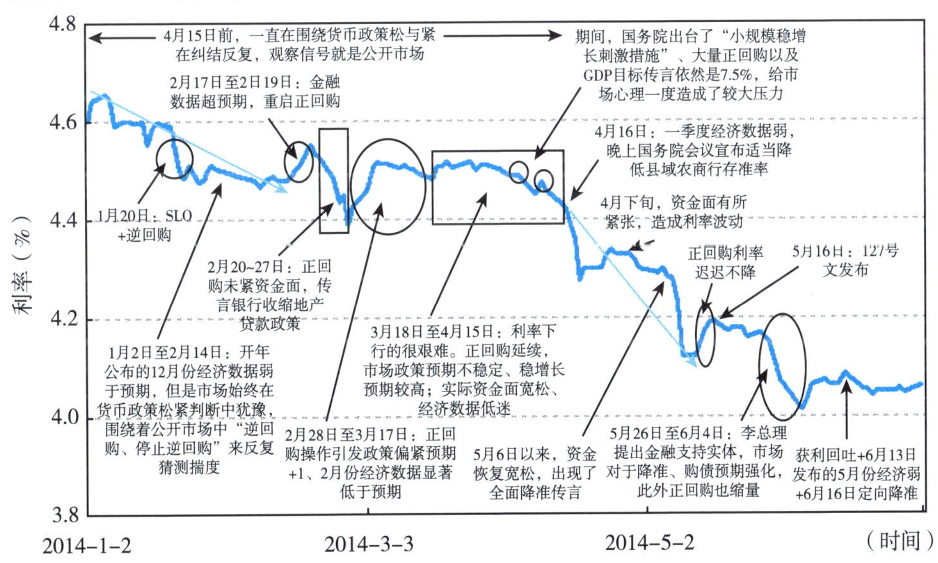

图 1－4－3　2014 年 1～6 月份长期利率变化详解

资料来源：中央国债登记结算有限责任公司 www.chinabond.com.cn。

三、2014年7月1日至9月12日：金融底（顶）—利率底（顶）—经济底（顶）

28天正回购利率横亘于4.0%，14天正回购利率横亘于3.70%，这对于短期利率（1年期金融债券）形成了底部支撑。当短期利率无法下行突破，长期利率的牛市则导致了收益率曲线越发平坦（例如，10年期国债利率与1年期政策性金融债券利率几乎持平）。

这种过度平坦的收益曲线一旦遭遇经济增长预期的变化则会轻易演变为长期利率上行调整、曲线熊市增陡的格局。而这个故事则正发生在了2014年7～9月份时期，所有的触发点则是起源于金融信贷数据的大幅度波动。

2012年时期所发生的“金融底（顶）—利率底（顶）—经济底（顶）”逻辑在短短不到2个月时期中被“一正一反”两次循环运用。

（一）2014年7月1日至7月18日：金融底—利率底—经济底

7月15日，6月份金融货币信贷数据发布，相比于前期增长以及投资者预期，6月份的金融数据出现了的大幅度增长（当月信贷增长过万亿），引发了市场对于经济稳定恢复的担忧。

无独有偶，7月16日所发布的实体经济增长数据也显著超越了投资者预期，主要体现于两个方面：一者是固定资产投资（房地产投资）增速出现了预期外的回升；另一者更为关注，是6月份工业增加值增速回升明显（6月份增速为9.2%，市场预期为9%，5月份增速为8.8%）。

金融数据与实体增长数据的双回升引发了大家对于2012年经济“微型复苏”小周期的回忆，收益率曲线以长期利率上行的方式形成增陡态势。在短短的十余个交易日中，10年期国债利率从4%附近回升到4.30%附近，而10年期政策性金融债券利率则更是回升了40个基点。

（二）2014年7月21日至9月12日：金融数据的逆转

2014年7月21日至9月上旬期间，市场的关注焦点主要集中在经济基本面状况上，由于公开市场正回购利率始终保持稳定，因此长期利率的变化成为市场焦点。

戏剧性的变化发生在8月13日，当天发布7月份的金融信贷货币数据以及7月份的实体经济增长数据。

信贷增长在经历了6月份过万亿规模后，7月份却意外的“大跌眼镜”。全部信贷增量只有3800多亿元，这引发了投资者的极大困惑，前期市场遭遇“金融底”预期的冲击，转眼不到1个月时间，就又出现了“金融底”被击穿。

但是与7月15日时期的基本面状况相比，也存在一定差异（6月份不仅是金融数据高企，实体增长数据也起步回升）。7 月份的金融数据虽然出现了低部被击穿的现象，但是同期公布的实体增长数据却表现相对稳定。以 7 月份工业增加值数据为例，当月增长 9.0%，仅比 6 月份小幅度回落了 0.2 个百分点。

金融底虽然被击穿，但是尚未影响到实体增长数据，因此市场投资者犹豫不定，还难以论断经济下行再度展开。因此 8 月下旬以来投资者的关注焦点集中在信贷的增长变化上，10 年期国债利率始终在（4.20%，4.30%）区域内窄幅波动，没有选择出明确方向。

这一时期的债券市场变化体现了经典的逻辑驱动属性。金融数据的“底”和“顶”虽然在短短时间内呈现出天翻地覆的变化，但是充分说明了“金融底（顶）—利率底（顶）—经济底（顶）”的逻辑线条在债券市场投资交易中具有广泛深刻的影响。

四、2014 年 9 月 15 日至 12 月 31 日：“经济底”预期被证伪，政策宽松冉来

金融底的破位导致了经济底的破位，但是确实没有想到的是经济破位下行的态势是如此之深。

9 月 13 日（周六）国家统计局发布了 8 月份经济增长数据，在 7 月份金融信贷数据令投资者大跌眼镜后，8 月份的工业增长值数据更令投资者大跌眼镜。2014 年 8 月份工业增加值增速从前期的 9% 位置一举跌落到 6.8% 水平。

7 月份盛行的“金融底—利率底—经济底”线条在 9 月初迅速的转化为了“金融顶—利率顶—经济顶”，经济增长短期平稳的预期被证伪。

而与此同时，收益率曲线经过前期的调整已经较为陡峭，充分反映着经济回升的预期。当预期被证伪后，自然具备了反修的空间，而这种反修的过程在后期又遭遇了短期收益率的下行，自然形成了另一波趋势性的牛市。

因此详细划分 2014 年的两波利率下行趋势可以看出各自的驱动因素并不相同。

第一波牛市可以从 4 月中旬到 6 月中旬进行划分，主要驱动力来自于货币政策预期由紧缩转为宽松，与此同时，叠加以疲弱的基本面数据和稳定的短期政策利率（正回购利率稳定），整体市场走出了牛市变平的节奏。

第二波牛市从 9 月中旬延续到 12 月中旬划分，主要驱动力在于基本面数据再度超预期回落和短期政策利率（正回购利率）下调，整体市场走出的是牛市增陡的节奏。

（一）2014 年 9 月 15 日至 12 月 1 日：超预期下行的经济、密集的政策放松以及疯狂的市场

9 月 13 日超预期下行的工业增加值数据落地，9 月 18 日公开市场 14 天正回购利

率从3.70%下调为3.50%，10月14日公开市场正回购利率再度下调，期间中央银行还不断通过SLF方式向市场投放资金，市场降息预期强盛，传言不断。

11月21日宣布降息，11月25日延续降息政策，公开市场操作利率继续下调。9~11月中围绕着经济增长的不景气状态，一系列货币政策调整接踵而来，长期利率也随之显著下行。10年期国债利率从9月15日的4.30%附近一举回落到11月底的3.50%附近，回落幅度达到了近80个基点。

（二）2014年12月2日至12月31日："12.9中证登事件"①冲击波

在经历了"疯狂"的9~11月份（11月中下旬确有疯狂的嫌疑，每天交易市场中充斥着各种政策放松的传言，每一个传言都会带动市场情绪的高涨，并拉高国债期货品种，压低现货利率水平），进入12月份后，债券市场稍显冷静。

传言中的信贷高增长（传言11月份信贷高达9000亿元）以及房地产销售局面的改善（同期股票市场也开始疯狂上涨），令高涨的债券市场情绪有所降温，长期利率也出现了些许调整。

而在这种情况下，中证登"黑天鹅"事件降临市场，市场称之为"12·9中证登事件"。

2014年12月8日晚间，中证登公司发布《关于加强企业债券回购风险管理相关措施的通知》。这一规定将导致大量基金手中持有的城投类债券流动性丧失，基于其流动性丧失、估值受损的理性预期，大量的持有人（以保险公司为主）纷纷要求赎回基金。

但是由于事发突然，基金公司手中持有的大量信用债券流动性瞬间丧失，无法在市场中抛售兑现，只能抛售流动性良好的利率债券品种（主要以政策性金融债为代表），因此利率债券在信用债券流动性危机中受到严重创伤（事件属性类似于2011年三季度的城投债券危机）。

2014年12月8、9、10日三个交易日中，大量流动性良好的利率债券被抛售，一举将10年期国债利率最高拉升到3.80%附近（这时候已经相距于11月的3.50%水平回升近30个基点）。

如果仔细观察受创伤最严重的政策性金融债券，在8~10日三个交易日中，面对"12·9中证登事件"，10年期金融债券瞬间冲高了大约30~40个基点。例如当时流动性良好的10年期政策性金融债券140222，在12月8日晚间消息发布后，迅速由4.30%~4.40%上冲到当天收盘的4.50%位置，而在12月9日一早继续走高，最高上冲到4.70%。

"12·9中证登事件"单纯对于利率债券的冲击在大致3个交易日中得以消化

① 12月8日晚间，中证登下发《关于加强企业债券回购风险管理相关措施通知》，宣布暂时不受理新增企业债券回购资格申请，已取得回购资格的企业债券暂不得新增入库；同时规定债项评级达不到AAA级的企业债券不得新增入库，有新增入库的将强行出库。

（8～10 日），利率债券较为快速的平稳下来，基本从 12 月 12 日开始，利率品种已经脱离了“12·9 中证登事件”的负面冲击影响。由于牛市依然存在，短期的事件冲击过后，债券品种再度回归到牛市格局中，12 月中下旬以来，10 年期国债利率再度从 3.7%～3.8%一线逐渐回归到年底的 3.60%水平。如图 1－4－4 所示。

2014 年一个完整的大牛市落下了帷幕！

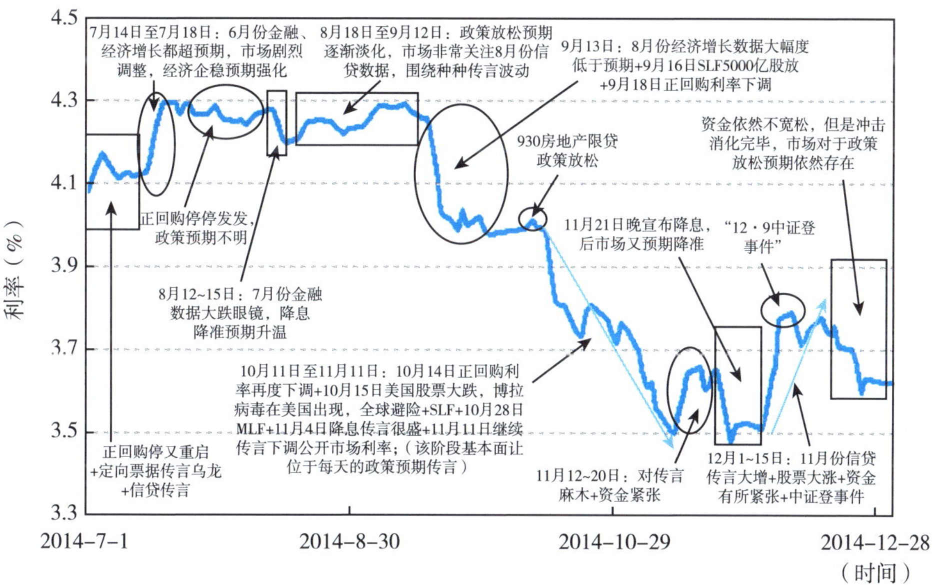

图 1－4－4　2014 年 7～12 月份长期利率变化详解

资料来源：中央国债登记结算有限责任公司 www. chinabond. com. cn。

第三节　2014 年市场变化之启迪

一、几个具有里程碑意义的重要文件：8 号文、127 号文（市场俗称 9 号文）以及 43 号文

回顾 2014 年债券牛市，经济基本面的下行是根本因素，其对利率价格的影响统一表征为社会融资需求的萎缩，这种萎缩状态有经济下行压力下杠杆主体主动收缩的成分，也有监管政策不断强化，引导社会无效融资需求收缩的成分在其中。

2014 年的市场中不得不提及几个重要的、具有里程碑意义的关键性文件，分别为 8 号文（2013 年 3 月 25 日中国银监会下发的 2013 年第 8 号文—《关于规范商业银行理财业务投资运作有关问题的通知》）、127 号文（2014 年 5 月 16 日中国人民银行、银监会、证监会、保监会、外汇局五部门联合发布的《关于规范金融机构同业业务的通知》）以及 43 号文（2014 年 10 月 2 日国务院发布的《国务院关于加强地方政

府性债务管理的意见》)。

其中8号文的主体思想是限制了银行表外理财资金对于非标资产的持有，127号文限制了银行表内资金对于非标资产的持有，而43号文则是限制了地方政府债务的增长。这三个文件从供需角度对于债务膨胀增长进行了约束，对于标准债券产品形成了长期利好影响。

利率作为一种价格，反映的是融资需求变化的结果。长期以来，无论经济增长与否，中国的融资需求和融资渴望是居高难下的。这些融资需求又以地方政府的融资为重要构成部分，包括以前的信贷融资和最近几年以来非标类信贷资产的膨胀，都是政府融资的重要表现。

由于地方政府融资意愿的增强，金融机构配合其意愿，创设出大量的类信贷资产，而这些资产又被银行表外理财资金和表内同业资金所对接，形成了“供需一条龙”的运作模式。这种模式虽然在一定意义上对于经济稳定具有正面效应，但是更重要的是极大的推升了中国的债务杠杆率水平，也逼迫中央银行紧缩货币政策以求治理（“钱荒”事件）。

而事实证明了，通过市场化的货币政策来治理无效融资需求的蔓延膨胀，副作用太大（“钱荒”冲击）。在此基础上，8号文、127号文以及43号文应运而生，从监管立法角度开始约束过盛的融资需求膨胀。其中8号文、127号文是从对金融资产需求角度抑制了债务杠杆率的膨胀（限制了金融机构的持有购买意愿），而43号文则更是从根本性的金融资产创设供给角度抑制了债务杠杆率的膨胀（限制了地方政府的融资扩张冲动）。

这里特别需要强调的是43号文，其在一定意义上还改变着地方政府考核标准，从以往的“唯GDP考核”逐渐进入到了“GDP、债务水平双关注”阶段。也从此开启了地方政府融资模式的转变，由以往的无序、隐秘的“非标”融资向公开的“债券”发行模式进行转化。

当然单凭一纸文件（43号文）是难以彻底扭转地方政府的融资扩张的。比如在非标资产创设被极大限制后，地方政府转而依托于债券发行（2015年）、PPP（Public-Private Partnership，即公私合作模式，是公共基础设施中的一种项目融资模式）以及产业投资基金等模式（2015年后期至2016年），资产扩张的形式也不断发生变化，这都是现实中的挑战。但是无论如何，对于地方政府债务水平的抑制作用，43号文还是起到了里程碑式的意义和作用。

这样来看，2014年之后的债券牛市除去了货币政策扩张所起到的推动作用外，更重要的一个因素在于社会融资需求的萎缩，这共同形成了债券市场的牛市，而无效融资需求扩张的抑制关键点则在于政策监管中的上述几个重要文件，值得债券市场投资者密切关注。

二、"黑天鹅事件"

在市场变化中，经常会遭遇"黑天鹅事件"（Black swan event）的影响。到底什么是"黑天鹅事件"，没有一个准确的定义。

根据百度百科定义，"'黑天鹅事件'指非常难以预测，且不寻常的事件，通常会引起市场连锁负面反应甚至颠覆。从次贷危机到东南亚海啸，从'9·11 事件'到瑞士央行放弃欧元兑瑞郎汇价下限，瑞士央行放弃欧元兑瑞郎汇价下限后，瑞郎的暴涨。'黑天鹅事件'存在于各个领域，无论金融市场、商业、经济还是个人生活，都逃不过它的控制的。"

在债券市场的运行中也时常会遭遇所谓"黑天鹅事件"的影响。在 2002 ~ 2010 年期间，最典型的莫过于 2008 年初的雪灾、汶川大地震等事件。而在本节内容中，笔者主要聚焦于 2011 ~ 2015 年时期所经历的一些所谓"黑天鹅事件"，并进行整理归纳。

依照事件顺序，笔者整理了如下一些事件，在此对于事件的详细过程不做过多介绍，有兴趣的读者可以去进一步细化挖掘。参见表 1 - 4 - 1。

表 1 - 4 - 1　　2011 年以来诸多"黑天鹅事件"整理

事　件	时　间	对债券市场的影响	影响利率变化的幅度	后续效应
北非动荡	2011. 2. 22	合并影响了债券市场，扭转了前期利率上行态势	10 年国债利率从 4. 07% 回落到 3. 83%，回落幅度约 25BP	后续利率恢复原有的上行态势
日本大地震	2011. 3. 11 - 2011. 3. 17			
日本核泄漏危机升级	2011. 4. 12 - 2011. 4. 15	暂时终止了利率上行态势	10 年期国债利率从 3. 92% 回落到 3. 87%，回落幅度在 5BP	后续利率恢复原有的上行态势
本·拉登被击毙	2011. 5. 6 - 2011. 6. 7	暂时终止了利率上行态势	以油价下跌为引导，10 年期国债利率由 3. 87% 回落到 3. 82%，回落幅度为 5BP	后续利率恢复原有的上行态势
城投债券危机	2011. 7. 14 - 2011. 7. 21	利率在原有上行趋势中加速上行	10 年期国债利率由 3. 90% 上行到 4. 09%，上行幅度为 19BP（但是其中含有通货膨胀高企、资金面紧张的因素）	后续利率维持原有的上行态势
美国财政悬崖危机	2012. 12. 2 - 2012. 11. 19	暂时终止了利率上行态势	10 年期国债利率由 3. 60% 回落到 3. 50%，回落幅度为 10BP	后续利率转折，但是主要是国内经济基本面影响导致

续表

事　　件	时　　间	对债券市场的影响	影响利率变化的幅度	后续效应
债市监管风暴	2013.4.17 – 2013.4.22	暂时终止了利率下行态势	10年期国债利率由3.40%上升到3.48%，回升幅度为8BP	后续利率恢复原有下行态势
光大证券“乌龙指事件”	2013.8.16	由于光大证券为筹措流动性现金，抛售债券，加速了当时的利率上行趋势	无法区分该事件对于利率幅度的影响，但是预计有5 – 10个BP的影响幅度	后续利率维持原有的上行态势
中证登事件	2014.12.8 – 2014.12.10	暂时终止了利率下行态势	10年期国债利率由3.50%上升到3.80%，回升幅度为30BP	后续利率恢复原有下行态势
瑞士央行“黑天鹅事件”	2015.1.15	加速了原有的利率下行趋势	无法区分该事件对于利率幅度的影响，但是预计有3～5个BP的影响幅度	后续利率延续原有下行态势
系列风险事件（由嘉能可危机、新兴市场国家货币危机担忧、德国大众公司丑闻所构成）	2015.9.24 – 2015.10.12	加速了原有的利率下行趋势	由于在利率下行趋势中，因此无法区分该事件的单纯影响，在此期间，10年国债利率从3.30%回落到3.15%，回落总幅度为15BP	后续利率延续原有下行态势

资料来源：百度文库。

在此归纳中，笔者没有将美国次贷危机以及欧债危机（以及当时的希腊债务风波事件）列入“黑天鹅事件”的范畴，是因为笔者觉得上述事件是可以在发生之前，寻觅到一丝基本面线索的，而且这些事件对于经济基本面的影响具有深远性，并非只是阶段性影响投资者心态那么单纯。

在上述所列示的11个“黑天鹅事件”，基本都是对投资者的心理情绪冲击效应大于对实体经济运行的实质性影响的，因此可看作是一种“脉冲式”的反映。

从各个事件综合比较来看，有以下特点值得关注：

（1）多对于投资交易者心态、情绪产生冲击影响，持续性不强，冲击周期并不长。

（2）多为政治性、自然灾害类事件，因此对于经济基本面的影响程度有限。

（3）“黑天鹅事件”造成的利率变化与原有趋势或顺势或逆势，最终都将回归原有趋势中。因此与原有利率趋势呈现逆势的“黑天鹅事件”，事实上提供的是反向操作的时间窗口。例如，原利率趋势下行，某一“黑天鹅事件”造成了利率回升，这事实上给投资者提供了比较好的“逢高（利率）加仓”的机会。

（4）由于对经济基本面的影响并不深远，“黑天鹅事件”对于利率的影响幅度有限，多在 5 ~ 10 基点范围内，也有个别事件（如“12 · 9 中证登”事件）造成了过于剧烈的冲击影响，但是多表现为瞬间冲击。

第五章

2015 年[1]：调结构叠加“股灾”

从历史比较角度来看，2014 年的债券市场是历史上第二大牛市。传统债券投资者的思维基本是三年一个周期（一个“熊”年 + 一个“大”年 + 一个“小”年），因此在步入 2015 年之初，市场投资者普遍预期 2015 年的债券市场是一个“小”年属性。

之所以认为其不会走熊，是由于 2014 年底的长期利率依然维持在历史中性水平附近（3.60%），而且看不到经济稳定和政策收紧的迹象。而之所以认为其难以复制“大”年行情，主要原因也在于 2014 年已经走过了一个“大”年，而且利率处于历史平均水平，难以期待其再度回落很多，此外整体市场投资者对于股票市场上涨存在着更为乐观的预期。

客观而言，2014 年的利率大幅度回落存在着一些均值回归或纠偏的成分，而当利率处于历史平均水平时期再进行后期展望，市场的纠结、犹疑情绪会更盛、决策会更难。

但是 2015 年的债券市场再度出乎年初的主流预期，走出了历史上连续第二年的大牛市。

第一节　2015 年基准国债利率运行轨迹综述

2015 年 10 年期国债的运行范围在（2.80%，3.70%），趋势上呈现再度下行突破的态势，但是在上半年反复纠结盘整，直至下半年才实现了有效的下行突破，利率最终降低并接近突破历史的最低点。

如果回忆 2015 年债券市场所经历的主线，大致有四个事情可值得关注，分别为：地方债券天量供给、股灾、汇率改革和调结构被市场投资者所共识。如图 1－5－1 所示。

① 2015 年 2 月 19 日是大年初一。

图 1-5-1　2002～2015 年 10 年期国债利率变化一览

资料来源：中央国债登记结算有限责任公司 www. chinabond. com. cn。

如果将全年利率走势进行大阶段划分，大致可以划分为上半年和下半年。由于投资者对于经济走势和通货膨胀走势不振的预期都基本共识，因此在微观的市场感受层面，经济基本面内容基本不被显著关注。

事件性的因素影响则成为重要的微观市场交易驱动因素，上半年在股票市场疯涨、股票投资分层杠杆大增以及地方债券供应的因素影响下，10 年期国债利率基本维持在（3.30%，3.70%）区间内震荡。

下半年以来，由于股灾发生，所谓的金融资产“异型”杠杆①消失，引发了市场关于“资产荒”的讨论。同时在汇率改革、人民币汇率走向浮动的过程中，债券利率出现了显著下行，10 年期国债利率从 3.60%～3.70% 一线下行突破，直至令人咋舌的 2.80% 附近。如图 1-5-2 所示。

图 1-5-2　2015 年 10 年期国债利率变化一览

资料来源：中央国债登记结算有限责任公司 www. chinabond. com. cn。

① 笔者这里所提的金融资产“异型”杠杆特指股票市场配资。

回顾下半年汇率改革的情况，虽然证明了人民币汇率改革并更加走向自由浮动，最终对于债券市场产生利多影响，但是这个认识过程是艰难反复的。汇率与利率之间的关系如何，一直被市场投资者反复争论，直至目前这种争论还在继续中。

第二节　2015年长期利率波动详解

如上所述，2015年上半年的市场热议主题是地方债券的天量供应和股票杠杆所造成的无风险收益率居高不下问题，这是在上半年主导利率横盘波动的最主要看点。下半年的最主要看点是股灾过后的“资产荒”以及汇率对于利率的影响问题。

但是笔者始终认为这些都是表面性事件影响，2015年驱动市场运行的最内在逻辑线条则是在当年面对经济下行压力增加的背景下，政府依然坚持以调整经济结构为主要任务，克制了刺激的冲动，市场开始真正相信了调整经济结构和供给侧改革的主趋势。

一、2015年初至6月15日：“异类”杠杆（无风险资产）与供应之恐惧

自从2014年11月中旬以来，股票市场进入了“疯牛”运行格局中，指数一路攀升，延续到2015年上半年。

在这半年时间中，债券市场遭受了股票“疯牛”以及地方债券“天量”供给的双重考验，但是却没有显示出明显的趋势性调整。这一阶段股债市场相对变化对于所谓的“股债跷跷板”效应提出了挑战。

（一）2015年1月4日至2月17日：对货币政策放松“莫名其妙”的狂热预期

债券市场运行中经常会出现一些“莫名其妙”的狂热时刻。在这些时期中，具体找不到什么实实在在的、新的基本面或政策面利多因素，但是市场的情绪就是会很亢奋。

每天交易市场中会充斥着这样那样的政策放松传言，这些催人想象无穷的传言最先会带动国债期货市场出现显著变化，而期货的变化又会强化传染现货投资者的情绪，进而带动现货利率出现快速的回落。

回顾最近2～3年以来（自国债期货品种面市以来），有大概三个时期呈现出如上特征：

（1）2014年的11月中下旬期间。

（2）2015 年的 1 ~2 月份时期。

（3）2015 年的 12 月中下旬时期。

2015 年 1 月份时期，基本处于基本面数据的真空时期（期间所发布的 2014 年 12 月份增长数据和通货膨胀数据都没有进一步显示衰退加速迹象），股票市场在此期间也处于短暂的休整状态。

期间虽然发生了较为意外的瑞士央行“黑天鹅事件”①，一度引发全球避险情绪高涨，但是这并非是持续的、主流性的影响因素。对于中国的债券市场而言，主流影响则是每天的市场中充斥了降准、MLF 等工具出台、降息、定向降准、SLO 操作的传言，每一个传言都会引发投资者的热烈追捧，促成了利率不断下行格局。

最终，预期中的政策调整在 2 月 4 日晚间落地，中央银行宣布了降准政策。降准政策落地令债券投资者信心得以极大提振，但是较出乎预期的则是随后的公开市场操作依然维持了操作利率的平稳，并没有出现预期中的下调。

准备金政策对于收益率曲线的引导作用主要体现如下：“准备金变化—货币市场回购利率变化—收益曲线发生变化”。而本次在降准之后，公开市场操作利率却没有同步下行，自然导致了货币市场回购利率保持稳定状态，因此无法进一步给予收益率曲线更强的下行引导力。

但是市场多头情绪难散，在降准落地，公开市场利率没有同步下调后，市场对于后续降息的预期和传言越发浓重起来。

从 2 月 11 日直至春节前（2 月 17 日），市场中关于降息的传言纷纷，这种强烈的政策放松预期推动了利率继续下行突破。

总体来看，1 月 4 日至 2 月 17 日时期，10 年期国债利率从 3.60% 回落到大致 3.30% 附近，其推动力主要来自于对国内货币政策不断放松的预期。其中：

1 月 4 日至 2 月 5 日期间，主要以降准类的数量型宽松政策预期为主要推动力，10 年期国债利率从 3.60% 回落到 3.40% 附近。

2 月 6 日至 2 月 17 日期间，主要以降息政策预期为主要推动力，10 年期国债利率从 3.40% 进一步回落到 3.30% 附近。

应该说从事后来看，两个阶段的预期都最终兑现了，其中 2 月 4 日最终宣布了降准，而后面的 2 月 28 日晚间也最终宣布了降息。

（二）2015 年 2 月 25 日至 4 月 9 日：第一波地方债券供给预期冲击

春节过后，羊年的首个交易日从 2 月 25 日开始，很奇怪的事情发生了。春节过后，市场没有征兆地出现了下跌，即便是 2 月 28 日晚间宣布了降息、3 月 3 日的公开市场操作利率也下调了 10 个基点（虽然下调幅度略弱于预期），也没有阻挡住市场

① 2015 年 1 月 15 日欧洲时段，瑞士央行意外取消欧元兑瑞郎 1.20 汇率下限同时下调利率，瑞郎兑一篮子货币暴涨近 20%。该事件也引发了全球金融市场动荡。

“莫名其妙”的下跌。

表现最为典型显著的是来自于国债期货，春节前是一路“摧枯拉朽”式的上涨，春节过后，从 2 月 25 日开始，是一路“毫无抵抗”的下跌。

面对着资金宽松、政策放松（降息、SLF 利率下调等政策），但是市场利率却出现了回升，原因为何，令人莫名其妙。直至 3 月 9 日附近，这一谜团才被揭开。

3 月 9 日附近，市场出现以下传言：“报经国务院批准，近期财政部已下达地方存量债务 1 万亿元置换债券额度，允许地方把一部分到期的高成本债务转换成地方政府债券，政府债券利率一般较低，匡算地方政府一年可减少利息负担 400 亿～500 亿元，这既缓解了部分地方支出压力，也为地方腾出一部分资金用于加大其他支出。”

地方债券加大发行供应一事件正式开始浮出水面，联系这个信息和前期市场“莫名其妙”的变化，不难想象，必然有“先知先觉”的投资者提前利用了这一信息。

最终这一消息的官方发布确认在 3 月 12 日晚间。虽然该期间发布的 1～2 月份经济增长数据显著低于预期（3 月 11 日发布），但是基本面对于债券市场的利多效应无法对抗地方债券巨量供给预期的冲击。

从 3 月 13 日开始，债券市场出现了无抵抗式的下跌，完全被地方债券的巨量供应预期所主导，甚至在此期间的诸多货币政策松动信号也没能逆转市场的恐慌情绪。例如 3 月 17 日公开市场操作利率下调 10BP，3 月 24 日公开市场操作利率再度被下调 10BP，长期横亘于 4.6% 上方的银行间 7 天回购开盘利率从 3 月 12 日开始被持续向下引导。

来自地方债券巨量供应的预期冲击从 3 月 12 日正式确认、发酵，并一直持续到 4 月 9 日。其间一个高潮时点是 3 月 26 日，当天江苏省政府地方债券组团发行公告，而且首次发行规模高达 600 亿元，这加大了市场对于巨量供应的恐慌情绪。

总体来看，春节后持续到 4 月上旬，主要的矛盾线条集中在地方债券供应担忧上，虽然期间的经济基本面数据远低于预期，货币政策放松信号不断（公开市场利率下调、货币市场开盘利率被不断引导下行），但是都没有抵御这种对供应压力的恐惧情绪。

10 年期国债利率从 3.30% 附近一直上行到 4 月 9 日的高点位置 3.70%，上行幅度达到了 40 个基点。

（三）2015 年 4 月 10 日至 4 月 30 日：系列利多因素集中涌现

在 10 年期国债利率冲高到 3.70% 附近，市场得以了暂时稳定，对于供应压力的恐慌情绪得以一定的释放，一些前期被恐慌情绪所忽视的正面信号逐渐得以被关注。

首先，从 4 月 9 日开始银行间货币市场的 7 天回购开盘利率被引导下行突破 3% 关口，4 月 14 日公开市场回购操作利率再度被下调，4 月 15 日所发布的 3 月份各项

经济增长数据都显著弱于预期（工业增加值同比增速更是一举跌到了5.6%）。

而且，更重要的是在4月17日，市场传言并被最终确认。原计划即将发行的江苏省地方政府债券被推迟发行，这直接逆转了前期压制市场的主要的负面预期（供应恐惧）。继而，4月19日晚间中央银行宣布一次性下降法定存款准备金率1个百分点，随后在4月20日至4月30日期间，一个崭新的话题被市场热议，即中国版QE。

对于中国版QE话题的起源来自于4月20日REUTERS通讯社的一则消息报道，内容如下：

“消息称，中国央行正考虑实施欧央行在金融危机期间实施的‘欧版QE’—长期再融资操作（简称LTRO），以进一步向市场提供流动性。据熟悉内情人士透露，中国央行的新工具将允许国内银行以地方政府发行的救助债券为抵押置换现金，从而进一步支撑金融市场流动性以及刺激放贷。所谓‘长期债融资操作’（Long-Term Refinancing Operation，LTRO）是指，欧央行2011年为应对欧债危机而推出的一种量化宽松（QE）操作。首先欧央行印钱借贷给欧元区内银行，然后通过银行来购买不同的国债（因欧央行一般情况下不能直接购买主权国债）。该操作没有金额上限，向任何有抵押的银行开放。欧央行彼时共推出两轮LTRO操作，共向上千家银行释放1万亿欧元流动性。”

4月27日，REUTERS通讯社继续发布信息：“中国将很快宣布新一轮QE；央行通过直接购买银行资产投放基础货币；针对国家资产负债表的薄弱环节进行调整；财政货币化是本轮QE最大特色；政策思路：做大资产端、封闭负债端，吹大权益端。”

因此4月下旬，整个市场都在热议中国版QE。无论上述消息真伪如何，是否实际落地，但是对于投资者心态产生了巨大影响。市场从对巨量地方债供应的恐惧中脱身而出，转而憧憬着QE带来的货币大宽松格局。

从4月10日至4月30日期间，在多重利多因素刺激下，10年期国债利率从3.70%一路回落到3.35%，回落幅度达到了35个基点，基本收复了前期地方债券巨量供应恐惧所带来的冲击和失地。

（四）2015年5月4日至6月15日：地方债第二波冲击+意外的定向正回购启动

进入5月份后，市场再度趋于弱态。一者是因为利率又接近前期调整之初（地方债券冲击之初）的水平，毕竟地方债券发行一事还没有定论；另外，对于地方债券的信息也接踵而来，虽然5月9日降息再度来临，但是也没有改变市场的弱态。

5月8日《第一财经日报》报道，被推迟发行的江苏地方债券将很快重新启动。江苏省财政厅一位处长级人士告诉《第一财经日报》记者，江苏发债暂缓是因为今年发行地方政府债券额度剧增，这涉及金融机构的资金面调度，相关部门正在协调，估计一个月左右时间就可以协调好，顺利开始发债工作。此外，一位接近财政部的人士说，比较可能的方案是，置换银行贷款的部分将定向发行给当初的贷款银行，所谓

“谁家的孩子谁抱走”。而置换信托、证券、保险等其他金融机构融资方式的部分，可能将主要采取公开向市场发行的方式。

果不其然，5月12日晚间，江苏省财政厅正式宣布将于5月19日启动地方债券发行。在对于地方债券冲击利率的逻辑推演中，有一个在当时居于主流的看法，即当商业银行都集中购买地方债券后，原有本该投资于国债、金融债券的额度会被消耗，因此势必造成对于其他债券的投资冷淡。

这一说法本来是不具有逻辑可行性的，但是在当时脆弱的市场心态下，恰恰出现了江苏地方债券发行后，后面的政策性金融债发行遇冷。多只债券的发行利率都高于市场预期（具体为什么会出现这种现象，笔者会在第三节市场启迪内容中详细分析），一级市场的黯淡导致了二级交易市场的调整在延续。

10年期国债利率从3.35%起步，经历了江苏首期地方债券发行后，截至5月25日回升到了3.43%附近。

5月26日发生了一件在当时令投资者惊愕的事情，市场传言中央银行针对某几家大型商业银行叙做了定向正回购操作，规模在1000亿～2000亿元附近。

长期以来，市场都已经习惯于中央银行的主动放松行为，而正回购操作的出山，导致了货币宽松预期大为逆转。但是从事后来看，本次正回购行为与以往的中央银行主动紧缩货币有着本质不同。

当时市场所面临的局面是，商业银行手中存在大量无法运用出去的资金，都搁置在超额存款准备金账户中，获取着异常低廉的利率，因此商业银行主动要求中央银行暂时性的以相对高一些的利率将手中闲置资金回笼，以求获得高一些的回报率，并化解超额准备金率过高的压力。

但是市场投资者并不理会这种“由于资金面过度宽松因此造成公开市场被动回笼”的事件属性，而是只从表面现象出发，将该举措理解为货币政策紧缩的信号。当5月28日媒体正式报道了该信息（2015年5月28日11：49新闻报道—中国央行近期向部分机构进行了定向正回购操作，期限7天、14天和28天——消息人士）后，当天的股票、商品以及国债市场都出现了明显下跌。

而令债券投资者雪上加霜的是，6月1日彭博新闻社报道：“不愿具名知情人士称，中国财政部考虑第二批地方置换债券，初步额度设定在5000亿元至1万亿元人民币。最终额度还可能调整，且需要国务院批准”。这一消息最终在6月10日被财政部官方证实。

在第一批地方债券尘埃尚未落定的情况下，万亿元规模的第二批地方债券接踵而来，导致了市场恐慌情绪被放大。6月1日当天，债券市场出现了显著调整，这种弱态被一直持续下来，一直到6月15日，10年期国债利率再度回归到3.66%水平。如图1-5-3所示。

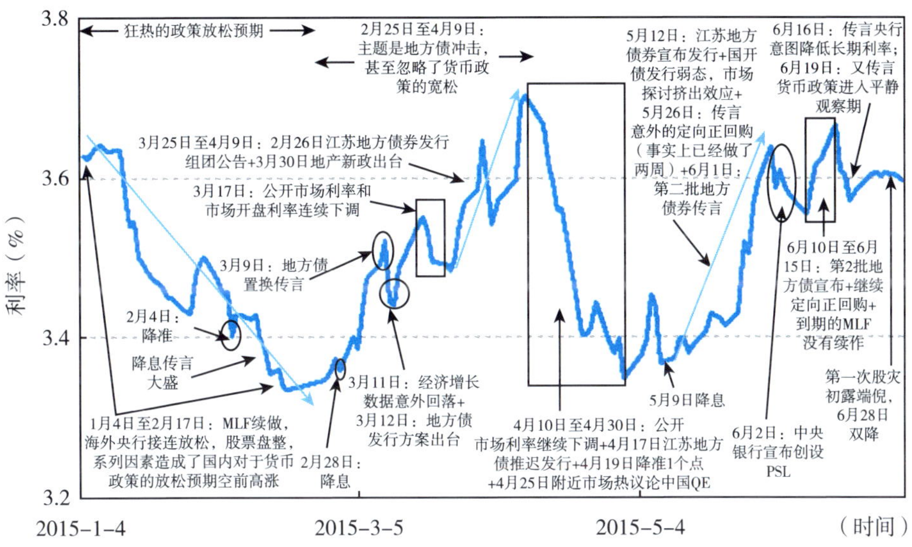

图 1－5－3　2015 年 1～6 月份长期利率变化详解

资料来源：中央国债登记结算有限责任公司 www.chinabond.com.cn。

二、2015 年 6 月 16 日至 9 月 2 日：两轮股灾冲击波

债券市场在犹豫反复中步入 2015 年年中时点，继 5 月 28 日媒体报道了中央银行对于部分商业银行定向正回购消息后，整个债券的投资者对于后续货币政策动向异常关注，也分外敏感。而无独有偶，6 月 17 日媒体报道，原计划在 6 月 18 日附近到期的 MLF（Medium-term Lending Facility，中期借贷便利）操作，中央银行却没有续作。

结合正回购再度出山、MLF 到期没有续作事件，债券投资者异常警惕。而此时期一些分析媒体也开始推测中央银行的货币政策进入了平静观察期，预计不再进行放松操作了。

从 5 月 27 日市场传言定向正回购展开并被确认，直至 6 月 18 日 MLF 到期没有续做事件，在媒体的信息传递下（以 6 月 19 日 REUTERS 的专题分析文章《货币政策将进入平静观察期》为代表），市场对于货币政策的宽松取向产生了质疑，整体债券市场也在此氛围中呈现弱势格局。

这种对于货币政策取向担忧情绪从 6 月 25 日开始被一系列的宽松操作陆续打碎，主要有如下内容：

6 月 25 日，中央银行再度重启了逆回购操作，向市场中注入资金，而且操作利率低于市场预期；

6 月 26 日，财新报道，在时隔两月重启逆回购之后，央行再次通过加量续作 MLF 为市场提供流动性，同时利率也出现创设 MLF 以来的首次下调；

6 月 27 日，中央银行宣布“双率”齐降（降息＋降准）。

应该说6月25～27日的连续宽松动作，粉碎了市场投资者对于货币政策转向的担忧情绪，而且同期的股票市场也已经出现了大幅度的下跌（虽然市场投资者并没有共识为股灾）。

按照常规道理，在此局面下债券市场应该出现显著的利率下行，但是市场往往是如此的出乎预期，当时债券市场的表现至今令投资者感到迷惑。

6月29日至7月3日，整整一个完整的工作周，面对股票持续下跌、货币政策宽松利好集中出台，债券市场竟然选择了一个交易周的盘整态势，10年期国债利率始终在3.6%水平弱势整理，非常犹豫。

终于在股票经历了连续两周的大幅度下跌后（6月15日至7月3日，连续两周），在7月4～5日（周末时期），广大市场投资者开始共识：这是一轮股灾开始了。随后的债券市场才开始反映出一定的合理变化属性，长期利率从7月6日开始才正式下行突破。

回头来看，中国资本市场史上2015年第一轮惨烈的股灾起步要追溯到6月15日开始，但是在其开始后的两周时间中，债券市场竟然还沉迷纠结于货币政策是否会转向的问题。甚至在这期间，已经出现了显著的货币政策宽松信号（6月25～27日），也彻底粉碎了货币政策转向的担忧，但是随后的债券市场依然处于一种弱势观望态势之中。站在当前，回忆当初这两周的变化，真的会感觉到无奈和困惑。

从7月6日开始，债券市场才反映出应有的敏感性、合理性，长期利率开始脱离3.60%平台，开始了下行突破。

（一）2015年6月16日至7月30日：第一轮股灾

事后回顾可以清晰地划分出第一轮股灾是从6月15日启动开始的（6月15日开始，股票指数触顶回落），但是回顾当时的资本市场看法，初期股票的下跌普遍被认为是正常的调整，因此6月15日至6月19日第一周的下跌没有引发过多的恐慌担忧。

而6月23日至6月26日的第二周下跌，开始让投资者产生了恐慌担忧，产生了些许股灾的感受，也就是在此时（6月27日）中央银行进行了“双降”操作。

客观来说，本次“双降”政策出台虽然在趋势上是与中国经济基本面相吻合的（经济低迷，确实需要货币政策放松），但是绝对不能否认的是，在出台时点上确实也存在兼顾股票市场连续两周暴跌的目的。

鉴于“双降”政策出台具有安抚股票市场的考虑，因此这一政策在期初并没有给债券投资者以更多的信心支撑，因为主流的看法都认为这只是针对股票市场的救市行为，债券市场不应该过于“惊喜”。事后回顾，债券市场在当时的心态和想法，也确实是偏于“幼稚”的。

但是，在经历了“双降”政策之后的一个交易周中，股票市场依然持续下跌，6月29日至7月3日当周，股票指数再度破位暴跌。

2015 年的 7 月 4 日 ~5 日（周六、日）可谓是世界瞩目的一个周末。在这个周末中，针对连续三周的股票市场暴跌，中国证监会闭门召开救市会议，结合各方力量研究救市方案，终于出台了包括暂停 IPO，券商出资购买股票、中央银行承诺提供流动性支持等措施方案。

但是这些方案依然没有阻挡住 7 月 6 ~8 日三个交易日股票市场的大幅度下跌，在救市方案落地后，股票市场依然走出了三天剧烈下跌，这摧垮了投资者的信心。

翻看当时的回忆记录，特别是 7 月 7 日中国股票指数大幅度暴跌，而夜间开市的全球资本市场（各国股票市场、大宗商品市场）受到中国市场情绪影响，都呈现暴跌模式。在这种氛围中，市场投资者纷纷开始回忆并探讨这是否将重返 2008 年世界金融危机的时刻，悲观预期异常浓重。

“遭遇全球资本市场大幅度波动，快速诱发投资者悲观预期，联想金融危机”的事情在后续会不断的重演，每一次在探讨时期都显得那么真实可信，但是过后一旦市场平静下来，投资者就会迅速的忘掉当初极度悲观的情绪。

总体来看，这种资本市场大震荡非常容易引发人们的悲观预期，其实才 2 ~3 周时间，宏观基本面应该没发生什么大的震动和变化，中国经济依然是持续偏弱过程中。但是前期股票市场的上涨会掩盖一切悲观，会让市场投资者蒙蔽双眼；而当股票开始崩溃后，一切负面因素都似乎快速的汇聚起来，集中冲击着人们的情绪，令投资者一下坠入到危机的悲观氛围中。事实上，什么都没有变化，情绪伴随资本市场的波动而过度的波动着。

在经历了 6 ~8 日三个交易日的再度下跌后，从 7 月 9 日开始，市场才逐渐平稳下来。当然需要注意的是，从事后划分角度来看，7 月 9 日可以作为第一轮股灾的平稳终结时刻，但是身处当期市场，就像和当时不知道股灾何时正式启动一样，站在 7 月 9 日时点，也无人知道这是第一轮股灾终止的时刻。在随后的一段时期中，股票市场投资者依然处于一种风声鹤唳的境地中。

在这个过程中，债券市场本来在安静地享受着股灾所带来的避险情绪利多因素，但是确实出乎意料的事情在 7 月 8 日当天发生了。这一事件的属性比较类似于投资者出于对风险的极度厌恶情绪，意图规避所有的资产形式，而只持有现金资产，在行为上是较为极端的一种表现。

7 月 8 日下午，在股灾进行时，债券市场却突然出现了大量的抛售变现行为，导致了长期利率在当天一度冲高 10 ~15 个基点。其原因有以下一些：

（1）面对股灾，股票型或偏股型基金遭遇了赎回压力，只能抛售债券以应对赎回压力。

（2）由于券商承诺出资购买股票，只能抛售出一些债券资产，筹措资金购买股票。

（3）出于对风险的极度厌恶，部分投资者意图规避所有的资产形式，只持有现金资产，因此抛售了债券（从本质上看，这是一种危机思路模式）。

不过这一冲击只在7月8日发酵，随后债券市场又恢复了平静。

7月9日后，股票市场逐渐稳定，债券市场也开始逐渐脱离股票市场负面情绪的影响，当时的10年期国债利率处于3.43%位置，伴随着其他事件的出现，而出现了一定的反复波动。

7月10～30日期间，债券市场主要经历了6月份经济数据增长超预期的冲击、7月14日第三批地方债券置换额度下发消息的影响，总体来看，10年期国债利率在3.43%～3.50%之间震荡反复。

需要注意的是，在经历了第一批、第二批地方债券冲击后，当7月14日第三批地方债券置换额度即将下发的消息出现后，市场已经非常淡定，并没有再重演前两批地方债券的冲击影响，这也说明了市场投资者逐渐地接受了“债券供应量并不是影响利率方向的根本因素”这一道理。

此外，需要说明的是，股灾发生时期，避险情绪来得快，去得也快，股灾中的利率波动更多是来自于心理层面冲击的，其本质属于“快变量”，很难说具有持续性，当股票指数开始稳定，这种心理冲击自然快速散去。

但是这次股灾的发生也从更深远角度产生了一个对债券市场的长远利多影响（可视为“慢变量”），也随之产生了后期所谓的“资产荒”说法。这点内容笔者将在第三节启迪内容中详细论述，即本轮股票牛市的配资行为产生了“异型”无风险资产，当股票牛市衍生出来的“异型”无风险资产破灭后，自然产生了所谓的“资产荒”。

回顾第一轮股灾，6月15日持续到7月9日，历时17个交易日，债券市场应对于本轮股灾的反应相对滞后，起步于7月3日，止步于7月9日，10年期国债利率从3.60%附近回落到3.40%附近，反应周期有限，反应幅度约20个基点附近。

（二）2015年7月31日至2015年9月2日：811汇改[①]与二轮股灾

7月9日后股票指数渐渐稳定后，股灾因素对于利率市场的即时性心理冲击渐趋消散（但是长期、深层次的影响依然在潜移默化延续中），债券市场逐渐回归到自己的关注领域（经济、政策等内容）中，7月10日至8月10日期间，10年期国债利率基本处于（3.45%，3.50%）这一狭小区域内震荡。

7月30日晚间，中央政治局会议召开，针对会议内容的理解，市场偏向于解读为“稳增长”主基调，这对于债券投资者的情绪产生了些许负面影响，此外7月31日REUTERS报道了如下一则消息：

“中国为阻止经济下行压力，将启动新一轮投资计划。据三位消息人士周五透露，中国将推出逾万亿元的长期专项金融债发行计划以支持基础建设，中国农业发展银行等开发性金融机构为是次长期专项金融债的发行主体。消息人士并透露，是次专项金

① 2015年8月11日，中国人民银行调整人民币中间价形成机制，并在此后的三个交易日内完成了中间价与市场汇率的点差校正。

融债的期限有望超过 10 年。为推动此债券的发行，中国央行、财政部等将给予优惠政策支持。“这次发债所募集资金以启动各大城市的基础建设为主，还会包括扶贫项目。”消息人士称。对于此次专项金融债，农发行消息人士表示，详细的发债计划、配套政策还在讨论中，最快一批有望在一个月左右发出，总规模要分几年发完”。

政治局会议内容解读以及专项金融债券的消息，在一定程度上强化了“稳增长预期”（2015 年 4 月上旬同样也是在政治局会议后，市场的稳增长政策预期出现强化）。

客观来说，债券市场并不恐惧“稳增长”的政策取向，而是恐惧于“稳增长”发挥了实效。因为其发挥实效意味着融资需求将出现回升，这对于债券市场利率会产生向上的推动力。

鉴于近年以来，稳增长的实效都平平，因此面对 8 月初的“稳增长”预期，债券市场也没有体现出过于显著的波动，10 年期国债利率保持在 3.50% 一线震荡。

市场出现显著的方向选择是来自于 8 月 11 日汇率改革（下称：“811 汇改”）启动以及再度袭来的二轮股灾。

8 月 11 日早 9 时 20 分，人民币汇率中间价格突发调整，瞬间贬值 3%，随后中央银行发布公告，称“为增强人民币兑美元汇率中间价的市场化程度和基准性，中国人民银行决定完善人民币兑美元汇率中间价报价。自 2015 年 8 月 11 日起，做市商在每日银行间外汇市场开盘前，参考上日银行间外汇市场收盘汇率，综合考虑外汇供求情况以及国际主要货币汇率变化向中国外汇交易中心提供中间价报价”。

2015 年最重要的汇率改革启动了。

8 月 11 日当天，针对汇率中间价贬值事件，最先作出反应的是债券市场。市场主流潜意识认为，汇率的贬值对于债券市场传递两个渠道的负面冲击：

（1）贬值预期强化，将导致资金外流加剧，从流动性角度利空债券市场；

（2）部分外国投资者由于以美元计量投资损益，人民币的贬值将导致外资机构瞬间面临亏损，因此会抛售持有的中国债券。

这种预期在贬值启动的初期居于主流地位，因此在 8 月 11 日当天，10 年期国债利率冲高 5 个基点，这种弱势心态在随后的 12 ~ 14 日依然持续。每天早上开盘，债券投资者紧盯的一件事情就是关注人民币汇率的中间价变化。

与汇率改革启动几乎同步产生的现象则是 8 月 12 ~ 20 日期间，银行间市场资金面确实出现了紧张迹象，这种现象虽然很难定位为“汇率贬值—资金外流—资金面紧张”的传导逻辑（无法证实），但是确实加大了债券投资者的恐惧情绪。

总之，在“811 汇改”启动之初，其对于债券市场的影响多空分歧非常严重。空方的依据如上所述，多方的依据则是：汇率与利率都是经济运行的结果，贬值在一定程度上表明的是中国经济基本面的弱态，而且允许汇率更加市场化的浮动，从“三元悖论”理论角度来看，有助于释放国内货币政策的空间。

从最终结果来看，多方的判断是正确的，但是从“811 汇改”后的市场短期表现来看，空方气氛还暂时的居于上风。

正是在这种多空分歧、市场犹疑的状态中，第二轮股灾悄悄地降临了。8月19日股票指数大幅度下跌，后期演绎了和第一轮股灾几乎一样的故事。

身处当时境地，虽然8月19日当天下跌，很难预期后续展开二轮股灾，但是债券相比于第一轮股灾时的反映要迅速得多。这种反应到并非是因为债券投资者预期到了二轮股灾开始，而是从8月19日开始，市场对于降准的预期和传言纷纷而至。

面对19日开始蔓延的降准传言以及后期再度不断下跌的股票市场，长期利率终于开始下行突破，8月20日10年期国债利率下行突破横亘已久的3.50%关口。

同样，资本市场投资者的情绪也在二轮股灾中重演了极度悲观的故事。8月24日白天中国股票指数断崖式下跌，晚间海外资本市场开市，全球暴跌，当晚市场投资者的情绪极度悲观，再度沉陷到全球金融危机的预期氛围中，这一局面和第一轮股灾中7月7日的情形如出一辙。

8月25日晚间，前期传言预期的货币政策宽松终于落地，中央银行再度宣布双降（降息+降准），长期利率再度下行突破。

从事后确认来看，截至8月26日，第二轮股灾结束。从8月27日开始，股票指数逐渐稳定下来，因此8月19日至8月26（7）日期间可以划为第二轮股灾。在此期间货币政策的“双降”叠加股票市场的大幅度下跌，导致了长期国债利率从3.50%附近回落到3.40%附近。

在8月25日双降政策落地后，由于股票市场依然处于不稳定、不确定状态（注意，只是从事后确认角度来看，8月26日二轮股灾结束了，但是身处8月26日时期，市场预期依然是悲观谨慎的），长期利率继续回落，截至9月2日10年期国债利率回落到3.30%附近。甚至8月28日官方信息正式确认了第三批地方债券置换发行事宜，该信息也没有被债券投资者再度热议，也没有影响利率下行的步伐。

值得回味的是，两轮股灾都上演了这样一种市场心理的变化节奏：“股灾开始—不确认—确认—极度悲观（往往联想到了世界金融危机）—股灾结束”，后两个环节相距的时期很短。例如：

第一轮股灾：6月15日开始——7月7日情绪极度悲观（探讨金融危机）——7月8日股灾结束；

第二轮股灾：8月18日开始——8月24日情绪季度悲观（探讨金融危机）——8月27日股灾结束。

同样的故事在第三轮股灾中再度上演，只不过那已经是2016年1月份的事情了。如图1－5－4所示。

三、2015年9月6日至10月28日：长期利率第一次破“3%”

第二轮股灾结束了，9～10月份期间，债券市场重新回归到自身原有的关注领域中（经济运行、货币政策预期等），8、9月份连续两个月的经济走势弱于预期（8月

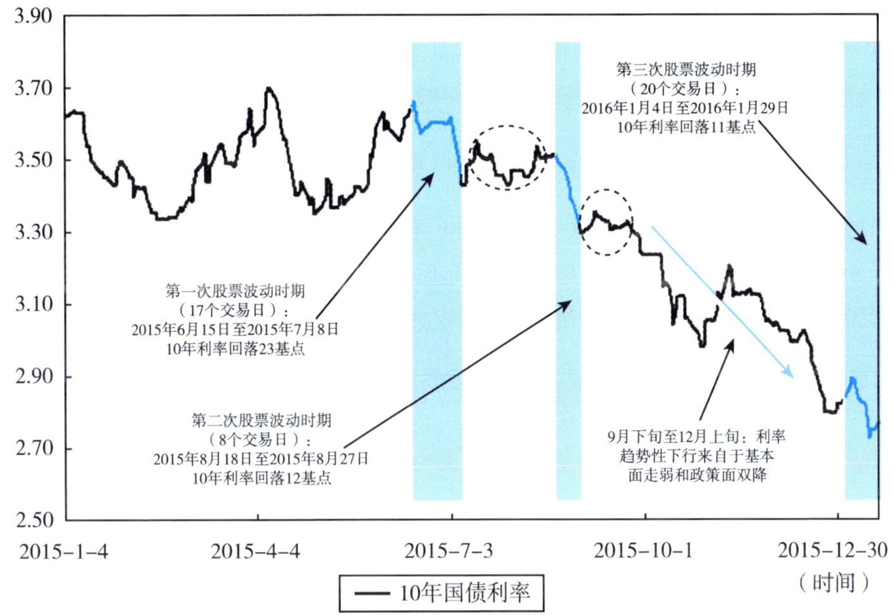

图 1-5-4　三轮股票市场大幅度异常波动时期国债利率的变化

资料来源：中央国债登记结算有限责任公司 www. chinabond. com. cn。

份工业增加值虽然有所回升，但是考虑到 2014 年同期工业增速断崖式下坠造成的基数偏低因素，2015 年 8 月份的经济增长依然偏弱），总体支持长期利率继续回落。

从外围因素来看，9 月中下旬期间，市场还经历了万众瞩目的美联储议息会议和一系列风险事件考验（主要包括了嘉能可危机事件①、新兴市场国家货币危机②担忧、德国大众公司丑闻③）。

在一系列事件配合影响下，中国的 10 年期国债利率终于下行突破了 3% 关口。

（一）2015 年 9 月 6 日至 9 月 23 日：围绕 9 月 17 日美联储会议的盘整

进入 9 月份后，9 月 17 日美联储议息会议成为全世界的关注焦点。2015 年以来，国际市场普遍预期美国的第一次加息将发生在这次会议上，面对数年来美国的首度加息事件，世界瞩目。

虽然当时的局面（全球金融市场动荡）令世界投资者对于美联储在此时加息疑虑重重，并对是否加息产生了严重分歧，但是谨慎观望的情绪依然是市场主流。

在此期间，虽然中国公布的 8 月份经济增长数据依然疲弱不堪，但是长期利率呈

---

① 伴随全球大宗商品价格的显著下跌，大宗商品巨头嘉能可公司出现了股票价格暴跌事件。

② 新兴经济体和资源国的资金外流速度正在加快，外汇市场上印度尼西亚和南非等国的货币纷纷下跌至历史性低点。

③ 全球最大的汽车生产商德国大众利用“作弊”软件通过美国尾气排放检测，成为企业成立 78 年来最大丑闻。

现出盘整状态，10年期国债利率在（3.30%，3.35%）的狭小区间反复震荡。

最终，9月17日晚间的美联储会议没有采取加息的措施，市场暂时消除了恐惧情绪，但是利率依然没有形成有效的下行突破。依然保持在3.30%一线。

（二）2015年9月24日至10月12日：系列国际风险事件发酵

10年期国债利率的有效下行突破是被9月下旬的系列国际风险事件所触发。9月下旬中，国际市场并不太平，出现了一系列风险事件，主要由嘉能可危机、新兴市场国家货币危机担忧、德国大众公司丑闻所构成。

这些风险事件导致了全球资本市场大幅度波动，带动了避险情绪升温，中国长期利率也跟随这种国际避险情绪升温而出现了下行突破。截至10月12日，10年期国债利率顺利突破了3.30%一线，回落到3.15%附近。

（三）2015年10月13日至10月28日：三季度经济数据低迷，再度“双降”带动10年期利率首度破“3%”

10月19日，中国2015年三季度经济增长数据发布，9月份的工业增加值和固定资产投资增速显著回落，经济增长预期低迷。基本面信息支撑了债券市场的多头气氛，10月23日晚间，中央银行宣布再度“双降”（降息+降准）。

在基本面预期低迷，政策放松再至的条件下，10年期国债利率也终于跌破了3%的整数关口，这是数年来第一次长期利率破“3%”。

四、2015年10月29日至12月31日：长期利率确定性破“3%”

11～12月份的债券市场虽然存在着经济基本面低迷不振，货币政策偏暖的正面激励，但是运行到后期，伴随着大量城商行、农信社的积极买入动作，多多少少已经蕴含了一些“疯狂”的意味了。笔者所认为的市场狂热气氛主要发生在12月中旬之后，如果观察同期国债期货的表现，则可以相互佐证，从市场传导来看，当时国债期货的加速上涨显著领先，带动了现货利率的快速下行。

（一）2015年10月29日至11月10日：查杠杆传言和IPO重启冲击

从10月28日开始，市场中出现了如下一则传言：中央银行副行长易纲较为关注债券市场的杠杆率攀升问题，并开始检查银行间市场的杠杆状况。

所谓对银行间债券市场杠杆率的探讨热议并非是从此时开始，应该是从股灾之后，就逐渐出现了。

股灾给投资者以及监管层的教训是：资本市场的杠杆是一件非常可怕的事情。而伴随债券市场的不断上涨，自然市场开始担忧，如果目前是一种杠杆属性的资金在推动债券市场的上涨，其结果也可能是类似于股票市场的最终崩塌。

不从价格变化去揣度猜测，单纯从机构行为来看，也确实存在着对债券市场杠杆问题的担忧。股灾之后，大量的银行资金失去了在股票市场配资的渠道（也引发了“资产荒”的说法），不得不将大量资金委托给外部投资者（例如券商、基金等机构）进行管理操作（市场俗称“委外”）。因为这些机构在监管允许下可以放杠杆、下沉投资品的信用资质（即可投资于一些低评级信用品，而这些品种在银行体系内是很难允许被投资的）。

这样就造成了一个局面，以往当资金在银行体系内运作时，是不能进行杠杆操作的，但是一旦转移给券商、基金操作，同样规模的资金可以被券商、基金等机构在合规范围内增加杠杆，因此如果分别看待券商或基金的杠杆率并没有显著攀升，但是如果合计看待银行、券商、基金的合计杠杆率，则确实攀升了。

在这一背景下，市场投资者对于来自监管当局的任何对于杠杆率关注的信息都非常敏感。当 10 月 28 日出现了监管当局查杠杆的传言时，虽然未经过确认真伪，但是市场的谨慎心态明显增强。

再加上前期交易盘机构在利率下行过程中存在获利了结的行为，导致了在此期间 10 年期国债利率回升上探，从 3% 以下水平回升到 3. 10% 附近。

11 月 6 日，另一个重要的负面冲击降临市场。下午 5 时附近，中国证监会宣布重新启动 IPO，这一信息严重地冲击了市场。在 11 月 9 日（周一）当天长期利率被冲击走高了 10 个基点，市场也一度恐慌。

以往 IPO 对于债券市场的冲击主要来自于两个方面：一是 IPO 全额冻结申购资金，会对资金面波动产生巨大影响；二是由于股票发行价格和上市价格之间存在巨大的价差，打新操作往往意味着存在低风险、高回报的特征，凭空多出一块高回报的无风险资产，这将缓解市场所谓的“资产荒”。

但是本次 IPO 重启伴随着制度的改进，主要体现为新股申购资金不再实现全额冻结模式，而在确定中签后才进行缴款操作。

这一模式的改变起到了三个作用：

（1）由于不再全额冻结资金，减少了 IPO 对于货币市场的干扰冲击。

（2）由于不再全额冻结资金，令打新操作的门槛降低，更多的投资者可以参与打新，但是也意味着中签率偏低，导致打新收益降低。

（3）由于以前需要全额冻结资金，因此很多专注于打新操作的基金为了在申购期间满足现金流动性需求，平时只能持有一些短期的高流动性资产，对于长久期的债券持有意愿偏低（因为长久期资产的变现能力弱），即以往的打新基金是一种“打新收益为主导，债券投资收益为辅助”的模式。

而新规后，由于不再需要全额缴款，打新基金就不再需要持有更多的短久期、高流动性资产，完全可以在平时持有长久期、相对高收益的资产，只需要维持必要的现金储备以便在中签后缴款（这个中签后的缴款数量很有限）即可，相当于无形中扩大了打新基金对于债券特别是长久期债券的需求，这个情况下再叠加中签率走低，打新基金的属性则变化为“债券投资收益为主导，打新收益为辅助”的特征。

因此在短期（6日和9日）的调整后，债券市场很快修复了恐惧情绪，长期利率在短期冲高后掉头回落。

（二）2015年11月11日至12月14日：经济低迷，政策放松预期不断，长期利率二度破“3%”

市场迅速从对IPO重启的担忧中恢复过来。11月中旬期间市场虽然缺乏方向，10年期国债利率始终在3.10%一线震荡，但是总体以多头氛围为主。

在新的打新制度建立后，沉寂已久的打新基金重新开张（IPO暂停后，打新基金也整体萧条），出现了配置债券的新需求。此外11月中下旬以来，中央银行下调了SLF、MLF利率，虽然这并不代表什么政策继续宽松的实质方向（只是一种对于前期高利率水平的实时修正补充），但是传递给投资者的信心却是正面的。

在上述两个条件下，债券市场以多头氛围为主，10年期利率从3.10%水平再度缓慢下行，并于12月8日第二度跌破“3%”关口。

（三）2015年12月15日至12月31日：美联储加息落定，债市“疯狂”

2015年最后的半个月时间，笔者倾向于用“疯狂”来形容债券市场的变化了。之所以说其具有些许“疯狂”意味，主要一个立足点在于从11月份开始中国的经济增长数据以及金融货币数据出现了稳定迹象（12月中旬发布11月份基本面数据），即基本面角度并不再给市场以更为强有力的支撑。

当然市场还是沉浸在货币政策不断放松的预期中，每一次MLF的传言都会让市场兴奋（但是客观来说，MLF的做与不做并不代表政策是否更为宽松）。

市场的主力购买机构是城市商业银行、农村信用联社，而基金公司由于继续受到“委外”资金的支持，也是购买主体。

市场在最后半个月内的加速下行是以12月17日美联储会议决定正式上调联邦基金利率为触发点的。从美国加息事件落定后，中国的国债市场出现了一轮强势上涨，10年期国债利率迅速有效的跌穿了3.0%关口，直跌至2.80%，甚至一度跌破了2.80%。

具体到为什么美联储的加息落地反而催化了中国国债市场的强势上涨，没有一个很清晰的解释。也许是久悬心头的石头终于落地，市场投资者却发现这似乎也没有那么可怕；也许是当时市场的购买主力非常自信，利率的下行带动了超额收益的不断出现，而这种收益刺激又导致了其不断地投入了新的资金。

无法准确地理解，但是无论如何，市场是永远正确的。在一片惊叹声中，又一个大牛市落下了帷幕。由于市场对于2015年这一大牛市的预期远不如2014年时期充分，因此2015年的大年行情也给投资者以更多的惊喜！如图1-5-5所示。

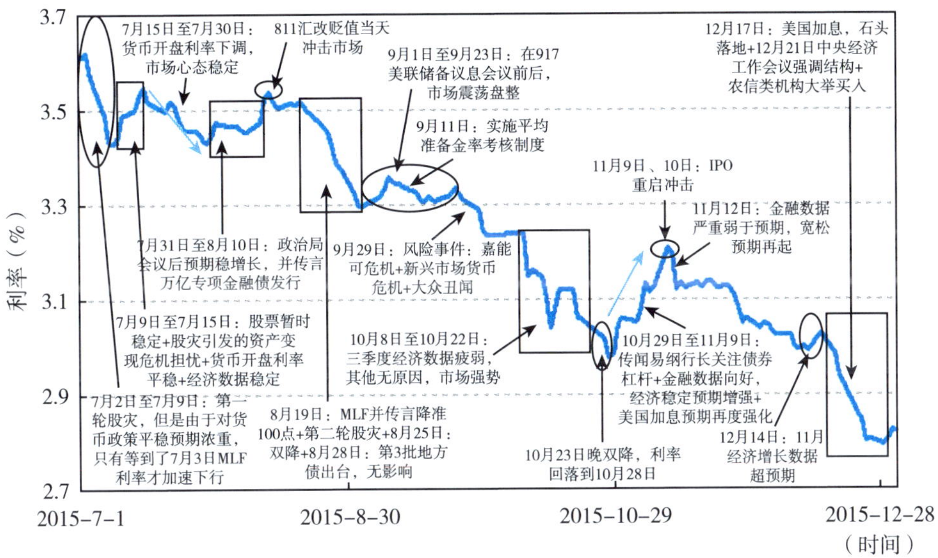

图 1-5-5　2015 年 7～12 月份长期利率变化详解

资料来源：中央国债登记结算有限责任公司 www. chinabond. com. cn。

第三节　2015 年市场变化之启迪

2015 年的债券市场给投资者的启示内容很多，非常值得投资者回头再看看这些因素的影响。2015 年市场经历的事情也很多，比如股灾、汇改、地方债券供应等一系列事件影响着市场，有些只是情绪上的影响，而有些则有着内在的深远影响。

一、债券的供应问题

2015 年是债券供应量激增的一年，主要来源于地方政府债券的天量发行。全年地方政府债券的发行总规模逼近 4 万亿元，而历史上类似的情况则发生在 2007 年。当时的特别国债发行规模也出现了激增，而 2007 年债券利率也出现了显著上行。如果从微观时间窗口对应的角度来看，也似乎看到了，利率的上行和特别国债的供应发行存在着一些“关系”（虽然这种关系并不被笔者所认可），如图 1-5-6 所示。

无独有偶，从 2015 年的微观市场观察中（本章第二节内容），也可以看出在 2015 年上半年，地方债券每次发行供给的信息都冲击了市场，导致了利率出现反复波动。如图 1-5-7 所示。

即从微观市场感受来说，每次地方债券发行置换的信息确实对于当时的市场心态构成了显著冲击。但是走过 2015 年牛市后，才最终发现，所谓债券供应量决定利率

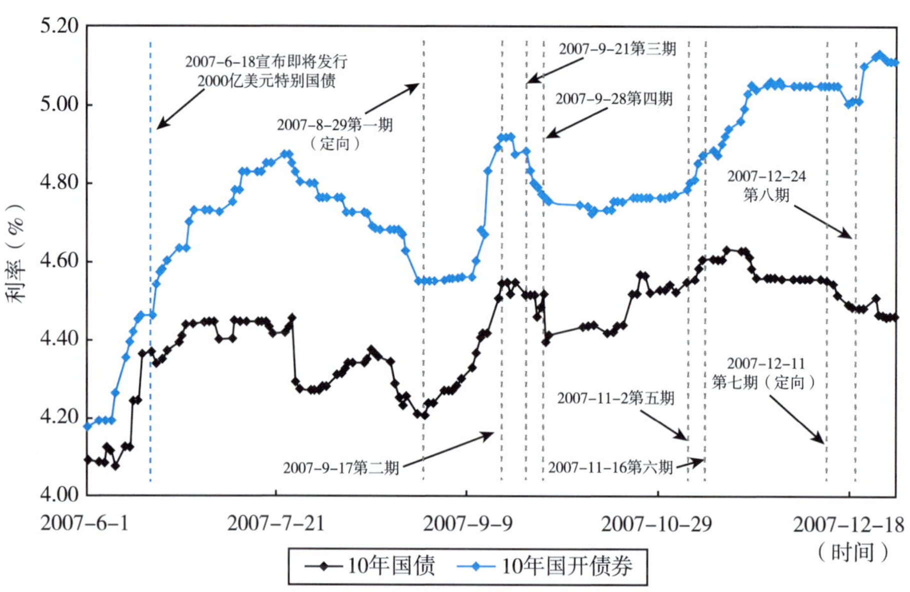

图1-5-6　2007年特别国债发行时期长期利率的变化

资料来源：中央国债登记结算有限责任公司 www. chinabond. com. cn。

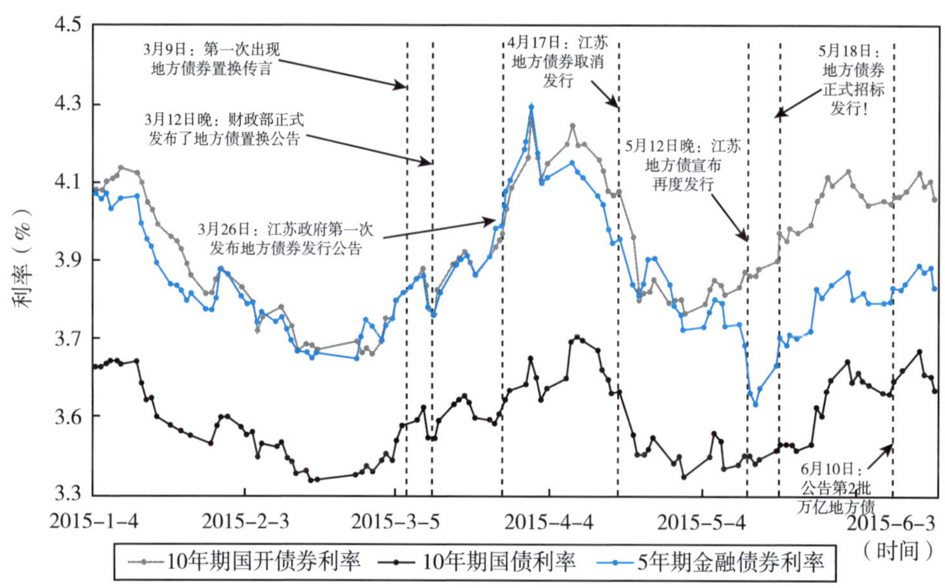

图1-5-7　2015年地方政府债券发行时期长期利率的变化

资料来源：中央国债登记结算有限责任公司 www. chinabond. com. cn。

变化的命题是一个伪命题。

从原理来看，债券的发行代表一种融资需求的扩张，但是债券发行供应量大小只是社会融资需求构成的一个部分，更何况2015年的地方债券发行只是一种债务置换模式。如果从融资总需求的净增量来看，地方债券的发行供应在一定程度上对冲着信

贷类融资的收缩，社会融资总需求并没有发生显著变化，因此对利率价格并不具有显著的冲击效应。

债券供应量的大小会影响市场投资者的心态，但是并不是决定债券利率方向的主导因素。当基本面的变化决定了利率的方向后，债券供应规模的大小与节奏有可能成为助涨或助跌的辅助性因素，因为其变化很可能会影响投资者的心态、情绪，并传导到市场氛围中。

债券供应量与利率方向并不具有内在相关性，这点事实上是被历史数据所证明的，如图 1－5－8 所示。

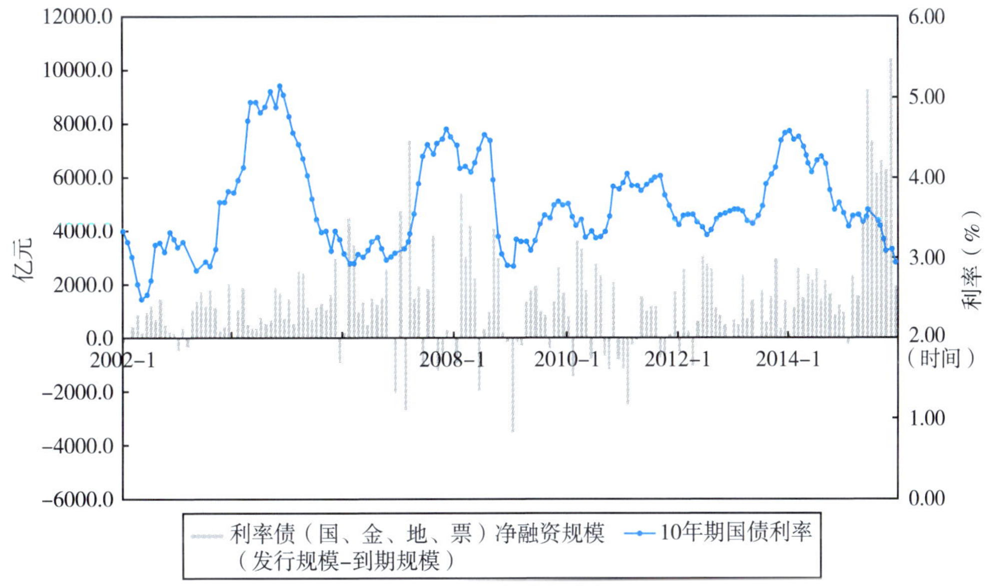

图 1－5－8　2002～2015 年以来债券的净融资规模与利率方向并无正相关性

资料来源：中央国债登记结算有限责任公司 www. chinabond. com. cn。

如果仅以利率债券作为研究对象，可以统计历史上（2002～2015 年）每个月利率债券品种（指国债、政策性金融债、地方债券、中央银行票据）的净融资规模（当月发行规模减去当月到期规模），并将该数据列与利率走势进行比较。

如果净融资规模与利率变化具有相关性，则至少可以怀疑债券供应是作为利率方向变化的驱动因素的。但是实证检验可以看出，两者之间变化并不具有任何相关色彩，而且相关系数接近于 0，这也充分证明了债券发行供应量的大小并是利率方向的影响因素。

但是不可否认，债券供应规模和节奏的变化在短时间内会影响投资交易者的情绪变化，这种波动在策略上是可以被利用的。

二、股债“跷跷板”效应

长期以来，市场潜移默化的认为股票与债券具有走势上的“跷跷板”效应，这是在传统“美林时钟”思维框架下的一种解释模式。

解释股债“跷跷板”效应一般会从资金流动角度阐述，即股票市场的上涨会导致资金从债券市场中抽离出来，进而造成债券市场的下跌。

但是2014年中期以来至2015年中期，长达一年的股债双牛格局令“跷跷板”效应失色。笔者是这样理解股债“跷跷板”效应和“股债双牛”现象。

从流动性分配角度来看，股票市场、债券市场、实体经济三者都会吸收货币流动性，但是体量完全不同。

其中实体经济所吸纳的流动性最大，债券市场次之，股票市场则很小。如果单纯比拟股票市场和债券市场的流动性容纳规模，股票市场不足以比肩，即股票市场上涨将流动性从债券市场吸收走的论断是很难令人信服的。

在以往的美林投资时钟框架中，股票市场的上涨一般会同步于大宗商品价格的上涨。前者代表股票市场吸引资金能力的增强，后者代表着实体经济吸收资金能力的增强。从吸收流动性的角度来看，股票吸收资金规模有限，但是实体经济吸收资金的规模巨大，因此不是股票市场吸收了债券市场的资金，而是实体经济吸收了债券市场的资金。

所以传统形式上所看到的“股债跷跷板”现象事实上是表征了实体经济融资需求的伸张问题，而实体经济融资规模的变化可以用大宗商品的价格来近似衡量。

这样一个流动性分布的模式则为股债双牛提供了一定的基础支撑。当实体融资需求大幅度萎缩的过程中，事实上分流出来的资金可以均匀地分布在股票市场和债券市场中，这样会为“股债双牛”的出现提供一定的资金条件，也就存在着股债双牛的可能性。

如图1－5－9所示，以往传统美林投资时钟条件下，股票市场和实体融资所吸收流动性的规模同步伸缩，对于债券市场流动性具有强影响（主要是依赖于实体融资市场）。而在经济转型的条件下，由于实体经济的中大量无效融资被限制清除，则对于股票与债券市场的流动性性构成双双支撑。

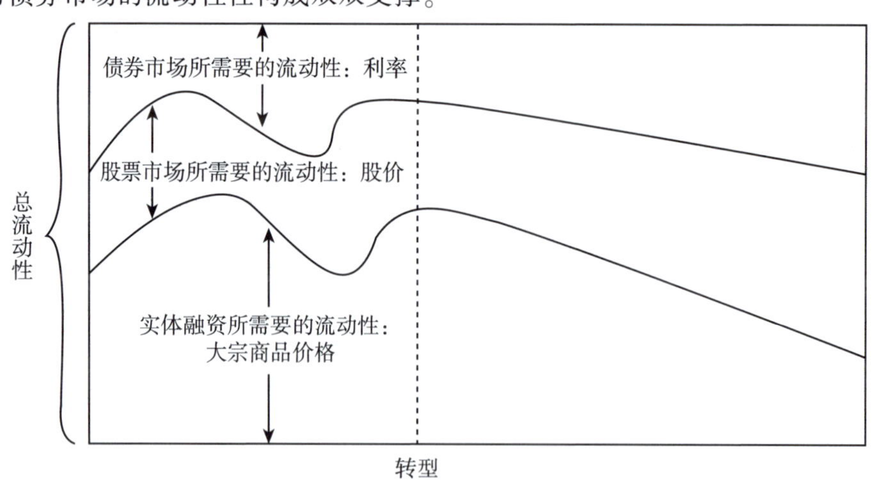

图1－5－9　流动性在三个市场中的分配

三、股灾对于债券市场的影响

2015 年所经历的两轮股灾必然被历史所铭记，其对于债券市场也产生了深远的影响。尤其值得关注的是，2015 年股灾对债券市场的影响并不同于以往的股票下跌对于债券市场的影响。

以往股票下跌在一定程度上会提振债券市场走势，但传导线条应该是：股票市场的下跌在一定程度上也意味着社会实体融资需求同步下跌，社会实体经济融资需求的回落导致了债券市场的上涨。

但是 2015 年股灾的出现，并不对应着社会实体经济融资需求出现了断崖式下行，因为实体融资需求始终处于不断的、缓慢的回落过程中，并没有因为股灾的发生而出现突发、断崖式下跌。

回顾 2015 年股票市场变化对于债券市场的影响，不得不提到一个现象：股票配资。这也是一种债务杠杆的形式，只不过其与通常意义上所提及的实体经济债务杠杆不同，其是一种虚拟的金融资产杠杆模式，这也是历年以来首次出现的一个现象。

众所周知，2015 年上半年的股票市场处于一个杠杆为特征的牛市中，大量的投资主体通过借贷的方式融得资金，投入到股票市场运作中。这种借贷融资行为创设出一类新型的资产模式—优先级配资。以商业银行为例，其可以提供优先级的配资资金，要求股票投资者给予较高的利率，而且设定好股票资产的止损平仓线，提供一个风险保护。

这样一来，事实上的优先级配资则成为一种资产形式，收益率高且保护度看似很足（因为在股票上涨过程中，止损平仓线的保护度看似很足），也可以将其视为一类新型的无风险高收益资产，其属性类似于以往的非标资产（收益高，同时在政府信用刚性不破的假设下，风险低）。

其区别只在于，非标类的资产多少还和实体经济挂钩，而针对股票交易的优先级别配资资产则完全脱离了实体经济，在金融虚拟领域运行。但是从宏观意义而言，两种模式都会增加宏观债务杠杆率。

这时候，构成宏观金融债务杠杆的形式则从传统的信贷、非标资产拓展到了金融虚拟领域，体现形式比如上述的优先级配资资产、与 IPO 打新相关的资产等。

需要注意的是，经过 2013 年的教训，市场已经将传统的“双轮驱动”模式扩展到了“三因素决定”模式，将债务杠杆率作为了一个重要的观测指标（近似的衡量指标是 M2 以及社会融资总量），因为其会影响货币政策的态度和取向。

但是以往的债务杠杆率均指与实体经济挂钩的资产形式，如非标、信贷等。2015 年股票市场的运行告诉了投资者，还存在着一种与实体经济运行并不挂钩的资产，如配资、打新等，其虽然很难出现了宏观金融统计数据中，但是在现实中确确实实构成了金融债务杠杆，依然值得警惕。

那么如何衡量配资类资产的多少变化，从宏观数据解读来看，大致有两个指标值得关注：一者是交易所市场中的两融余额变化，另一者则是商业银行信贷收支表中的“股权及其他投资”科目的变化（一定程度上体现着银行表内资金配资的规模），而具体到银行表外理财以及民间所形成的配资规模则无法具体观察统计了。

2014年底直至2015年中期，对应于配资资产规模的不断扩张（同时还有打新资产规模），债券市场始终呈现盘整态势，虽然经济基本面不断走弱，但是利率下行动力有限。从融资需求角度来看，也可以说是这类资产的膨胀在一定程度上利空作用了债券市场，虽然该类资产的规模与实体融资规模不可同日而语，但是也起着不可忽视的制约作用。

即2015年上半年各类资产伸缩变化的格局是：实体融资需求不断弱化，金融虚拟资产有所膨胀（以股票配资、IPO打新资产为代表）。其共同作用结果是边际上削弱了标准债券市场的流动性支持，但是没有逆转债券市场的方向。

当股灾发生后，实体融资需求并没有受到过多冲击，但是以配资、打新为基本模式的金融虚拟资产则遭受了毁灭性打击，这一资产模式迅速地由上半年的扩张转为了下半年的收缩，大量逃离该类金融虚拟资产的资金只能选择了安全性高的债券市场来栖息，因此也产生了2015年下半年一个被热议的词汇：“资产荒”。

从本质而言，2015年债券市场来自于股票市场的影响是深远的，且并不仅仅局限于两轮股灾期间。单纯地将股灾对债券市场利率的影响划分为6月15日至7月8日、8月18日至8月27日两个短期时间段是较为短视的，这两个短期时间段内债券利率的变化更多是一种情绪方面的冲击，还没有体现出深远的传导影响。而股灾后所导致的虚拟金融资产消失才是对债券市场产生深远影响的根本。

之所以说2015年的股灾对于债券市场具有深远影响，是在于其表征了虚拟金融杠杆（类无风险资产）的起伏变化。由于后期的股票市场已经消除了杠杆特征，因此后期虽然也发生过股票指数的明显下跌（比如2016年初，也被称为第三轮股灾），但是由于其已经不代表虚拟资产的变化，因此对于债券市场只是起到了情绪上的影响或推动，影响周期较短暂了。

如果将债务杠杆率因素的概念扩大化，不只包含于以往传统的信贷、非标类资产，而将金融虚拟资产引入其中，则2015年股票市场对于债券市场的影响依然符合于“三因素决定”的逻辑框架。但是在这个过程中，由于统计数据的缺位，则很难用单纯的M2或社会融资总量去清晰衡量总债务杠杆的变化了。

四、汇率与利率的关系

除去股灾事件外，2015年另一个重要的事件莫过于“811汇改”，从此也展开了汇率与利率关系之辩。

事实上汇率和利率的关系，长期以来一直被市场探讨。每次汇率发生变化波折，总会产生对于利率影响的讨论。“811汇改”将这种讨论推向了一个高潮，并且这个讨论一直延续到2016年度。

对于汇率和利率关系的探讨，市场一度将焦点放置在人民币汇率升贬与国内利率升降之间寻找关系。

笔者总结了一下汇率与利率的关系，总结如下：

（一）从基本面角度来看，汇率与利率都是结果，而不存在谁影响谁的关系

从基本面角度而言，汇率和利率都是经济运行的结果，利率是单独经济体运行绝对好坏的结果，汇率则是两个经济体运行相对好坏的结果。

因此汇率升贬与利率起落会有不同的组合模式，例如可以用美元和美债来进行说明。

美元的走势受到双重宏观因子的驱动，双重宏观因子分别为“美国经济相对全球经济的强弱”和“美国通胀相对全球通胀的高低”。美债的利率则受到单一宏观因子的驱动，即“发达国家的名义 GDP 增长”。

而美元与美债利率之间的关系则就是宏观因子在各自的驱动下的综合结果，对于美元和美债利率相关性的判断，有赖于这三个宏观因子在方向上不同的组合。

其中有四类组合可以直接确认美元与美债利率的相关性，分别为：

（1）当美国经济强于全球经济、美国通胀低于全球通胀、发达经济体名义 GDP 回升时，美元升值、美债利率上行，美元与美债利率正相关。

（2）当美国经济弱于全球经济、美国通胀高于全球通胀、并且发达经济体名义 GDP 回落时，美元贬值、美债利率下行，美元与美债利率正相关。

（3）当美国经济强于全球经济、美国通胀低于全球通胀、发达经济体名义 GDP 回落时，美元升值、美债利率下行，美元与美债利率负相关。

（4）当美国经济弱于全球经济、美国通胀高于全球通胀、发达经济体名义 GDP 回升时，美元贬值、美债利率上涨，美元与美债利率负相关。

还有一些宏观因子的组合状态是无法确认美元与美债利率之间的相关性的，总体组合分布情况如图 1－5－10 所示。

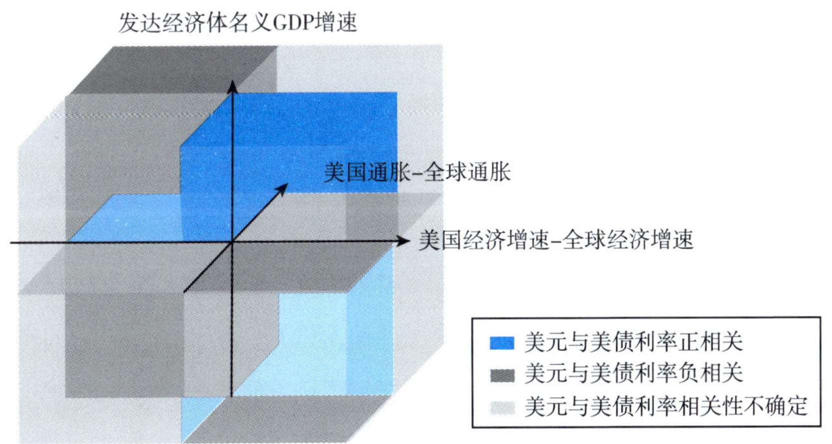

图 1－5－10　宏观因素组合驱动下的美元与美债关系

从此可见，美元指数与美债利率都是相互独立的金融变量，彼此之间并不存在谁影响谁的关系，而统一都是宏观因素驱动的结果。

（二）从“三元悖论”的角度来理解

虽然从基本面角度来理解汇率与利率，将其均作为结果是最合适的一种途径，但是市场投资者更关注于从利差角度来理解汇率，即利率平价关系。

事实上运用利率平价关系来理解中国人民币汇率与利率并非是现阶段所特有的现象。早于 2005 年人民币汇率改革之初，利率平价关系就被市场所关注，甚至在宏观货币政策中也运用到此原理。

这导致了 2005 年人民币中央银行票据利率一路被下调，人民币利率被不断引导下行，就是为了加大和美元之间的利差（当时美元利率高于人民币），以减缓平息当时浓重的升值预期。但是 2005 年一年以来的实践也证明了这种方式并非是一种合适、有效的模式，反而极易引发国内经济基本面的失衡，因此进入 2006 年后，基于利率平价模式调控升值预期的方式被抛弃了。

但是由于利率平价学说对于国内投资者的影响深远，当面临汇率和利率关系争论时，其总被运用到。

事实上，利率平价关系需要进行进一步拓展，将简单的利率平价关系纳入到“三元悖论”模式体系中来综合探讨。

所谓“三元悖论”（The Impossible Trinity），也称三难选择，它是由美国经济学家保罗·克鲁格曼就开放经济下的政策选择问题所提出的。其含义是：本国货币政策的独立性，汇率的稳定性，资本的完全流动性不能同时实现，最多只能同时满足两个目标，而放弃另外一个目标。

从这一理论出发，笔者所理解的汇率与利率关系可简单概括如下：

汇率与利率的关系并不是汇率升、贬值与利率升、降之间的关系，而是“是否允许汇率以自由的、更为市场化的方式浮动”与“利率变化反映本国经济基本面”之间的关系。

这里之所以并不考虑资本自由化流动因素，是因为笔者认为资本流动的管控从来是不成功的。也即无论如何，资本自由流动性的条件是一定会成立的，即“三元悖论”中的“一元”（资本自由流动）是显然成立的。因此“三元悖论”在实践中、事实上就成为“两难选择”。

当经济体允许自身汇率以更为市场化的方式来浮动时，那么该经济体的利率也就可以准确充分地反映国内经济基本面的状况，而不会被“异化扭曲”。如果经济体的货币当局过于强调对汇率因素的管控，那么其利率就会脱离国内经济基本面属性，而被“异化扭曲”。

在遵循“汇率市场化”与“利率市场化”的条件下，完全可能出现汇率升值与利率下降同时出现的状况，例如 2005 年；也有可能出现汇率的贬值与利率下降同时

出现，例如2015年“811”汇率改革以来的走势。

那么问题的难点在于如何界定当前阶段的汇率浮动变化是否是一种符合市场运行的形态，是否存在被管制的成分，这是一个较为棘手的问题。

从经验角度来看，需要结合市场的普遍预期和汇率的实际走势方向来探讨，关注汇率变化的趋势方向是否符合市场的主流预期即可，而不用过于追求汇率在某一方向上的变化幅度是否合乎市场预期。因为金融价格的运行方向一般是理性的，而在某一方向上的运行幅度则带有很大的不确定性，甚至在某些预期干扰背景下，幅度变化会展现出非理性色彩或程度。

以“811汇改”后的市场变化为例。“811汇改”之后，一度呈现出人民币贬值与利率下降共存的局面，当时汇率的贬值方向是符合市场预期以及基本面宏观驱动的，虽然在幅度变化上也许还存在某些干预，但是整体来说，“811汇改”之后的人民币汇率变化更为自由化、市场化。

这种条件下，利率的变化就不太会受到汇率因素的制约，甚至货币当局也会只针对本国经济基本面状况来较为独立的调整国内利率的变化，因此出现了贬值与降息共存的局面。

而进入2016年初，由于中央银行开始担心汇率的浮动，因此希望将汇率保持在一个稳定的水平区间，令其丧失自由的、市场化的浮动模式。这时，货币当局对于国内利率以及流动性政策的自由调整空间则受到了很大掣肘，连作为中性对冲工具、理应使用的法定存款准备金率等货币政策工具都进行了约束。这种状况相当于以牺牲国内利率以及流动性政策为代价，暂时的保持固定化的汇率，其也并非明智之举。

2016年初时期中央银行思路的变化佐证可参考2015年四季度货币政策执行报告专栏《专栏5 准备金率、流动性与央行资产负债表》。表述内容如下：“从央行资产负债表上看，以准备金工具为例，若降低法定存款准备金率，负债方中其他存款性公司存款中的法定准备金会相应转化为超额准备金，从而增加银行体系的流动性，促进市场利率下行，加上降准信号意义较强，有可能强化对政策放松的预期，这些在一定情况下都可能导致本币贬值压力加大，资本流出增多，外汇储备下降。”

（三）是否应该将汇率因素放置在利率决定框架之中

中国的汇率制度变革一步一步逐渐发生，而中央银行货币当局对于汇率的调控手段也一点点被废除、失效。以往中国货币当局可以通过中间价工具和波动幅度工具来尽量控制汇率波动的幅度，甚至逆转汇率变化的方向。比如2011年时期，曾发生过的连续一段时期人民币汇率相对于中间价的跌停现象。

但是伴随着人民币汇率波动幅度扩大以及“811汇改”后要求一个更为接近于市场价格的中间价水平，上述两个工具对于汇率的影响越发淡化了。这时候对于汇率的调控就真的需要“真金白银”（外汇储备）在市场买卖吞吐中完成。

当调控的手段越发市场化时，那么市场开始越发担忧汇率对利率的影响效应。也有分析认为汇率可能会类同于经济增长因素、通货膨胀因素以及债务杠杆因素，会成为影响决定利率的关键性因素。那么在利率决定模式的演变中，是否需要在“双轮驱动”被转化为“三因素决定”后，再引入汇率因素，构成利率方向决定的“四因素决定框架”呢？

笔者并不赞同将汇率因素引入到利率决定框架中。诚然，汇率变化会在某些角度对利率乃至货币政策产生影响，这种影响笔者大致可划分为两类：

（1）如果经济体的货币当局过于追求汇率的稳定，即事实上想恢复固定汇率制度，那么在资本自由流动无法控制背景下，确实会导致国内流动性政策、利率政策的扭曲。但是这种扭曲如果延续下去必然会受到基本面因素的反制。因此国内货币政策的扭曲并不是一个常态，而只是一个短期现象。

而且从一个自主、负责的国家经济体来看，也不宜为了汇率而牺牲利率，这是一个自由经济体的基本要求。鉴于这种现象的出现并不合乎常理，而且即便出现了，也应该是一个暂时的扭曲，并不会持久，因此笔者并不建议仅依据于此就将汇率因素引入利率决定框架之中。

（2）汇率变化可以引发经济基本面发生变化，例如汇率贬值可以提振出口，对于经济增长有利，可依此而对利率产生上行推动力；汇率贬值也可以导致进口商品价格提高，在一个消费品较多依赖于进口产品的经济体内，贬值有引发通货膨胀的可能性，因此也会令利率有上行压力。

但是这些汇率的变化都是通过经济增长途径或通货膨胀途径对利率产生影响的，而经济增长和通货膨胀本身就在原有的利率决定框架体系内，基于此而引入汇率因素则是明显重复。

鉴于上述原因，笔者并不倾向于将汇率因素引入到原有的利率决定框架中（“三因素决定”框架），即便可能投资者在实际中遭遇到了“三元悖论”的影响，投资者应该相信这种扭曲背离是暂时的，并不会构成对利率的趋势性影响。

五、历史上债券市场所经历的若干次赎回冲击

在债券市场中，也会出现由于某一事件所触发的赎回冲击。

债券市场中的一个重要投资主体是基金公司，众多的保险等机构都会投资配置在基金公司的产品上。当遭遇某一事件，导致基金持有人担心持有产品的风险时，持有人（特别是机构持有人）会赎回基金产品，这样会导致基金公司为了筹措流动性，卖出组合中的债券，进而对整体债券市场产生冲击。

从常规角度来看，基金公司产品组合中多以信用债券为主，所涉及的利率债券份额较少，但是在遭遇紧急赎回时，为了筹措流动性，往往会优先抛售变现能力强的品

种（包括国债、金融债券以及可转债），而此时，由于信用债券变现能力弱，往往有价无市，很难抛售出清。

因此在某一事件导致赎回行为发生时，流动性好的品种往往是最先被抛售的，信用品则往往呈现有价无市的格局。国债、金融债券以及可转债这些品种往往会形成“城门失火，殃及池鱼”的冲击。

2011 年以来，赎回冲击共计发生过四次，每次触发的原因各不相同，但是都会市场产生了冲击，包括对于利率债券的冲击。

第一次发生在 2011 年 7 月中旬时期，具体覆盖的时间段是 7 月 14～21 日，触发原因是城投债券信用危机。

从时间分布上看，城投债危机从当年 6 月 30 日开始发酵，高潮至 9 月 30 日。在此阶段的前期，为了筹措现金应对投资者赎回压力，流动性最好的利率债券遭遇了猛烈抛售，这正是发生在 7 月中旬。

城投类债券是各大机构重仓持有的品种，投资者的恐慌情绪导致其纷纷赎回基金，基金公司面临了非常严重的流动性变现危机。以城投债券为代表的信用品交易市场流动性变现能力迅速枯竭，为应对赎回压力，基金公司只能抛售手中流动性最好的品种：可转债、利率债券。在一定程度上看，利率债券被信用危机所“误伤”了。

冲击利率债券的时间段覆盖的是 7 月 14～21 日，合计 6 个交易日，但是客观而言，该时期债券市场，特别是利率债券市场所面临的不仅仅是赎回冲击，还叠加着资金缓解不达预期、通胀冲高两个关键因素。

因此可以说在这六个交易日中，三个利空因素（半年末后资金缓解程度不达预期、6 月份通货膨胀率继续冲高以及城投危机导致的赎回冲击）导致了国债出现了显著调整，10 年国债利率从 3.90% 上冲到 4.09%，随后回落。

第二次冲击发生在 2014 年 12 月上中旬，即著名的“中登 129 冲击”。2014 年 12 月 8 日晚间，中证登公司发布停止城投债券质押式回购的规定。这一规定将导致大量基金手中持有的城投类债券流动性丧失。基于其流动性丧失、估值受损的理性预期，大量的持有人（以保险公司为主）纷纷要求赎回基金。

由于事发突然，基金公司手中持有的大量信用债券流动性丧失，无法在市场中抛售兑现，只能抛售流动性良好的利率债券品种（主要以政策性金融债为代表），因此利率债券在信用债券流动性危机中受到严重创伤（事件属性类似于 2011 年三季度的城投债券危机）。

2014 年 12 月 8～10 日三个交易日中，大量流动性良好的利率债券被抛售，一举将 10 年期国债利率最高拉升到 3.80% 附近（这时候已经相距于 11 月的 3.50% 水平回升近 30 个基点）。

第三次冲击发生在 2015 年 11 月上旬，即 IPO 重启风波造成的赎回冲击。2015 年 11 月 6 日（周五）下午 5 点附近，中国证监会宣布重新启动 IPO，这一信息严重的冲击了市场。在11月9日（周一）当天长期利率被冲击，走高了10个基点（也出现了某些投资机构赎回基金的现象），市场也一度恐慌。

但是，在短期（6日和9日）的调整后，债券市场很快修复了恐惧情绪，长期利率在短期冲高后掉头回落。

第四次与赎回行为有关的冲击发生在2016年4月13日开始。2016年4月11日，中国铁路物资股份有限公司在中国货币网上公布了特别风险提示和债券暂停交易的公告。中铁物资表示，由于该公司业务规模持续萎缩，经营效益有所下滑，正在对下一步的改革脱困措施及债务偿付安排等重大事项进行论证。

中铁物资存续的债务融资工具有9只，涉及金额共168亿元人民币，而且被一些基金公司持有。部分机构投资者（保险公司等）由于担心所投资的基金产品出现了“踩雷”风险，从13日开始赎回基金，为了应对赎回，基金公司纷纷变现债券，造成了对于债券市场出现明显冲击，从4月13日开始，这种赎回所导致的变现冲击就出现了，并一直持续到4月23日附近。

可以将四次较为典型的冲击用如下表格反映出来，具体如表1－5－1所示。

表1－5－1　2011年来的历次基金遭遇赎回冲击事件

序号	赎回冲击原因	覆盖时间段	持续时期	其他因素叠加	10年国债利率调整
1	城投债信用危机	2011年7月14～21日	6个交易日	中旬资金面预期外紧张＋CPI冲高	从3.90%上行到4.09%，各因素合计导致的调整幅度为19个BP
2	中登129事件冲击	2014年12月8～10日	3个交易日	无	从3.50%一天内上冲到3.80%，随后迅速回落，瞬间冲击接近30BP
3	IPO重启冲击	2015年11月6～9日	2个交易日	无	10年国债从3.10%上行到3.20%，冲击幅度在10个BP
4	中铁物资等兑付事件引发的信用担忧冲击	2016年4月13～25日	9个交易日	叠加了3月份经济数据好转	10年国债利率从2.90%上冲到2.95，幅度5BP；10年国开债券从3.30%上冲到3.49%，幅度近20BP

资料来源：百度文库。

第二篇

层出不穷的逻辑线条综合一览

在笔者自身认识来看，与中国债券市场运行相关，有几个转折点值得回味：

第一个是中国债券市场品种发展的转折点——2008 年。以此时间段为转折，中国债券市场的品种被极大丰富了，由以往的纯利率品种市场扩展壮大到了信用品种市场；

第二个是宏观经济基本运行的趋势转折点——2011 年。大的经济循环周期发生了转折，经济运行大周期从“高”切换到“相对低”的水平，潜在增长速度发生了下移；

第三个是来自债券市场分析思路的转折点——2013 年。主要表现为市场分析思路出现了层出不穷的拓展，面对于运用传统分析思路（主要是经济增长、通货膨胀的双轮驱动）无法解释的市场变化涌现出很多另类解释框架和思潮。经过实践检验，这些思路有真有伪，但是无论真伪，都对市场分析思路的拓宽起到了重要影响，而且还可以预见，在未来时期中，这些框架思潮（无论真伪）还是会被提及运用的。

在本篇中，笔者整理了近些年来用以解释、预测债券市场运行的诸多思路和框架，并希望从历史实践检验后的角度对于各个分析框架进行简单评论。

第一章

以传统经济基本面因素为基础的分析框架

基于传统经济基本面因素分析为基础的分析框架，债券市场投资者都较为熟悉，基本上是“名义增长率决定名义利率方向”为基本原则进行分析拓展，分析预测的焦点是经济体的经济增长率、通货膨胀率的变化趋势和变化节奏，并以此来预测名义利率的变化方向与变化节奏。其中虽然也涉及了金融货币的指标分析，但是基本将其作为经济增长率或通货膨胀率的先行指标或同步验证指标来对待。

以此为基本假设，衍生出一系列逻辑框架，较为典型的有“双轮驱动分析框架”、“周期叠动分析框架”以及“金融底（顶）—利率底（顶）—经济底（顶）”框架等。

从本质意义上来看，上述逻辑线条的本质是一样的，都是以经济体的名义增长率为指引，并以预测判断未来经济增长、通货膨胀的变化为第一要务，借此来预测判断名义利率的变化方向。

区别点只在于，“双轮驱动框架”分析的是利率方向的变化趋势和变化节奏，“周期叠动分析框架”是细化了入场、离场的时间窗口，“金融底（顶）—利率底（顶）—经济底（顶）”框架只不过是更希望前瞻性地判断出时间窗口。

三个线条是一脉相承，但是都是以方向判断为目标，缺乏的是判断利率在某一方向上变化的幅度。

具体到“双轮驱动分析框架”、“周期叠动分析框架”以及“金融底（顶）—利率底（顶）—经济底（顶）”框架，在《投资交易笔记——2002～2010年中国债券市场研究回眸》和本书中都有详细的介绍，不再进一步描述。

从应用角度来看，基于传统经济基本面因素为基础的债券投资分析框架可以简化为一句话，即：“名义利率与名义增长率在方向上是正相关的，但是在变化幅度上并非线性相关”。

一般情况下，只要名义增长率上（下）行，那么名义利率也会上（下）行，但是两者上行或下行的幅度很难用线性关系去衡量。例如，名义增长率上行1个百分点，未必对应于名义利率变化恒定的幅度，这样就造成了历史上同样水平的名义增长率未必对应同样水平的名义利率。

在实践中，投资者可能经常会有这样的疑问：为什么以前CPI在3%时候，10年国债是3.5%，而目前CPI同样在3%，而10年国债利率只有2.8%？诸如此类的疑问，事实上是潜移默化的在认为名义增长速度的水平与名义利率水平具有线性相关性，这显然是不对的。

利用名义增长率的变化方向去解释名义利率的变化方向，历史解释吻合度是较高的。事实上，名义增长速度的变化在一定程度上体现的是经济体中融资需求的变化。这个框架是在用融资需求来理解利率的变化，其缺点是只考虑了融资需求对利率价格的影响，而没有考虑资金供给对利率的影响。但是，基于泰勒规则所揭示基本原理：资金供给是针对融资需求进行逆周期变化，因此融资需求的变化方向基本上是与利率价格的变化方向一致的。具体到这部分内容笔者会在第三篇内容中进行详细补充。

此外需要注意的一点内容是，由于假定名义增长率是近似代替融资需求规模，因此在众多的经济增长宏观指标中，债券市场总是最关注那些重资本行业、产业的变化。例如，推动GDP增长同样的幅度，消费作为主要推动力的经济体与投资作为主要推动力的经济体，所耗用的资本总量是不同的，后者的资金需求量更大。

因此如果资金供应条件相同，那么以投资为主要推动力的经济体中的利率水平会高一些。这一基本逻辑指示投资者要更多的关注于重资本行业的变化。从产业角度划分，就是更关注第二产业（工业）的变化，从需求角度分，就是更关注固定资产投资的变化。

当将上述框架运用在实际操作中，投资者所面临的问题就是要对未来时期的经济增长、通货膨胀率的变化方向和变化幅度有一个基本预估，以确定名义增长率的变化方向。这要求有一个很扎实的宏观经济分析基础，因此可以说固定收益分析师的宏观经济分析基础丝毫不亚于宏观经济分析师。

实践中，经常会碰到一种情况，在阶段中经济增长率方向和通货膨胀率的变化方向是相反的（阶段性的），这时候该如何衡量基本面对于利率的综合影响。对于这种情况的处理原则一般是："哪个因素波动率大、更不易预测，以哪个因素为重点参考对象"。当一个宏观因子的波动率很小，在实践中的预测较为容易把握，也就在很大程度上意味着其对于金融资产价格的影响被更充分的"Price in"（价格消化）了。因此，当经济增长与通货膨胀两个宏观因子处于阶段性反向过程时，市场往往需要首先鉴别哪个宏观因子对价格影响效应更大一些，当遵循波动率大小的判别原则。

从历史检验角度来看，基于宏观经济因子为基础的利率分析框架是到目前笔者所见最稳定的，也是最基础的。当然其在运用中会面临一些细节上的补充和修正，也存在一些自己的缺陷，主要表现为以下几点：

（1）宏观因子反向情况的处理，如上所述。

（2）与利率变化可能会存在一定的时滞，这可以被“周期叠动分析”和“金融底（顶）—利率底（顶）—经济底（顶）”内容所弥补修正。

（3）其无法解释利率波动变化的幅度。

（4）由于本质是基于融资需求因素的分析，难以处理基于资金供给分析变化的情况。例如最经典的背离时期——2013 年，这一缺陷的弥补可参考第三篇内容。

（5）事实上，预测宏观经济因子的难度绝对不低于预测利率，因此最为重要的是对于宏观经济内容的理解和掌握。

在中国债券市场实践中，通常用居民消费价格指数 CPI 的同比变化来衡量通货膨胀因子的变化，用工业增加值（简记为 IP）的同比变化来衡量经济增长率的变化。从月度考察来看，上述两者的合计值（CPI + IP）可以近似表征名义增长率，其与长期利率（如 10 年期国债利率）的月平均水平具有较为良好的、方向上的正相关性。如图 2 -1 -1 所示。

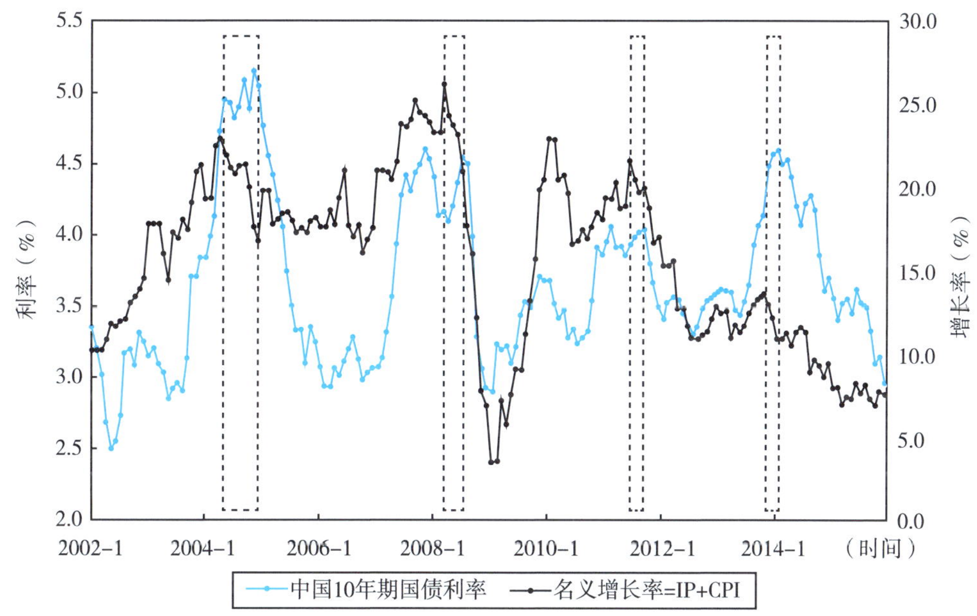

图 2 -1 -1　名义增长率与利率的方向正相关

资料来源：国家统计局　中央国债登记结算有限责任公司。

单独考察其背离性，只有大致四个时期，分别为 2004 年 5 ~ 11 月、2008 年 4 ~ 8 月、2011 年 7 ~ 9 月和 2013 年 11 月至 2014 年 1 月。

这四次背离时期都是货币政策周期的干扰所导致（事实上是在融资需求因素外，还叠加有资金供应因素的变化），但是前三次主要反映的是货币政策对于宏观变量的正常时滞反映（或也可以理解为政策失误），可以被周期叠动框架去解释。

最后一次（即2013年）应该不属于上述解释范畴，是货币政策有意识的、正确的引导调控所导致。也正是因为此，才可以在传统的“双轮驱动”基础上拓展为“三因素决定”模式。

针对这部分内容，笔者还会在第三篇内容中进一步细化、拓展。

第二章

以货币流动性因素为基础的分析框架

流动性有不同的定义。在此，笔者所提的流动性概念并非是资产变现的能力强弱，而是类似于货币数量的基本概念。

由于价格升降和资金流入流出是“一个硬币的两个方面”，在基本面分析模式“审美疲劳”的背景下，市场也开始用货币流动性来对利率变化进行解释或预测，从而形成了以货币流动性因素为基础的分析框架。

仔细回忆，这一框架内容并非最近几年刚刚兴起。大致回忆，在2008年之前就有诸如此类的简单分析模式，但是并没有成为市场运用的主流，其显著引发市场投资者关注的时期大致从2013年开始。

本质来说，宏观经济走向既可以用实体经济数据去描述，也可以用金融货币数据去描述。实体与金融本来也是“一个硬币的两个方面”，以“实体经济基本面因子为基础的分析框架”和“以金融货币流动性因素为基础的分析框架”走的本是殊途同归的路径。但是由于资金流动性的多与少似乎与利率价格升与降更直观对应，因此该模式受到了投资者的关注。

以货币流动性分析为本质，分析框架有不同的表现形式，笔者整理如下：

一、贷款增速与债券利率的关系

以贷款变化去反证外推利率的变化，又有两种不同的理解路径：

第一，认为银行体系的可用资金规模是固定的，主体运用分布在贷款和债券投资中，且以贷款运用优先。当贷款规模扩张后，必然用于债券投资的资金规模受到挤压，因此可用于债券投资的资金体量降低，债券利率上行。因此认为从逻辑上看，贷款增速与债券利率具有正相关性。

第二，认为贷款增速的变化反映的是实体融资需求变化，当贷款增速出现回升时，则意味着实体融资需求回升，经济出现企稳回升迹象，则债券利率出现上行。

首先从贷款累计同比增速和利率变化两者的现实关系来看，如图2－2－1所示。

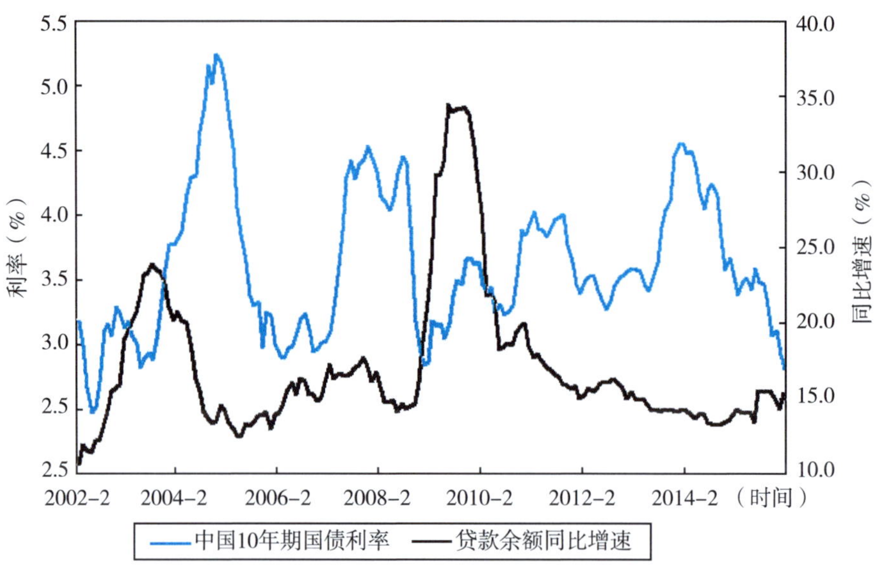

图2－2－1　贷款累计同比增速与利率关系

资料来源：中国人民银行　中央国债登记结算有限责任公司。

从信贷余额同比增速与债券利率关系来看，2010年之前两者确实存在着方向趋势上的正相关性，且一般表现为信贷余额同比增速领先于债券利率的折点变化。但是2010年之后，两者的关系显著弱化，且体现为贷款余额增速出现趋势性下降，但是利率变化则依然表现为具有波动性特征。

从笔者评价来看，前述的贷款增速与债券利率的关系框架解释1是错误的，因为前提假设“银行资金运用规模固定”是不成立的。贷款的变化会影响银行整体资产负债表规模的变化，因此很难呈现出总体运用规模不变的结论。

而关系框架的解释2是正确的，这是将信贷增长作为经济的金融虚拟指标来看待，金融指标所代表的虚拟经济变化与实体经济变化相同步，因此可以用信贷变化来推导实体经济变化，并且推导利率的变化轨迹。

但是如图2－2－1所示，这种关系在2010年后发生了变化。即2010年后伴随银行体系金融资产多元化的进程加快，非传统信贷类工具层出不穷，非标、表外资产等工具产生，传统信贷已经难以衡量全社会的融资需求变化。因此有投资者利用社会融资总量指标来替代信贷，也有利用更全面的广义信贷资产来进行替代解释。

但是从实践运用来看，是否能找到一种全面的描述社会融资需求的资产类指标，在理论上并没有明确结论。例如市场主流关注的社会融资总量这一指标是否全面的衡量了全社会的融资需求，笔者表示怀疑，至少2015年上半年股票市场的大范围配资需求没有被社会融资总量所准确体现，而这也同样造成了利率的变化。

二、存款增速与债券利率的关系

从原理上看，“存款增速与债券利率的关系”类似于“贷款增速与债券利率的关系”，与贷款增速和利率呈现正相关性不同，存款增速变化与利率变化多呈现反相关性。

笔者同样建议不宜用资金多少的角度去理解这种变化，而应该将存款作为贷款资产的派生变量，从资产增加、社会融资需求增加、实体经济回暖角度来理解存款的变化。如图 2 –2 –2 所示。

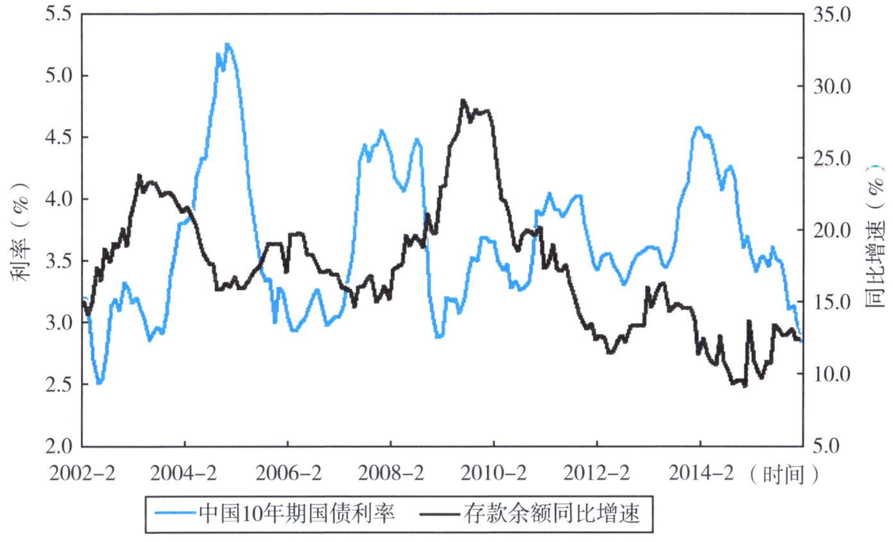

图 2 –2 –2　存款累计同比增速与利率关系示意图

资料来源：中国人民银行　中央国债登记结算有限责任公司。

正如贷款变化受到资产多元化现象影响，被非标等资产扰动，存款的变化则受到了理财产品发展的变化影响，大量的银行表内资金（原来体现为存款形式）被转化为表外理财产品模式，因此单纯以银行表内存款来衡量资金的多少以及资产转化的形式则失之偏颇。

三、表内表外资金分布与利率、信用债券关系

2012 年以来伴随着银行表外理财的发展，大量的银行表内存款被转化为理财产品的模式而存在。对于商业银行经营而言，则形成了一个“弱表内、强表外”的变化模式，大量的资金集中在表外进行运作，自然也需要配置资产。

由于表外资产配置所受限制较少，且理财产品的融资成本相对较高，因此从逻辑上看，表外资产形式会以信用债券为构成主体。这样就衍生出“表外规模膨胀，不利

于纯利率品”的逻辑。

这种分析逻辑将表内存款资金专注于纯利率品投资、表外理财资金专注于信用品投资为前提逻辑，事实上揭示的是纯利率债券和信用债券的相互变化关系，逻辑上是正确的。

但是其并不代表整体利率的变化方向和趋势，事实上，中国的利率品和信用品两者利率基本上是同向的，信用品变化以利率品的变化为“锚”，呈现出“牛市越牛，熊市越熊”的基本特征。

因此资金属性的变化（表内还是表外）只能解释利率品和信用品的相对变化幅度，不能解释整体利率的方向与趋势变化。

四、广义信贷资产变化与债券利率的关系

2011年后，伴随着非标资产、同业资产的不断扩张，单纯利用信贷来衡量资产已经不再全面有效。因此市场投资者倾向于用广义信贷指标来替代原有的信贷资产指标，重新构建利率变化的解释框架，其中一个较为典型的分析模式如下。

以其他存款性公司资产负债表分析为工具，将商业银行的资金运用划分为两大类：“债券类资产增量”和“非债券类资产增量”。如图2-2-3所示。

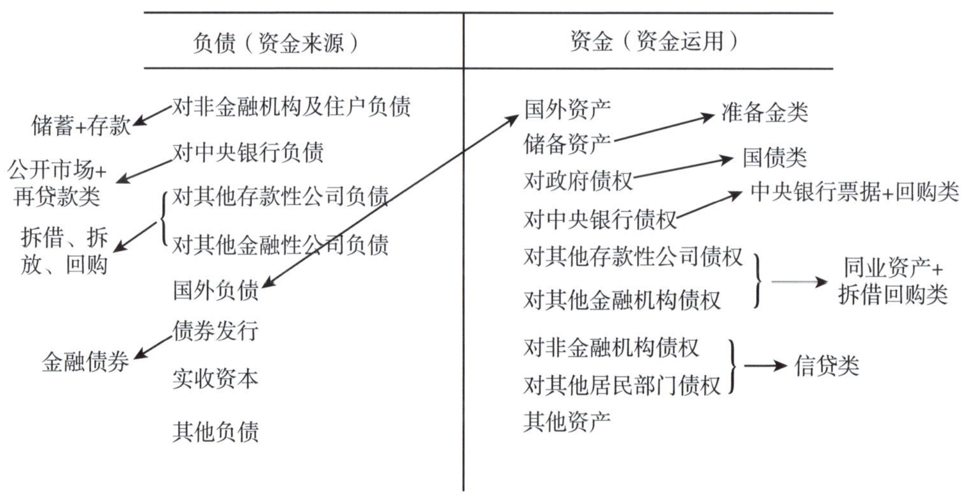

图2-2-3　存款性公司资产负债表

资料来源：中国人民银行。

其中“非债券类资产增量=准备金+信贷+类信贷性同业资产”。则（M2增量-非债券类资产增量）可用来衡量债券需求。

按照上述测算并将（M2增量-非债券类资产增量）进行3个月的移动平均处理，将其与10年期国债利率进行比对，形成如图2-2-4所示。

可以看出，在一些时期，（M2增量-非债券类资产增量）所代表的债券投资需

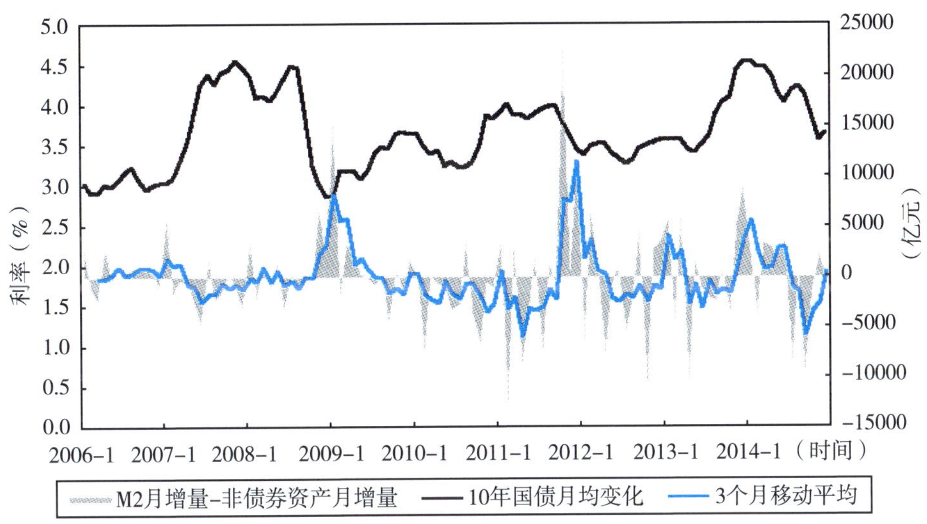

图 2-2-4　资产增量与利率变化关系

资料来源：中国人民银行　中央国债登记结算有限责任公司。

求与利率呈现出明显的负相关性，似乎与推导逻辑吻合。但是也有一些时期，例如 2014 年以来，两者又打破了这种逻辑意义上的相关性。

总体来看，这一思维模式依然还停留在如下思路中：资金要么在广义信贷类资产、要么在债券投资中。唯一比前述线条改进的则是不再将资产负债表总规模视为一个固定值，而是考虑了总规模的变化（利用 M2 的即时变化来进行解决）。

但是笔者认为这种从资金分配的角度去理解债券利率方向过于机械化，虽然存在一定的改进（例如不再固定资产负债表总规模），但是依然存在一定的缺陷，而且事实也正证明了 2014 年后的运行实证与预期情况并不相吻合。

总体来看，笔者罗列了一系列分析框架，都可以归属到以货币流动性因素为基础的分析模式中。对于这类模式需要注意的是，在解释过程中切忌用资金分配切割的渠道来进行，因为资产的变化必然也造成资产负债表的整体变化，当总规模变化后，很难进行精确有效的分配切割。笔者建议从表达社会融资需求强弱、反映实体经济变化的角度来阐述解释。

此外，需要注意的是，该类模式框架也许解释过去“头头是道”，但是预测未来则一定“战战兢兢”。因为在未来外推过程中，有很多因素会导致资产规模、M2 规模等要素同时发生变化，即商业银行的行为、中央银行的行为等不可知因素都会影响流动性的未来变局，当过多的未知因素存在时，则预测外推变得异常困难。

第三章

“成本推动说”与“品种替代说”

总体来看，上述基于宏观基本面或货币流动性为基础的分析框架在本质上还是从属于宏观驱动范畴。但是在2013年债券市场罕见大熊市的背景下，宏观驱动显得无能为力，解释力度苍白（事实上当时市场投资者并没有很深刻地认识到熊市紧缩的原因）。在此情况下，各种其他解释框架应运而生。

基于“成本推动”或“品种替代”为基础的分析框架风靡一时，也确实在一定程度上丰富填充了债券分析的逻辑线条，也为进一步完善债券市场分析思路提供了非常有意义的探索。

之所以会将“成本推动说”和“品种替代说”归并为一类整理归纳，是因为这两个框架之间确实存在一定的联系性。

例如在2013年启迪分析部分笔者曾探讨过利率市场化对于债券市场的影响。所谓的利率市场化一方面可以从推动负债成本变化角度去解释利率变化；另一方面还可以衍生为金融资产多元化角度来解释债券变化，读者可以回顾前面内容参考。

那么，这样前者就是属于“成本推动说”，后者就是属于“品种替代说”。事实上笔者并不认为金融资产多元化是利率市场化的引申结果，所以在介绍利率市场化时，笔者将其单独归纳在“成本推动说”部分。

一、“成本推动说”的具体表现形式

成本推动说的本质是认为债券作为一种资产，其收益率上下高低是受到资金负债成本制约影响的。如果负债成本提高（降低）了，那么资产收益率（债券利率）就可以随之变化，这是其基本假设。

在这个思路下，“成本推动说”的具体表现形式有两个值得关注。

（一）利率市场化→银行资金成本发生变化→影响了债券收益率

由于2012年中期启动了利率市场化攻坚改革内容—放开存款利率限制（存款利率被投资者认为是商业银行的负债成本），而又恰逢2013年的大熊市。因此在2013年时期，基于利率市场化所产生的债券影响框架应运而生，而且这一分析思路在2013年直至2014年初是非常盛行的。

这个分析思路有一个基本假设：利率市场化本身是对于以前金融压抑环境的一种改革，因此其在初期会对于资金利率具有向上的推动力，会导致资金成本不断走高，这是基于金融压抑被市场化释放的道理。但是利率市场化后期，又基本会导致资金成本降低下来，这是为什么，没有找到一个合理的解释。笔者猜测更多是一种为现象找理由的现象，因为笔者首先接触到“利率市场化后期利率回落”的说法是在2014年上半年，那时期的市场利率已经显现出回落趋势了。

在上述假设条件下，金融体系的资金成本会出现上行（暂不考虑其后期的下行假设），当银行的负债成本出现上行后，自然要求资产收益率更高，这样才能保证银行的回报，因此会导致债券资产的收益率出现上行。

这是利率市场化框架解释2013年大熊市的一个整体描述。

对于利率市场化问题，笔者在2013年的启迪分析中也曾详细论述过，读者不妨再度细读。总体笔者对于利率市场化对债券利率分析框架的评价是否定的，认为这是一个伪命题。

在此，指出如下两个逻辑和实证上的修正结论：

（1）资产收益率决定负债成本，而不是反之。资产收益率的底线不是负债成本，而是机会成本。

（2）单纯的利率市场化改革不足于造成利率的上或下，在实践中无法单纯剥离出利率市场化改革对于利率方向的影响。

从各个国家在各自利率市场化的实践来看，利率变化依然和该国名义经济增长率保持高度的方向正相关性，宏观因子依然是主导利率方向变化的根本，无法看出利率市场化改革对于利率方向的影响，更看不出“前期推高利率、后期压低利率”的现象。

2013年度伴随大熊市的展开，利率市场化的分析逻辑喧嚣一时。之所以如此，是因为当时的大熊市不被市场投资者所理解，而利率市场化改革又是中国市场从没碰到过的现象，两个现象碰头，自然延伸出如上解释。

但是伴随着2014年以来利率的下行，债券牛市的展开，利率市场化的说法逐渐消失了。而彼时存款利率的浮动上限还没有被彻底打开，站在当时也很难说利率市场化改革处于尾声时期。从事后回顾来看，如果以2015年底降息并彻底放开浮动为结束日，那时候距离结束日还有近两年时间。

伴随2014年债券牛市展开后，利率市场化影响逻辑的声音逐渐降低、消失，虽然还曾一度补充“利率市场化尾声时期，利率多为下行”的说法，但是应该说这是被市场实践证伪的命题。

（二）理财收益率影响论

2010年以来，银行理财（表内、表外）产品规模不断扩大，截至目前商业银行理财产品总规模已经超越了20万亿。理财资金已经成为债券市场中一个越来越重要的部分，其运用模式、变化节奏牵动着所有投资者的神经。

理财产品发售收益率是一个公开透明的内容，由于商业银行之间存在一些相互竞争因素，导致商业银行理财产品的收益率一直处于相对高位。而对于商业银行理财部门而言，这个收益率（给付购买理财产品投资者的收益）相当于其负债成本。

因此还是本着“成本决定收益率”的思路，如果商业银行由于相互竞争的存在，导致其理财发售收益率降低缓慢，那么将极大制约债券资产收益率的变化，甚至会给债券收益率设置了一个底线。

这个思路至今为止依然存在于不少投资者脑海中，笔者认为这个也是一个伪命题。存在着如上一样的缺陷，正确的结论和逻辑应该是：资产收益率在决定负债成本，而不是反之，资产收益率的底线不是负债成本，而是机会成本。

以2009年时期，回购利率、超额准备金利率、存款平均成本三个概念来理解资产收益率、机会成本、负债成本是最好的一个案例，当时商业银行的存款平均成本远高于回购拆借利率，但是回购拆借利率远高于超额准备金利率，本着“两害相权取其轻”的思路，商业银行依然存在巨大动力将资金在回购拆借市场融出。此外，读者不妨再细读2013年的启迪分析部分内容。

总体来看，笔者对于“成本推动说”整体持否定态度，认为该前提逻辑就是个错误的，不同的具体表现形式自然也是错误的。

“成本推动说”对于单独的微观主体（单一机构）是存在影响效应的，但是对于宏观整体（全部机构合成的整体市场）是无效的。

二、“品种替代说”的具体表现形式

“品种替代说”起源已久，以往最基本的表现模式就是“信贷资产与债券资产相互可替代”、“信用债券和利率债券相互可替代”。

其基本假设链条是：资金来源的规模是一定的，那么在资金运用中，要么只能给这类资产，要么只能给另一类资产。而对于商业银行而言，以往的主要资金运用渠道只有两个，信贷或债券投资。当信贷多（少）时，必然对债券投资量形成少（多）的影响，那么就会影响到利率的升（降）。

那么如何衡量机构在两类资产之间的取舍呢？以商业银行的信贷和债券投资分配为例，通常会考虑两个因素：一是信贷优先、债券投资作为流动性管理工具；二是收益比较，信贷收益剔除资金成本、耗用资本、拨备、税收等等因素后，和国债投资收益进行比较。

对于信贷和债券投资的这些比较说明，笔者在《投资交易笔记——2002～2010年中国债券市场研究回眸》中有过详细介绍，投资者可以参考。在此书中笔者想说的结论是：“资金来源规模一定，资金运用在信贷和债券中进行分配，从而决定利率升降的逻辑”是一个伪命题。

原因很简单，在信贷投放出现变化过程中，资金来源的规模不可能是稳定的。在银行体系的资产负债表中，当信贷增加时，必然从派生存款角度引发资金来源的增加，整个资产负债表出现扩张，因此不可能出现资金来源规模稳定的情况。而当信贷增加、资产负债表扩张的时候，你很难断定留给债券投资的资金是萎缩的。

因此从资金流动角度来解释是错误的，但是现实中确实存在着信贷多增、债券利率上行或信贷少增、债券利率下行的现象。对于这一现象的解释更应该从经济基本面角度出发，而不是资金流动角度出发。

当信贷多增时，一般意味着资金流入实体经济，大量的资金流动性会被“固化周转”于实体经济运行中。例如“周转固化”在房地产投资等领域的“钢筋水泥”中，那么经济一般会出现上行格局，这样会引发债券利率的上行。

当大量资金被实体经济运行所吸引，在实体领域中周转时，能用于虚拟金融产品周转的流动性会降低，至少不会寄居在长久期的金融资产中，因此会造成利率上行、曲线增陡局面。

所以总体来说，如果“品种替代说”只是从资金分布角度来理解利率升降，结论也可能是对的，但是逻辑线条是存在缺陷的。如果逻辑阐述能转化到经济基本面视角，则更妥当一些。

以“信贷与债券投资相互替代”为基本模板，2013年以来出现了各种变化形式。主要包括三个：非标不死、债券不兴；刚兑不破，无风险利率高企（国债城投化、城投国债化）、打新、配资产创设新的无风险高收益资产，挤出债券（资产荒）。

（一）“非标不死、债券不兴”

这一提法兴于2013年，其本质和“信贷扩张、债券落地”一致。如果将非标资产作为广义类信贷资产，事实上是完全可以匹配以往的逻辑的。

区别点只在于，以往的信贷扩张（或广义信贷扩张、社会融资总量扩张）通过加杠杆的方式能够把经济增长启动起来，而2013年以来的非标扩张（广义信贷扩张）却没有撬动经济起步，只是徒增了社会债务杠杆率。如果货币政策容忍这种债务杠杆率的无效扩张，尚且无妨，但是当货币政策不允许这种无效扩张时，则就出现了2013年的“钱荒”。

因此所谓的“非标不死、债券不兴”可解释的渠道线条有不同的角度：

（1）从金融机构主体角度来看，非标资产的收益高、估值稳定、信用风险可控，则是最好的投资标的，因此可替代低收益的标准债券。

（2）从中央银行角度来看，广义信贷扩张，意味着债务杠杆风险加大，需要应对以偏紧的货币政策，因此流动性最好、变现能力最强的债券受到伤害。

但是需要注意的是（1）的解释力度偏弱，很可能对于单一投资机构合适，但是对于全部投资机构群体而言，就是失效的。因为这要取决于有多少非标资产供应出来，而非标资产供应出来的内在含义就是社会融资需求大增。

（二）“刚兑不破，无风险利率高企”

刚性兑付一直是中国债券市场中备受关注的问题。各类品种刚性兑付的存在导致不同品种间的利差只反映税收差异、流动性差异等，没有反映最重要的信用差异。如果没有信用差异或信用风险的定价，那么会造成无风险利率的失真，进而在2013年产生出“国债城投化、城投国债化”的说法。即对于投资者而言，城投平台的资产和国债资产没有风险差异，为什么我不持有更高利率的资产呢？这样就容易产生出对于真正的无风险利率代表资产——国债的挤出效应。

上述是刚性兑付逻辑对于国债利率的解释。事实上所谓的城投类资产、非标类资产、信贷类资产都可以归纳在一个框架内，但是需要着重指出的是，这些所谓的挤出国债的假设结论在单一投资机构身上是合理的，但是如果合成在全部投资者身上却值得商榷。

在宏观上的合理性必须依赖于大量的广义信贷资产供给支撑，否则有限的广义信贷类资产规模并不能导致国债被挤出，而大量广义信贷资产的创设的假设则是经济扩张或债务杠杆扩张，因此本质上来说，这些说法的根基都是植根于宏观基本面或融资需求的主导脉络上而产生的。

（三）“打新、配资创设新的无风险利率，对国债具有挤出效应”

前面笔者所整理的替代性资产（非标、城投类、信贷类）基本都是与实体经济挂钩的广义信贷类资产，这些资产的创设增加了经济体的债务杠杆率，也有可能将经济增长提振起来。而且这些资产的增加可以从宏观金融指标中得以透明观察，比如观察M2、社会融资总量或信贷增长的变化。即他们是和实体经济运行密切相关的，是以实体资产（比如房地产、基础建设）等为基础标的的金融资产形式。

而2015年以来，创设出了完全以虚拟金融资产为基础标的的金融资产形式，代表品种有“专注于打新（IPO）类的资产”和“配资股票交易的资产”。

这类金融资产形式与传统的广义信贷类资产形式相比，有较大的区别，笔者认为主要集中在以下方面：

（1）前者很难反映在宏观经济指标中。传统上以M2、社会融资总量、信贷增长所衡量的债务杠杆情况会失灵，但是事实上其又确实构成了社会整体的债务杠杆增加。

（2）前者的资金并非被实体项目所“固化”，周转性很好，属于在金融体系内流转，因此对于实体经济的刺激意义不强，对于债券资产的所谓“挤出效应”并不显著。

例如，在2015年上半年，打新行为火爆、配资股票的产品盛行，虽然吸引了很多资金，但是对于债券市场的伤害性很小，2015年上半年基本上债券利率处于盘整状态。笔者认为这种影响效应不可和传统广义信贷资产扩张时对债券的影响相比，因为后者更多的会被固化在实体项目中，周期长、流动性周转弱。

但是无论如何，前者和后者都构成了宏观意义上的债务杠杆，都蕴含着风险，在审慎的货币政策框架下，都是需要警惕的。如果货币政策对于这种债务杠杆（无论是虚拟的还是实体的）进行干预，则会意味着流动性紧缩，进而则冲击债券市场。

总体而言，“品种替代说”包括了上述表现形式，其主流的推导逻辑是从“一者多必然令一者少”，对标准债券品种形成挤出或支撑效应角度出发。

但是笔者并不认同这种推导逻辑，主要原因在于资产负债表总规模也会随某一类资产的增减而变化，不会有一个稳定的规模，因此不可能用“此消彼长”来理解债券资产的变化。

从单一投资机构选择行为来看，会出现“此消彼长”的情况，但是合成群体行为来看，不存在这种彼此的选择。事实上很多类涉及流动性分布的假设推导，都是在微观主体上成立，但是宏观群体中并不成立。

笔者更推崇的推导线条是以实体经济融资需求扩张或经济增长为假设，是从金融资产的供给角度来理解，而不是从投资者需求角度来理解。这样就有个前提，如果这类资产会对标准债券产生所谓的“正面或负面”影响，则必须是供给量增减的规模足够大。

无论推导路径是否相同或对错，但是在实践中的结论都是一致的，特别是在债务杠杆扩张过程中，一定需要关注的是货币当局是否允许债务杠杆率的变化。

第四章

“供求决定论”

利率作为一种价格，其载体是债券，这会令人很自然地想到，价格是供求决定的因素，而作为供求决定框架下，债券的供应则成为投资者关注的焦点。

应该说所有的价格都是供求决定的结果，需求的多少是供求框架中最重要的一个环节，同时也是最难把握的环节。相比于需求而言，供给则是相对明晰的环节。

因此债券价格的供求影响中投资者会很自然地关注债券的供应规模，在假定需求稳定的情况下，供应规模的变化成为重要的分析对象。

上述的思路在债券市场交易投资中非常流行，对于投资者的影响也是根深蒂固。可惜的是，这个分析框架在笔者看来是错误的，虽然到目前为止，每天、每周债券的发行供应量依然是投资者热议的话题，并时常将此因素作为判断多空的依据。

从历史现实中，债券市场遭遇供给规模的冲击影响最典型的时期有两个：一次发生在 2007 年，巨量的特别国债发行供应，另一次则是发生在 2015 年，天量的地方政府债券发行供应，而且这种供应预计还会持续多年。

两次案例确实对于当时的利率市场造成了负面冲击，但是事后理性反思，却发现两次事件都没有改变利率原有的运行趋势。

2007 年利率一路上行的格局只不过被特别国债发行所强化、加速，2015 年利率趋势下行的格局似乎被地方债券发行所延续、弱化，但是利率的趋势方向没有发生任何改变。从历史经验来看，应该说债券的供应问题是一种助涨助跌的辅助因素，可能会影响投资者的心态情绪，进而暂时的影响利率变化的幅度，而不是影响利率方向的主导因素。

从原理上来看，不考虑需求因素，只单纯考虑债券供应因素，债券发行供应只不过形成的是资金在不同机构投资者之间的流转。

例如国家开发银行作为中国最主要的发行主体之一，其每年都要发行过万亿元的政策性金融债券，这些债券被其他金融机构所认购，事实上形成的是其他金融机构闲置的资金流动到了国家开发银行手中。

如果这些资金有效的被国家开发银行运用出去，形成实体投资，“固化”在实体投资项目中，则会影响债券市场的走势。但是这种影响已经从属于经济基本面、实体融资需求方面的传导了，而不是供应规模的影响线条了。相反，如果债券的发行只实现了资金在不同金融机构之间的流转，而没有对应于实体融资需求的扩张，那么这不会对债券市场产生什么影响。

因此在利率价格由供需决定框架中，“供给”这一概念绝对不是发行债券数量或规模的多少，而是资金供应意愿的强弱。“需求”的概念也不是我们通常意义上理解的金融机构认购债券的意愿，而是实体经济融资需求的强弱。

只有实体经济融资需求增强，进而导致金融机构筹资规模增加，发行债券的规模增加，这时所谓债券发行供应量大才会对利率市场产生影响。

“发行规模大小影响利率”的逻辑线条对于信用债券发行市场似乎是有意义的，对于纯利率债券品种而言意义不大。

因为信用债券发行量激增本身可能直接反映了实体融资需求的扩大，而利率债券品种的发行规模与金融机构将所筹资金投向实体经济的规模存在着一定的割裂，未必代表了实体融资规模会相应、同步的扩大。

还是以国家开发银行为例子，每年年初国家开发银行都会对当年所发行的政策性金融债券规模进行计划，而且该计划在随后也基本会被严格执行完成。但是不确定的是，国家开发银行通过发债筹措上来的这些资金是否能够被有效、充分的投放到实体中，因为这要取决于实体经济是否有融资需求（对应国家开发银行进行资金提供），这才是构成有效投资扩张最关键的内容。

假如国家开发银行发行了100亿元债券，筹措了100亿元资金（这是由其他金融机构将资金转移给了国家开发银行），如果实体企业确实有100亿元的融资需求，这样国家开发银行就可以将100亿元的筹措资金转移到企业运行中。但是如果实体企业根本没有这100亿元的融资需求，则国家开发银行通过发债所筹措的资金将完全停留在银行体系中，对于利率不会产生什么影响。因此100亿元的国开行发债量能否影响到利率，则取决于实体企业是否存在实实在在的100亿元融资需求。

信用债券则有些不同，当企业发行信用债券时，直接对应着企业融资需求在增加，因此信用债券发行规模的持续增加会直接明晰的显示实体融资需求在膨胀，这种过速膨胀对于利率是具有一定负面冲击的。

不过在衡量实体融资需求时，要以总需求为衡量标准，这个总融资需求包括了企业信用债券的发行筹资，也包括了企业通过贷款、非标以及其他模式的筹资。假如企业发行信用债券只是为了置换其贷款，那么就形成了企业的债券融资需求上行，而信贷融资需求下降的局面，总需求可能是不变化的。

上述这点在2015年天量地方政府债券发行中表现得非常典型。近四万亿的地方政府债券发行目的是置换原有的融资工具（信贷、非标、信托等），因此就会出现债券发行规模所代表的债券融资需求扩大，但是置换后，贷款、非标、信托等规模所代表的广义类信贷融资需求在减少。整体综合来看，总的融资需求没有出现明显扩张，因此对于利率不应该产生趋势意义上的负面冲击。

具体到在实际市场运行中确实产生了冲击的现象，笔者更倾向于将其归纳为对债券市场投资者和交易者的心理、情绪产生了负面冲击，进而作用在市场中。而也正只是情绪、心理的冲击，并无实质性影响，因此不会改变利率的原有趋势。

对于债券利率的供需决定论，笔者在第三篇内容中将进行非常详细的分析与论述，读者可随后参考。在此还需要提示的一点是，中央银行所发行的中央银行票据也被投资者认为是纯利率品种，但是这和国家开发银行所发行的政策性金融债券的意义完全不同，中央银行票据的发行还是会很强烈的冲击利率，因为其直接收缩了货币资金的供应，而政策性金融债券则只是将货币资金在不同机构之间进行流转，规模不变。

上述分析只是强调笔者的几个基本结论性的看法，可供投资者参考如下：

（1）利率债券（不含中央银行票据）的发行供应规模大小只是对投资者的心理有影响，从本质意义上看，不影响利率的趋势和方向。

（2）在理解债券供应发行规模问题时，需要转换角度，变化为实体企业的融资需求来理解。

（3）融资需求是一个总量的概念，包括债券模式的融资需求，也包括信贷、非标等类型的融资需求。在观察融资需求对利率的影响时，要以总需求分析为基础，不能单纯集中在某一形式类型中。

尽管笔者做了如上的阐述，从理论逻辑上梳理了一些较为常规性的“认识缺陷”，但是不可否认的是供应量大小影响利率的观念实在是“根深蒂固”。发行规模大小的变化是投资交易者一直关注的热点，而且可以预期在未来这种局面也难以发生根本性变化。

基于此，虽然笔者在逻辑理论角度并不关心债券供应因素对利率的影响，但是从全面了解、客观描述的角度出发，笔者还是需要将“供求决定论”中的一些表现形式进行罗列介绍如下，哪怕笔者认为这些都是不成立的“伪逻辑”：

一、利率债券供应规模大小会影响利率走向

这一思路本身是错误的，具体原因在上面内容中笔者也做了详细阐述，不再赘述。但是笔者也相信这一思路看法会一直延续下去，笔者仅提醒投资者，如果只是基于利率债券供应发行规模巨大或微小，对原有的利率趋势产生了扰动，这种波折扰动给投资者提供的是机会，而非风险。

而且上述观点可用一个实证图例来进行有力反驳，如图2－4－1所示。

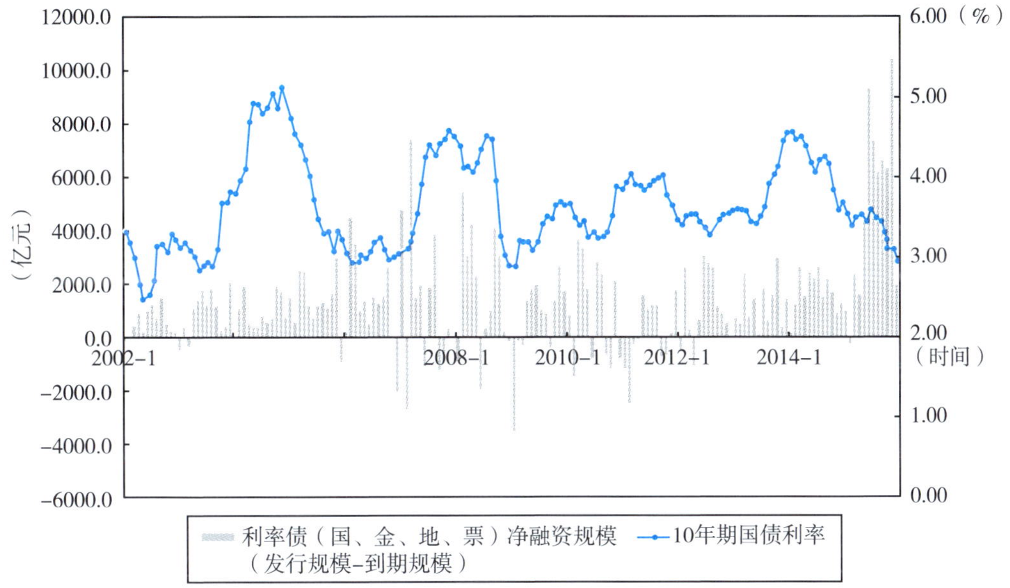

图 2-4-1 利率与利率品净融资规模之间无相关性

资料来源：中央国债登记结算有限责任公司。

以月度变化为衡量周期，10 年期国债利率与利率债券的净融资规模之间无相关性，2002～2015 年以来的相关系数接近于 0。这是很典型的一个反驳例证，因为如果利率债券供应规模大小会影响利率走向，那么至少要在趋势意义上看到利率与净融资规模的相关性，可惜这在实证中是不存在的。

二、投资配置资金和交易资金谁主导利率变化

上面的内容一是单纯从债券发行供应规模角度来描述，本部分内容是从投资需求角度来衡量。事实上对某类产品的需求如何，是最难把握的一个因素。

市场投资者从直观角度出发，比较普遍的做法是将市场运行中所谓投资配置资金和交易资金作为需求力的代表（通常意义上称为投资户、交易盘），一者代表了一级发行市场的需求主力；另一者代表了二级交易市场的需求构成。

具体到什么是投资户、交易户，在《投资交易笔记——2002～2010 年中国债券市场研究回眸》中有所介绍，在此不再赘述，围绕投资户、交易户的争论一直很受市场关注，是一个热点话题。

通常市场参与者所讨论的焦点集中在如下几个问题上，如：利率方向究竟是投资户驱动还是交易户驱动？一级发行市场和二级交易市场哪个是主力市场，哪个更代表真实正确的利率方向？

针对这些问题，在《投资交易笔记——2002～2010 年中国债券市场研究回眸》中也试图探讨研究过，但是经过若干年的观察总结，笔者目前反而认为，人为的划分

割裂为所谓投资户、交易户、一级市场、二级市场意义不大，非要从不同的属性的主体或市场中找出一些市场利率变化方向的指示，其实多数是无功而返的。

笔者目前更认同这样几个结论：

（1）无论投资户还是交易户，都是市场参与者；无论发行市场还是交易市场，都是市场。很难存在谁决定方向的影响。

（2）如果非要纠结哪类属性的资金（交易盘还是配置盘）会更影响决定利率的变化，笔者倒是更倾向于交易盘资金。虽然交易盘资金体量有限，但是其作为边际的力量更应该是价格决定的重要因素。而所谓的投资户资金，由于存在天生空头的属性，且存量占比更大，因此不是价格决定的关键。

第五章

"外部因素干扰说"

伴随中国债券市场不断开放、中国资本项目开放以及汇率改革深化，市场开始逐渐的关注外部因素对于国内利率的影响。这种外部因素主要集中在两个：汇率和美国国债利率。

伴随着国际金融市场联动性不断强化，投资者对于外部因素对中国内部利率的影响越发关注。甚至如前所述，笔者都曾对是否引入汇率因素进入国内利率决定框架产生过犹疑。

"外部因素干扰说"主要集中在两个表现形式，而这两种表现形式又有内在的联系性，笔者进行了简单的归纳整理。

一、汇率变化与利率变化之间的关系

汇率与利率的关系探讨由来已久，但是在以往中国人民汇率相对稳定的背景下（长期表现为单边温和升值状态），投资者对于汇率和利率的相互影响关系并不关注，而且中国的债券市场有一个重要特征是：中国债券市场的开放程度有限，外国参与者和参与规模较少，多数参与者均以人民币本币来计价衡量损益，因此对于汇率变化并不敏感。

但是伴随着人民币汇率改革的不断推进（例如，波动幅度改革、汇率中间价制定机制改革等），人民币汇率开始展现出双向波动的特征。汇率变化究竟对利率变化起到什么样的影响变成了市场投资者异常关注的问题，这特别是在 2015 年"811"汇率改革后引发了投资者的热烈讨论。

在本书 2015 年的市场启迪回顾中，笔者对于汇率与利率的关系做出了较为详细的说明，在此对于汇率与利率的关系再度做一个梳理说明。

中国汇率机制改革从 2005 年 7 月 21 日进行汇率改革，其中较为几个关键的时间点与事件如表 2-5-1 所示。

表2－5－1　　　　历次汇率制度改革过程中利率的变化

时间点	性质	细　　节	后续人民币汇率变化	后期利率变化
2005－7－21	一次汇改	央行宣布实行以市场供求为基础、参考一篮子货币进行调节、有管理的浮动汇率制度	升值	利率下行
2007－5－21	扩大波幅	央行宣布将人民币兑美元汇率日波动区间从0.3%扩大至0.5%	升值	利率上行
2010－6－19	二次汇改	中国宣布将重新继续汇率改革，提高人民币汇率弹性	升值	利率震荡
2012－4－16	扩大波幅	银行间即期外汇市场人民币兑美元汇率波动区间由0.5%扩大至1%，外汇指定银行为客户提供当日美元最高现汇卖出价与最低现汇买入价之差不得超过当日汇率中间价的幅度由1%扩大至2%	贬值	利率下行
2014－3－17	扩大波幅	银行间即期外汇市场人民币兑美元交易价浮动幅度由1%扩大至2%，外汇指定银行为客户提供当日美元最高现汇卖出价与最低现汇买入价之差不得超过当日汇率中间价的幅度由2%扩大至3%	贬值	利率下行
2015－8－11	中间价改革	央行宣布，即日起将进一步完善人民币汇率中间价报价，自2015年8月11日起，做市商在每日银行间外汇市场开盘前，参考上日银行间外汇市场收盘汇率，综合考虑外汇供求情况以及国际主要货币汇率变化向中国外汇交易中心提供中间价报价	贬值	利率下行

资料来源：中国人民银行、中央国债登记结算有限责任公司。

几次汇率改革都引发了人民币汇率出现了波动，而伴随这种波动的发生，中国国债利率也出现了变化，但是这种变化很难找到规律共性。如图2－5－1所示。

回顾汇率改革历史，2010年人民币汇率改革多伴随汇率升值、利率有升有降，利率的升降基本都可以用宏观经济基本面解释。2010年之后，汇率改革多伴随着汇率贬值与利率下降共存，这点与市场所恐惧的“汇率贬值压力过大，制约利率下行”的思路并不吻合，而利率的变化基本可以用国内经济基本面因素解释。

因此很难用汇率的升贬来解释利率的升降，两者之间缺乏必要的逻辑支撑。在此笔者依然认为对于汇率和利率之间的关系可以用以下结论来总结：

汇率与利率的关系并不是汇率升、贬值与利率升、降之间的关系，而是“是否允许汇率以自由的、更为市场化的方式浮动”与“利率变化反映本国经济基本面”之

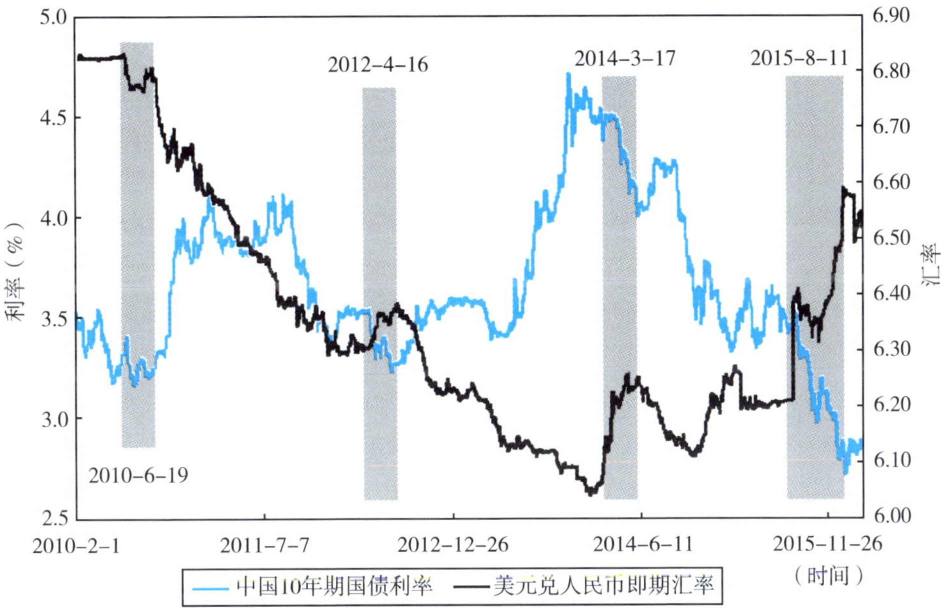

图 2-5-1 人民币汇率与 10 年期国债利率之间的关系

资料来源：中国人民银行、中央国债登记结算有限责任公司。

间的关系。

这里之所以并不考虑资本自由化流动因素，是因为笔者认为对资本流动的管控从来是不成功的。也即无论如何，资本自由流动性的条件是一定会成立的，“三元悖论”中的“一元”（资本自由流动）是显然成立的，因此“三元悖论”在实践中事实上就成为“两难选择”。

当经济体允许自身汇率以更为市场化的方式来浮动时，那么该经济体的利率也就可以准确、充分地反映国内经济基本面的状况，而不会被“异常扭曲化”。如果经济体的货币当局过于强调对汇率因素的管控，企图恢复到固定汇率制度模式下，那么其国内利率就会脱离国内经济基本面属性，而被“异常扭曲化”。

在遵循“汇率市场化”与“利率市场化”的条件下，完全可能出现汇率升值与利率下降同时出现的状况，例如 2005 年；也有可能出现汇率的贬值与利率下降同时出现，例如 2015 年“811”汇率改革以来的走势。

二、美国国债利率对中国国债利率的影响

以美国利率走向变化来判断中国利率走向变化的思维非常盛行，持该种逻辑推导思路的投资者往往会以美国国债利率变化为依据，并认为中国利率会遵从于美国利率的变化趋势，因此外推中国利率的变化。

对于这一推导线条的内在逻辑依据大致有两个渠道：

（1）和汇率与利率的关系本质相仿，认为中美利差会影响人民币汇率，因此本着汇率稳定优先的原则，认为美国国债利率的变化会制约中国国债利率的变化。

（2）从经济基本面出发，认为美国利率上行或下行代表着美国经济的起落，而美国经济作为世界经济的“龙头”，也意味着中国经济的未来发展变化，因此可以说是世界各国的利率变化都以美国利率变化“马首是瞻”。

在实践运用中，这两个逻辑线条以（1）最为流行，其本质依然是汇率与利率的关系，不再赘述，笔者也并不认同该线条。

逻辑线条（2）的可靠度要强于线条（1），但是在实际运用中有两个难以弥补的缺陷。

第一，以美国利率代表全球利率变化的“龙头”，本身则必须承认美国的经济和世界各国的经济具有密切同步性，进而导致美国的货币政策和世界各国的货币政策具有密切同步性。但是伴随着世界各国经济走势的分化，这种前提假设实现的难度越来越大。

单纯以中美两国的长期利率走势来看，在2008年之前两者的走势并不相关，只能反映出中国和美国经济周期的非同步性。

第二，以一种金融资产价格去判断另一种金融资产价格是非常困难的，事实上以美国利率去判断中国利率、以股票变化去推导国债利率变化都如此。因为在判断难度、可靠性上，判断美国利率变化和判断股票市场变化的难度非常巨大，并不亚于去直接判断中国国债利率变化，因此即便这种推导线条是正确的，但是在实际运用中往往是无效的。

除去上述一系列利率变化的解释逻辑和框架外，2013年以来还出现了利用人口因素来解释利率变化趋势的思路，认为伴随人口降低或人口老龄化的出现，利率将呈现出重心不断下移的特征。

之所以会出现这种对应关系，原因有二：

第一，老年人一般在经济学上代表着储蓄概念，类似于资金的提供者，年轻人则代表着资金需求的概念，类似于资金的需求者。人口降低一般会和老龄化共同发生，则代表着资金的供给大于资金的需求，导致了利率下行，日本是一个较为典型的范例。

第二，人口因素是一个经济体潜在增长率的重要构成指标，当人口出现衰减，则意味着经济体的潜在增长速度出现回落，必然导致实际增长速度出现回落，而根据名义利率与名义增长率在方向上正相关的原则，则利率会出现回落。

但是，笔者认为这种推导框架并不适合于中短期的债券市场投资与交易行为。这种逻辑线条一般是解释数十年利率变化的趋势，对于中短期操作的指引和解释力度非常有限。投资者用这种思路去预测未来1～2年内的投资交易操作，是非常困难和危险的行为。

上述内容总结在表2－5－2中。

表 2-5-2　各种利率解释逻辑线条梳理一览

逻　辑	表达形式	逻辑评价	运用评价
以传统经济基本面因素为基础的分析框架	通货膨胀和经济增长的双轮驱动	名义增速与名义利率方向正相关，幅度非线性相关	对于宏观预测能力具有高要求
	增长周期、通胀周期、货币政策周期的三周期叠动	细节化了外部货币政策冲击，提供了时点选择依据	
	金融底（顶）—利率底（顶）—经济底（顶）	摸索经济、利率周期变化的前瞻信号	
以货币流动性因素为基础的分析框架	贷款增速与债券利率的关系	如果只是从资金来回分布、挤压的角度论述则逻辑错误；如果从反映社会融资需求变化，进而由经济基本面变化外推利率变化的线条则可取	外推预测中对于商业银行、中央银行行为预测要求较高，难度较大
	存款增速与债券利率的关系		
	广义信贷资产变化与债券利率的关系		
	表内表外资金分布与利率、信用债券关系	只能解释利率与信用的相对变化强弱，不能解释整体利率趋势方向	只能解释相对价格变化
成本推动说	利率市场化—银行资金成本发生变化—影响了债券收益率	对单家投资主体合理，对群体无效。宏观伪命题	正确的应该是：资产收益率决定负债成本变化，以机会成本为基石
	理财收益率影响论		
品种替代说	非标不死、债券不兴	从挤压角度论述无效，从实体经济融资总需求角度有效	需要高度关注实体债务杠杆水平的影响
	刚兑不破，无风险利率高企（国债城投化、城投国债化）		
	打新、配资创设新的无风险利率，对国债具有挤出效应	从挤压角度论述无效，从社会总债务杠杆水平论述有效	需要高度关注金融虚拟债务杠杆水平的影响
供求决定论	利率债券供应规模大小影响利率走向	心理冲击为主，宏观逻辑无效	供应量是助涨助跌的非主导因素
	赤字率或广义货币供应量影响利率方向变化	需要看到社会融资总量膨胀为依据	预测能否有效带动社会融资总需求
	投资配置资金和交易资金谁主导利率变化	本质都是市场行为，对利率方向无影响	无须过多关注

续表

逻　辑	表达形式	逻辑评价	运用评价
外部因素干扰说	汇率变化与利率变化之间的关系	不建议将汇率因素纳入利率分析框架中	汇率与利率的关系并不是汇率升、贬值与利率升、降之间的关系，而是“是否允许汇率以自由的、更为市场化的方式浮动”与“利率变化反映本国经济基本面”之间的关系
	美国国债利率对中国国债利率的影响	必须假定经济周期同步性和货币政策同步性	用一个金融价格去预测另一个金融价格，实现难度很大
人口因素说	人口降低或老龄化导致利率趋势下行	从潜在增长率的决定因素来推导	过于长期性的判断，对于中短期投资、交易无效

第三篇

“三因素供需分析框架”和“利差分布变化论”

从投资和交易的角度出发，研究的重点主要集中在长期利率（以10年期国债利率为分析标的），所判断的时间周期在1年范围内，并不执着于更长周期的判断，所需要确定的研究目标是：判断利率变化的方向以及在此方向上的变化幅度。

这些年来，在研究分析探讨并通过实践检验了诸多逻辑框架后，笔者还是认为基于经济基本面的分析框架最为稳定而有效。虽然这要求一定的宏观经济分析与把握能力，但是比揣度货币政策动向、猜测市场行为变化等模式要更为稳定、可摸索。

影响利率方向变化的因素有很多，但是本着用最少、最精练的因素去把握变化的原则（太多的解释变量往往应用困难），笔者只选择了三个因素来构建分析框架，分别为：经济增长、通货膨胀以及债务杠杆率。这三者事实上都反映的是融资总需求，三因素彼此间可能存在重叠，但是又有内在不同区别，会详细分拆解释。

总体来看，笔者倾向于从决定利率价格的供需双方面出发，利用三因素来解释、判别长期利率的变化方向，简称为“三因素供需分析”。

在某一方向上利率的变化幅度同样是一个非常值得研究的内容，其难度甚至不亚于对方向性的判断。在介绍经济基本面决定利率的分析框架中，有这样一句描述：“名义利率和名义增长率在方向上正相关，但是两者在幅度变化上非线性相关”。在现实中，也有很多投资者试图通过各种宏观经济变量去拟合利率的合理位置，通常是失败的，原因就在于经济变量和利率之间很难找到一种线形或非线性的相关性。所谓的相关性只在方向上存在，但是在具体变化幅度上通常无效。从实用性角度出发，笔者认为当确定了某一变化方向后，通过长短曲线利差的方式来确定长期利率的大致定位是一个相对可取的方法。

在本篇内容中，笔者将围绕长期利率的方向和变化幅度，以“三因素供需分析”和“利差分布变化”为工具，进行探讨研究。

“三因素供需分析”辨别利率变化方向

利率作为一种价格表现，一定是供给与需求双方面决定的结果。其中需要说明的是，需求是指融资总需求，是利率决定中最重要的内容，而供给则绝对不是债券发行规模等所代表的供给（详细可参考第二篇内容说明），而是代表着资金供给能力或意愿。

第一节　融资需求曲线与资金供给意愿曲线

在周期叠动效应分析中，可以发现货币周期变化与以经济增速、通货膨胀增速所衡量的实体经济运行周期变化之间存在一定的脱节现象，但是时滞不长，即会形成“黎明前的黑暗”现象。

但是2013年下半年以及2015年上半年的债券市场变化却出现了较为罕见、时滞偏长的背离现象，因此告诉投资者单纯利用实体运行中的经济增长或通货膨胀因素去衡量融资需求的变化存在缺陷。即利率并非是针对经济增长或通货膨胀进行反应，而是针对宏观运行中所蕴含的融资总需求进行反应，这种融资总需求包括了经济增长与通货膨胀的内容，但是他们又并非代表了全部的融资需求。

社会融资总需求可以定性的划分为两类，一类是可以正常表现在实体经济运行中的融资需求，它最终可以体现在经济增长和通货膨胀这两个重要的宏观经济指标中。还有一类融资需求，笔者倾向称为无益于实体经济健康运行的融资需求，这类融资需求在历史中曾以两种模式展现过。

一种模式出现在2013年上半年，即市场所热议的“金融热、实体冷”现象。大量的融资需求出现，体现在金融货币数据中，表现为M2与社会融资总量增速一路上行，但是经济增长和通货膨胀则毫无起色。这些融资需求所获得的资金都注入到了实体经济运行中，按照常理，应该推动了经济增长和通货膨胀的回升。但是现实中却没有出现这个结果，只导致了大量的债务杠杆出现，但是对于实体经济运行没有产生推动，因此这属于无效融资需求的膨胀。

另一种模式出现在 2015 年上半年。当时实体运行中没有产生杠杆融资需求，但是虚拟金融领域中却出现了明显的债务杠杆堆积，过多的银行体系内资金被吸引进入了股票交易配资、打新等环节中，始终在股票二级市场中流转堆积。这种债务杠杆模式自然不会体现在实体领域的经济增长和通货膨胀中，但是确实是一种实实在在的债务杠杆。它不是建立在实体经济运行的水泥、钢筋之上，而是建立在虚拟的二级交易市场股票品种之上，其对于实体经济无益，而对于金融稳定有害，自然也属于无效融资需求膨胀。依此类推，例如赌注于汇率变化之上的杠杆行为等，都类属于这类债务杠杆。

因此依据债务杠杆寄居的基础资产来划分，也可以划分为寄居在实体经济运行中的部分和寄居在虚拟金融资产中的部分。前者可以反映在 GDP 或 CPI 的变化中，也可以并不对 GDP 或 CPI 进行影响，但是确实是存在于实体经济运行中的，但是无论如何，这些都可以体现在 M2 或社会融资总量的变化中。而后者则不会对实体经济生产或物价水平产生影响，也很难系统显著的体现在 M2 或社会融资总量变化中，但是它确实存在着，对于金融稳定是具有伤害的。但是相比于实体经济运行所容纳的资金量，这部分资金规模是相对有限的，即寄居在金融虚拟资产之中的债务杠杆在规模体量上无法和寄居在实体经济资产的债务规模相比。

总体来看，融资总需求可以用债务杠杆水平来描述，其在具体的宏观指标中可以表现为三种形式：经济增长、通货膨胀以及无效融资需求（包括注入实体但是无效的、注入虚拟金融资产运行的）。这样就分离了三个因素，依次为：经济增长、通货膨胀和债务杠杆。其中后者对于前两者具有包含但不限于此的含义。

对于正常反映在经济增长和通货膨胀中的债务杠杆，可以用通常的宏观指标变化来衡量其方向变化，这代表着正常的融资需求。而对于无效的融资需求变化，则很难找到具体的宏观衡量指标，投资者只能借助于观察金融货币数据以及微观了解去把握。

因此我们只能描绘出一种正常的融资需求曲线变化，由经济增长速度和通货膨胀速度的合成来替代表达。这时候所描述出的融资需求曲线事实上是不全面的，其只表达了正常的融资需求变化，而无法表达无效融资需求的变化。

由于对无效融资需求的变化无法量化表达，因此只能结合资金供应意愿曲线去定性衡量并表达。

融资需求显然是决定利率变化方向最重要的因素，但是同样不能忽略的是资金供应因素。

首先需要说明的是，资金供应因素很难被一个宏观的经济指标所表达。例如，有投资者试图用 M2（广义货币供应量）去代表资金的供应。当 M2 走高时候表示资金供应能力大增，供应意愿增强，反之，则表示趋弱。

这是不对的。从原理上看，M2 是资金来源，表示负债，而负债是受到资产影响的，而且从正确的逻辑意义来看，资产决定负债，资产在一定程度上是代表着融资需求，因此不能用 M2 的变化来衡量资金供应的能力或意愿。因为在融资需求膨胀时，资产在膨胀，一定会出现负债膨胀，即 M2 走高，但是他并不代表资金供应能力或意愿增强，而且如果用 M2 来衡量资金供应，则很容易看到一个现象：融资需求和资金供应两者是同向同比例变化的，这是不合理的。

笔者所探讨的资金供应更准确的定义应该是资金供应的意愿（或能力），其在很大程度上是被中央银行的货币政策意图所体现。当货币政策取向宽松，意图支持实体经济发展时，资金供应意愿曲线会上移，反之，当货币政策取向紧缩时，资金供应意愿曲线是下行的。

例如在非常经典的泰勒规则中，当实体经济中的 GDP 和 CPI 在下行中，中央银行的政策利率会随之下行，意味着中央银行采用注入流动性的方式来保持货币政策宽松取向，即意味着资金供应意愿曲线上行；反之，当 GDP 和 CPI 上行时，货币政策利率会选择上行，货币政策取向紧缩，即意味着资金供应意愿曲线下行。

因此，可以与正常的社会融资需求变化定性对应。当正常的社会融资需求（可用 GDP、CPI 来表达）上行时，资金供应意愿曲线从定性角度来看是下行的；当正常的社会融资需求（可用 GDP、CPI 来表达）下行时，资金供应意愿曲线从定性角度来看是上行的。正常情况下，由中央银行货币政策意图所影响的资金供应意愿曲线和社会融资需求曲线的变化是反向的。

但是在现实中还存在着无效融资需求对资金供应意愿曲线的干扰，会存在这样一种可能性：当 GDP 与 CPI 所表达的正常融资需求萎靡时，但是无效融资需求膨胀异常，这会导致货币政策意愿脱离其本该进行的宽松取向，反而去进行紧缩治理。那么就会出现这样一种情况，正常融资需求曲线的下行和资金供应意愿曲线同向下行，假如后者的下行幅度更大一些，反而造成了利率的上行。

这种情况则意味着，中央银行的货币政策约束是在三者之间徘徊选择的：合理的经济增长、稳定的通货膨胀以及合适的社会债务杠杆水平。如果用宏观经济指标来表达，则更接近于追求 GDP、CPI 和 M2（或社会融资总量）三者的合理化。

即：经济增长、通货膨胀以及债务杠杆率三者共同在主导着资金供应意愿曲线的变化，这导致其未必始终遵循泰勒规则的原则。

如此一来，可以确定两条供需曲线，一条是正常的融资需求曲线，其可以被经济增长叠加通货膨胀因素所代表，即名义增长率。另一条是资金供应意愿曲线，其表达货币政策的松紧取向，受到经济增长、通货膨胀以及债务杠杆率三者共同决定，其与前两者的关系是传统意义上的泰勒规则，但是债务杠杆率的引入会导致最终的资金供应意愿曲线并不那么稳定。

其中正常的融资需求曲线可以较为清晰的量化处理，但是缺陷在于资金供应意愿曲线只能定性的去想象、摸索，现实中笔者也没有找到合适的宏观指标来定量刻画资金供应意愿曲线的变化。

第二节　三因素供需决定框架

总体来看，笔者梳理了三个因素需要在实践投资交易中关注，分别是经济增长、通货膨胀和债务杠杆。债务杠杆在一定程度上可以被M2以及社会融资总量来代表，用这三个指标来刻画融资需求曲线和资金供应意愿曲线的相对变化，并以此来解释或预测外推未来利率的变化方向。

这实质上是对于以前“双轮驱动”框架的补充和修正，因为在2013年、2015年度实践中确实出现了对双轮驱动效应的挑战，而挑战的原因也来自无效融资需求膨胀，进而导致了货币政策阶段性以控制债务杠杆率攀升为要务，形成了资金供应意愿曲线的收缩，在经济增长、通货膨胀下行过程中，产生了利率异常高企的怪现象。

在本部分中，笔者试图从经济增长率、通货膨胀率以及债务杠杆率三个因素出发，将三因素体现在融资需求曲线和资金供应意愿曲线的相对变化中，来解释利率的变化方向。

如前面所述，融资需求可以近似划分为正常的、可以作用于实体经济运行的部分和无效融资需求部分。前者可以从经济增长和通货膨胀数据的变化中得以反映，后者包括可能来自于金融资产杠杆的融资需求，也可能包括来自于实体运行但是却无法推动经济基本面回升的融资需求。总体来看，后者很难反映在实体经济基本面运行数据上，但是有可能反映在金融宏观运行数据中，例如M2、社会融资总量等数据的变化上。

笔者利用经济增长数据和通货膨胀数据的合成来表达正常的实体融资需求方向变化，根据中国的实际情况，可考虑用工业增加值同比增速加计CPI同比增速近似表达，其大致可代表中国经济的名义增长速度。其中对于经济增长指标之所以考虑采用工业增加值数据是基于两个原因：一是工业增加值数据高频，每月都有，可以较为敏锐的进行观察；二是对于利率这种价格而言，在三产业构成中，其对于重资本产业的敏感度最高，因此采用工业数据变化较为合理。

因此，“IP（表达工业增加值）+CPI”的同比合计数可以近似表达正常的融资需求变化方向，注意这是正常的融资需求，而并非融资需求的全部。

两因素可以纳入到融资曲线中，但是无效融资需求很难被以具体的宏观变量纳入其中，只能被债务杠杆率类的替代指标（例如M2、社会融资总量等）部分地表达出来。由于中央银行的货币政策是以货币供应量、社会融资总量的变化来作为中介指标，因此可以考虑这部分内容从资金供应意愿曲线的变化中得以反证观察。

资金供应意愿曲线是一个比较虚拟的曲线。笔者曾说过，其在现实宏观指标中很难找到准确的衡量标的，其并非是单纯的M2或社会融资总量。对于融资需求的资金供给满足程度，更取决于货币政策的导向，可以定性的认为，当中央银行希望刺激融资需求回升时，资金供应意愿曲线向上回升，当中央银行希望抑制融资需求时，资金供应意愿曲线向下回落。

资金供应意愿曲线更多的会取决于中央银行货币政策的导向，最为经典的理论描述就是泰勒规则。当 GDP、CPI 下行中，中央银行往往需要通过降息等手段提振经济，强化融资需求，这事实上代表了资金供应意愿曲线在扩张回升；而在 GDP、CPI 下行过程中，中央银行又会通过加息等手段冷却融资需求，这代表了资金供应意愿曲线在收缩。

而需要格外注意的是，中央银行的意愿也并非是单纯针对 GDP 或 CPI 而调整，还会观察参考社会中的债务杠杆率变化。例如在 2013 年，虽然 GDP 和 CPI 没有出现过于明显的波动，但是在银行表外资产、非标类资产的异常扩张局面下，金融体系的债务杠杆率水平较高，也会导致中央银行采取紧缩的政策措施以期控制杠杆水平。同样在 2015 年上半年中，虽然实体经济依然不振，但是基于二级市场股票交易的金融配资行为火热，同样也对应了社会债务杠杆水平走高，因此中央银行也会针对于此进行政策微调。

总体来看，资金供应意愿曲线更多的会取决于中央银行的货币政策导向，其变化不仅仅只是依托于 GDP 或 CPI，还会考虑债务杠杆水平的变化，这点在宏观上的参照指标是广义货币供应量（M2）或社会融资总量。

可以用图 3－1－1 来进行说明表达：

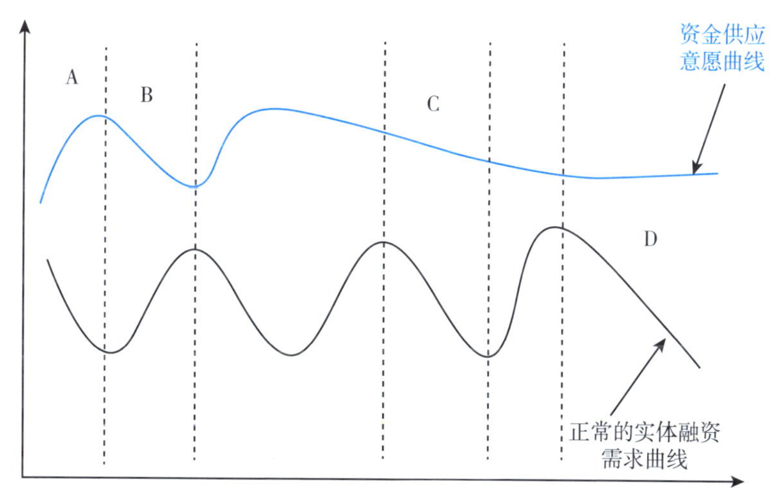

图 3－1－1　融资需求曲线和资金供应意愿曲线相对变化

如图 3－1－1 所示，黑色线段代表着正常的实体融资需求变化，可以用上述的“工业增加值＋CPI”表达方向变化，也可以用“GDP＋CPI”来表达方向变化。蓝色线段代表着资金供应意愿曲线，其主要受到货币政策取向的影响。两条线的相对变化可以划分为以下五种可能性：

（1）A 区域。在此阶段中，正常的社会融资需求回落。为刺激其回升或抑制其过速回落，中央银行往往会采取相对宽松的货币政策取向，意味着资金供应意愿曲线出现回升扩张。在这种组合下，利率作为供需的结果，会出现明显下行（资金供应意愿扩张+融资需求曲线回落）。

（2）B区域。在此阶段中，正常的社会融资需求曲线回升，而中央银行扩张放松的意愿回落，资金供应意愿曲线回落。在这种组合下，利率作为供需的结果，会出现回升（资金供应意愿曲线回落+融资需求曲线回升）。

总体来看，A、B区域事实上和经典的“泰勒规则”是一脉相承的，是货币政策应对正常的融资需求变化而反向变化的。这也是经济、政策运行的常态。

（3）C区域。在此阶段中，正常的社会融资需求虽然在回落中（宏观表达为GDP+CPI在下行不振状态），但是由于经济、金融运行体系中充斥着大量的无效融资需求，债务杠杆率比较高（宏观上可体现为M2或社会融资总量水平过高，即在历史上所提及的“金融热、实体冷”现象），中央银行货币政策也依然有可能采用偏紧的取向，导致了资金供应意愿曲线出现回落。这时候形式上虽然看到了实体正常融资需求回落，但是很可能是总融资需求膨胀，再配合以资金供应意愿曲线的回落，则利率作为供需的结果便会出现回升。这种情形最典型的代表时期是2013年下半年或2015年上半年。

（4）D区域。在此阶段中，正常的社会融资需求曲线在回落过程中，但是货币政策保持中性取向，导致了资金供应意愿曲线出现平稳。在这种组合下，利率作为供需相对变化的结果，依然会保持下行态势（资金供应意愿曲线平稳+融资需求曲线下行）。这种情况延续下去，伴随融资需求的持续回落，很容易产生出收益率曲线的一种变化：收益率曲线不断的平坦，甚至最终出现了倒挂的曲线。

（5）在上图中没有刻画，但是现实中也存在这样一种情况：货币政策取向中性，资金供应意愿曲线平稳，但是融资需求曲线膨胀，导致的结果是利率作为供需相对变化的结果会出现回升（资金供应意愿曲线平稳+融资需求曲线上行）。

上述五种情形基本涵盖了供需曲线对于利率的决定机理，需要格外注意的是两点内容：

（1）供、需曲线的相对变化方向决定利率价格的变化方向。但是利率变化方向多数、主要是由融资需求变化方向所导致。

（2）由于实体经济运行中正常的融资需求可以明确观察（可用GDP+CPI运行来近似替代观察），当出现了正常的融资需求回落、但利率回升现象后，应该充分怀疑存在大量的无效融资需求，这导致了资金供应曲线的收缩，而对于非正常融资需求的关注可考虑从M2、社会融资总量等角度出发进行观察，并综合判断。

特别从第一点角度出发，笔者认为市场利率，特别是长期利率不是一个政策因素所决定的变量，而是经济运行的结果，特别是融资需求变化的结果。

在现实的市场交易中，投资者非常关注于货币政策的变化，常常认为货币政策的变化才能导致市场利率出现变化。

对此，笔者非常不赞同，如果将市场利率划分为短期利率和长期利率，可以说短期利率的变化与货币政策取向密切相关，但是长期利率的走势则部分取决于货币政策，更多地取决于实体经济运行结果。长期利率最终是融资需求变化的结果，因为在现实中经常会出现过平或过陡的收益率曲线，甚至还会出现倒挂的收益率曲线，这很难用货币政策去理解。

我们可以用这样一个案例来进行理解，如图3－1－2所示。

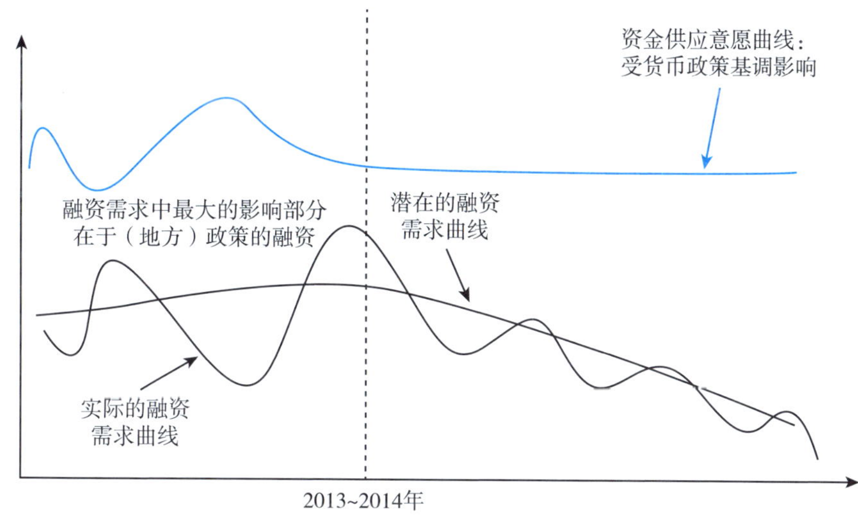

图3－1－2 转型前后融资需求曲线和资金供应意愿曲线的变化

在不考虑无效融资需求（即无法增加有效产出的债务杠杆和施加在虚拟金融基础资产之上的债务杠杆），中国的正常融资需求可由名义经济增长率水平表达，当通货膨胀率相对稳定时期，中国的名义增长率变化态势以潜在经济增长率为中枢进行波动。

2002～2010年时期，中国的实际GDP增速平均为9.8%，且没有出现明显的通货膨胀趋势，即代表在此时期中国的潜在增长率水平在9.8%。支撑这种高速增长的一个重要力量在于中国地方政府的潜在扩张冲动居高难下，即在2010年之前中国的实际融资需求曲线（名义增长率）围绕居高不下的潜在融资需求曲线（潜在增长率）上下波动。

伴随融资需求曲线的上下波动，中国的资金供应意愿曲线（货币政策意愿）也基本按照泰勒规则来进行反向对冲，因而造成了市场利率伴随融资需求曲线和资金供应意愿曲线的相对变化而呈现区间震荡特征。

笔者认为2013～2014年时期是中国经济运行的一个重要分水岭。首先从大致2010年附近开始，中国经济的潜在增长速度已经出现了系统性回落，已经无法再企及原来高达10%附近的水平。这注定了中国经济正常的融资需求已经无法扩张，但是其并不代表社会杠杆主体（居民、企业、政府）的扩张意愿相应同步收缩，特别是以地方政府为主导的扩张行径，如果这种扩张持续进行下去，不仅无法改善经济增长，反而会将中国拖入滞涨的境地。

但是幸运的是，2013～2014年时期，以地方政府为代表，以基础建设投资和房地产投资为特征的经济扩张活动出现了显著改变，地方政府为主导的融资需求（且很多可以定义为无效的融资需求）出现了系统性的下降。

造成这种改变的典型事件可以追溯到2013年的“钱荒”事件（让中国管理层意识到了债务杠杆的危险性）、2014年所发布的43号文（从制度角度强化了地方政府的债务约束）以及对于GDP的追求开始变得淡化。

实际经济增长速度围绕潜在经济增长速度中枢下行而波动降低，同时也表现为实际融资需求围绕潜在融资需求中枢下行而波动性降低。在这个过程中，即便不考虑资金供应意愿曲线的变化，即假定其维持平稳，那么中国的利率中枢也会出现系统性下降、波动性回落，即便表现为利率波动下行，每次反弹的高点依次降低。这种局面在2014～2015年时期体现得非常显著。

第三节　微观货币运行市场中的供需曲线典范

在前面叙述中，笔者企图通过建立融资需求曲线和资金供应意愿曲线，借助于其相对变化来解释利率的方向变化。这种模式框架中的一个无法突破的缺陷在于，无法找到资金供应意愿曲线的宏观代表指标。

不少投资者希望利用货币供应量指标（M2）来衡量资金供应意愿曲线的变化，但是事实上是不对的。如前文中笔者曾说明过，当社会融资需求降低时，广义货币供应量指标只不过是融资需求的一个“映像”，其必然是降低的，无论中央银行企图通过什么手段来进行提振，历史检验来看，效果很有限。因此M2与社会融资需求的方向大体上是保持一致的，其不能作为资金供应意愿曲线的宏观替代指标。

正因为此，笔者才将资金供应意愿曲线定义为一种形式上的曲线，其尚未找到合适的宏观指标来描述，只能根据经济增长状况、通货膨胀状况以及社会债务杠杆水平来定性刻画。

这是在宏观解释上的一个缺陷，但是在围观货币市场运行中却有一个相似可替代的指标来具体化描述，投资者可作一借鉴参考。

在货币市场运行中，货币市场利率（例如银行间市场的货币拆借回购利率）作为一个价格，同样也是供需结合的产物。对于货币市场利率的运行方向也是依赖于资金供应意愿（或能力）曲线和货币市场融资需求曲线来决定的。

由于中国的货币市场运行，多采用回购融资的模式，依赖于将债券质押来融得资金，因此所质押债券的余额变化则可代表着货币市场的融资需求变化，采用“待购回债券余额的同比增速”来进行衡量。

而资金的供应意愿或能力则取决于商业银行的超额准备金率水平高低。商业银行是中国货币市场的主要资金供应主体，当其超额准备金数量过大时，从高效运用资金的角度出发，其必然会增强其向市场供应短期货币资金的意愿。反之，则弱化其供应意愿。因此超额准备金率水平的高低大致可以衡量商业银行的货币资金供应意愿和能力。

如此一来，货币市场利率的方向变化则可以在“待购回债券余额同比增速”和“超额准备金率”两条曲线的相对方向变化中确定。前者表达需求，后者表达供给，供需结合确定货币市场资金利率的变化方向。

事实上，在《投资交易笔记——2002～2010年中国债券市场研究回眸》中笔者曾提到过，对于货币市场运行来看超额准备金水平是最关键的因素，并介绍了预测超额准备金变化的各类方法。

现在来看，这个论断似乎有些偏颇，该结论只考虑了资金供应能力大小，而没有考虑到行为主体在货币市场的融资需求的大小变化。

如果以目的性划分，投资者在货币市场进行融资的目的有很多。例如暂时的头寸缺口可以通过货币市场融资补足、债券投资交易杠杆策略需要的融资需求、IPO打新时期的融资需求，甚至在股票交易配资中、同业资产投放借短放长期限错配盈利中，都会产生来自于货币市场的融资需求。

因此货币市场的松紧感受和货币市场利率的高低变化不仅仅取决于超额准备金的规模（供给条件），还取决于融资需求的大小变化。

从实证比较中也可以看出利用单一超额准备金率水平变化来解释货币市场利率的变化方向，效果有限。而利用超额准备金率水平和待购回债券余额的增速水平双因素解释货币市场利率的变化方向，效果更好。如图3－1－3所示。

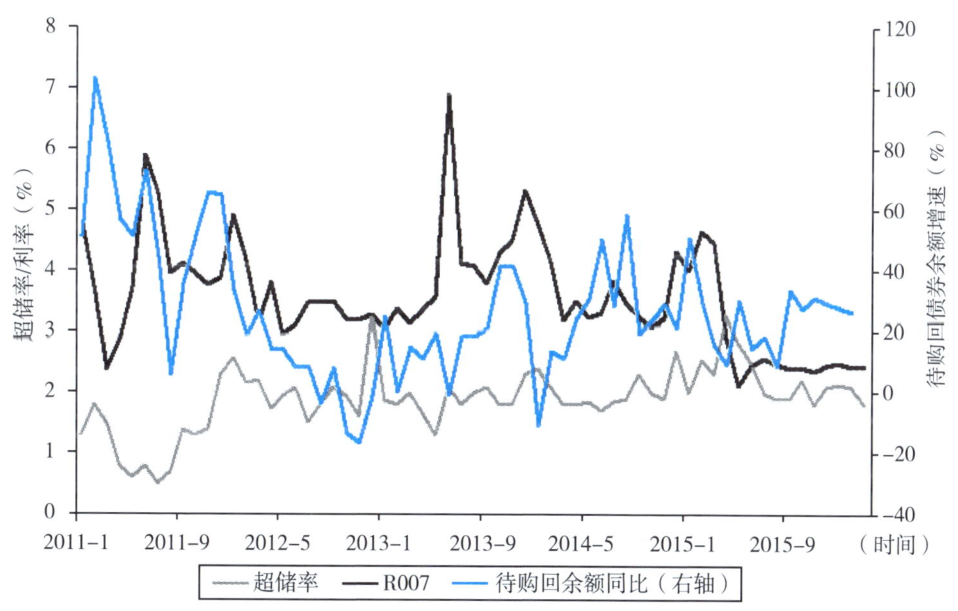

图3－1－3 超储率、待购回债券余额增速与资金利率的关系

资料来源：中国人民银行、中央国债登记结算有限责任公司。

第二章

"利差分布变化"判别利率变化幅度

笔者一直在强调，对于债券市场投资者的投资或交易行为来看，首先要判别的是利率的变化方向，其次需要判别的是在此方向上利率所可能出现的变化幅度。

在以往的逻辑线条中，更多基于对利率变化方向的判断，很少涉及对于某一方向上利率变化幅度的判断。现实中投资者也经常会借助于各种手段去试图判别利率的变化幅度或称为"合理"水平，但是实践中的效果并不好。

总体来说，在市场实践中，判别利率合理定位的手段方法主要有以下几类：

(1) 试图通过各类宏观经济数据的变化去拟合其与利率的线性或非线性关系，并根据对未来宏观情况的分析，近似定位未来时期的利率合理定位。

首先这种思路应该是起源于泰勒规则。由于泰勒规则可以借助于经济增长因素和通货膨胀因素对于政策指标利率进行指导，因此该思路被投资者所借鉴。

这一思路对于短期利率，特别是受政策基准利率密切影响的短期利率具有一定的参考意义。例如，伴随中国的利率市场化进程演进，中国的公开市场操作利率应该类似于美国联邦基准目标利率，作为中国的政策基准利率，其变化会影响货币市场基准利率（例如货币市场的7天回购利率），进而这种影响传导下去，影响了整条收益率曲线。

即以美国利率体系为参照，中美的利率传导体系对比大致如下：

美国：联邦基金目标利率→隔夜 Libor 利率→3M－Libor 利率→长期利率；

中国：公开市场操作利率→货币市场7天回购利率→3M－Shibor 利率→长期利率。

但是需要强调的是，这种以宏观经济基本面数据为指引的定价模式可能只是限定于短期货币利率定位上，最典型的就是泰勒规则所描述的情形。

如果投资者将目光定位在长期利率上，依赖经济增长、通货膨胀等等指标去试图拟合多因素与长期利率的线性或非线性关系，则往往无功而返。

因为这可能和前面的一个经验结论（长期利率和名义增长率的方向正相关，但是变化幅度并非线性相关）相悖。因此切忌在实践中将方向正相关理解为两者的变化幅度存在线性或非线性的相关性。

（2）试图通过两类资产之间的比价效应去确定债券利率的“合理”定位。这包括负债成本定价方法。例如以资金成本的高低来确定债券利率的合理定位。这个内容在第二篇部分笔者已经详细探讨过，并对此持坚决否定的态度。

还包括两类资产之间的比较方法。例如中国债券市场的投资“大户”是商业银行银行，商业银行的传统两类资产构成是信贷投放和债券投资，两者都可以为银行带来收益，也都要耗用资金或资本。

基于假设商业银行完全在收益高低之间进行比较，投资者可能会分别计算两类资产给银行带来的净回报。

从逻辑上看，这种比较是很有道理的，但是以笔者在银行长期工作和观察经验来看，这种比较方法最终所确定的结论与实践运行并不一致。

其原因在于，实践中商业银行很少以“平等地位”的角度去同时比较贷款和债券投资的利润大小。

中国商业银行的主营业务是信贷类业务，因此在实践中主营资产的选择一定优先。再者看，信贷业务的显性收益可以用上述计算方式大致代表，但是在信贷业务的拓展中还会涉及衍生出存款业务、中间业务等，这些对其他业务的衍生优势是单纯的债券投资所无法比拟的。因此仅仅从净收益角度去比较信贷业务和债券投资业务优劣，并借此来确定长期利率的“合理”定位，只能说是逻辑上存在，实践中难行，因此结论的可靠性非常值得警惕。

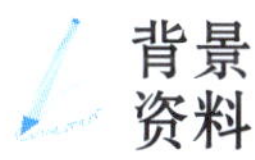

背景资料

地方政府债券与国债利率的比较定价思路

2015 年以来地方政府债券发行密集，可以预期未来的地方政府债券将会成为债券市场中一个重要的投资配置品种。本部分内容试图介绍一下关于地方政府债券与国债之间进行价值比较的案例。

地方政府债券和国债两者存在的利差主要反映的是两部分因素：一是两者在银行资产中的风险权重不同，由于地方政府债券属于风险资产，会耗用银行资本，因此其与国债之间会产生出一定的资本溢价；二是地方政府债券比国债的流动性要弱，存在一定的流动性溢价。

主要看风险权重不同导致的溢价差异。首先从规定来看，地方政府债券作为银行配置的资产，风险权重为20%。对于银行而言，风险资产最低回报率要满足的关系如下：

风险资产收益率×10.5＝银行ROE（净资产收益率）

其中10.5是银行的资本充足率[①]，而银行的ROE水平平均大致在14.5%附近（系上市银行年报统计平均水平）。

则：风险资产的最低回报率≈1.4%

假设对于银行购买而言，100元资金购买地方债券，其中20元要计入风险资产，需要考虑风险权重，则形成以下等式关系：

20×（国债利率＋1.4%）＋80×国债利率＝地方政府债券利率×100

则：地方政府债券利率－国债利率＝20×1.4%＝28BP

如上的28个基点内容反映的是资本溢价部分。剩余的还需要考虑地方政府债券和国债的流动性溢价部分，这部分内容则主要是感性定价为主了。

（3）通过比较不同经济主体的利差关系来衡量本国利率的合理定位。实践中，最典型的模式则是对比中、美两国的国债利差，以美国利率为基准来确定本国利率的“合理”定位。

这种方法能否成功要取决于两个条件：一是投资者可以理性、准确的定位未来时期美国利率的目标水平；二是投资者可以理性的定位好中美两国的合理利差水平。上述两个条件的实现在实践中都是非常困难的。

总体来看，市场投资者对于“合理”利率水平的定价方式基本是上述三种，从长期实践检验来看，效果并不宜过于期待。

在本章内容中，从长期的实践、实用的角度出发，笔者企图通过“利差分布变化”的模式方法来确定利率（特别是长期利率）的定位和变化幅度，希望能给予投资者有益的借鉴。

第一节　利差曲线变化的基本驱动因素

对于债券市场的研究是立足于对收益率曲线的研究，研究收益率曲线一般是研究两个方面：第一是研究利率的上下方向变化（短期利率与长期利率一般在同时期内都

① 《商业银行资本管理办法（征求意见稿）》要求，第一层次为最低资本要求，核心一级资本充足率、一级资本充足率和资本充足率分别为5%、6%和8%；第二层次为储备资本要求和逆周期资本要求，包括2.5%的储备资本要求和0～2.5%的逆周期资本要求；第三层次为系统重要性银行附加资本要求，为1%；第四层次为第二支柱资本要求。《办法》实施后，通常情况下系统重要性银行和非系统重要性银行的资本充足率分别不得低于11.5%和10.5%。

遵循同样的方向变化，不会出现背离），第二则是研究收益率曲线的平陡变化，即研究利差曲线的变化。

利差曲线的构成一般是选择长期利率减去短期利率。但是各个国家根据本国债券市场的不同特征，会采用不同期限的品种收益率相减，统一遵循的一个基本原则就是所选择的长期与短期债券品种都具有良好的流动性。

例如美国国债市场中构建利差曲线常选择 10 年国债利率减去 2 年国债利率，因为其 2 年期国债品种滚动定期发行，市场流通性也很好，具有很好的基准性。而日本国债市场中构建利差曲线则常选择 10 年国债利率减去 1 年国债利率。

总体来看，各国利差曲线的选择品种上，对于 10 年期基准品种的差异不大，对于短期品种的选择存在一定的差异。

在中国债券市场中，根据流动性（指流通便利性）的强弱，长期利率的选择可以用以下几个参考标的：10 年期国债利率、10 年期政策性金融债券利率（特别是国家开发银行发行的政策性金融债券），甚至在流动便利性上，后者还强于前者。

短期利率的选择标的笔者建议采用 1 年期政策性金融债券利率，特别是国家开发银行的品种，而不建议采用 1 年期国债利率。因为从发行频率以及二级交易市场活跃度来看，当前 1 年期政策性金融债券远强于 1 年期国债品种。

这样来看，中国债券市场的利差曲线可以有两个选择：一是（10 年期国债利率 - 1 年期政策性金融债券利率）；二是（10 年期政策性金融债券利率 - 1 年期政策性金融债券利率）。

其中第一个利差曲线存在的问题是长、短两类品种的资质并不一致，但是从中国实践来看，两者间并不存在信用差异，主要存在的差异在于税收差异。

国债与政策性金融债券之间主要存在企业所得税的差异。以 2008 年 1 月 1 日为界，之前企业所得税率为 33%，之后变化为 25%。

因此在采用（10 年期国债利率 - 1 年期政策性金融债券利率）作为利差衡量时，从历史一贯性角度出发，最好只考虑 2008 年 1 月 1 日之后的历史延续。相对而言，（10 年期政策性金融债券利率 - 1 年期政策性金融债券利率）作为利差，不存在上述问题。

为了便于参考，笔者在后期均采用（10 年期政策性金融债券利率 - 1 年期政策性金融债券利率）作为利差标的进行探讨。

从理论上来看，长、短利差之间的关系可以表达远期利率的变化，很多理论教材也曾拆解过远期利率的内涵，但是由于过于理论化，事实上在实际操作中可参考性并非很强。在长期的实践中，有两个角度来解释利差曲线的变化。

一、利差曲线变化的传统性认识

对于利差曲线变化的传统性认识，一者是从经济基本面周期来理解，另一者是从货币政策周期来理解。

从经济基本面周期来看，当基本面环境趋弱，收益率曲线往往呈现平坦化，利差曲线走低；反之，当经济基本面走强，收益率曲线往往呈现陡峭化，利差曲线走高。

从货币政策周期角度理解，降息周期展开后，收益率曲线增陡，利差曲线走高；反之，当处于加息周期中，收益率曲线变平，利差曲线走低。

这两种角度的理解都是正确的，但是也存在一些问题。例如，一般意义上，基本面环境趋弱多对应的是降息周期，这样就有矛盾产生了：基本面环境似乎对应曲线变平，但是降息周期环境似乎对应曲线增陡，那么这个双因素叠加过程中，利差曲线究竟应该选择如何变化呢？同样，基本面环境走强多对应的是加息周期，前者似乎对应曲线增陡，后者又似乎对应曲线变平，双因素叠加过程中，利率曲线又该如何变化？

除去上述因素叠加的困惑外，具体到中国实践而言，还存在一个需要探讨的问题，就是如何定义加息或减息周期。众所周知，中国的利率体系依然存在着官方管制型利率和市场利率的分割（虽然在利率市场化过程中，这一分割正在被弥合），习惯上所称呼的加息周期或减息周期一般而言是针对基准存贷款利率的变化而言的，这与美国市场完全不同，美国市场的政策基准利率和货币市场利率具有高度重叠性。

对于中国市场而言，极有可能出现这样一种情况，当基准法定存贷款利率被调整后，货币市场利率完全可以不随之变化；也有可能出现这样一种情况，当货币市场利率变化时，基准法定存贷款利率完全不变化。而美国的政策基准利率是联邦基金利率，其变化幅度与变化方向是与货币市场基准利率（隔夜 Libor）高度重叠相关的。

对于加减息基准利率的选择，中国正在变得更加市场化。伴随利率市场化的完成，基准法定存贷款利率正在趋于消失，取而代之的政策基准利率应该来自于中央银行的公开市场操作利率。当公开市场操作利率发生变化时，将同时、同幅度的影响货币市场基准利率（目前来看，主要是针对货币市场7天回购利率），通过货币市场基准利率的变化进而传导到货币市场利率曲线以及债券市场收益率曲线。

以往中国的利率传导调整过程如下：

“基准法定存贷款利率→公开市场操作利率→货币市场基准利率→货币市场收益率曲线→债券收益率曲线”。

在第一、二步骤间有可能发生断裂。而目前乃至未来，利率传导调整过程则如下：

“公开市场操作利率→货币市场基准利率→货币市场收益率曲线→债券收益率曲线”。基准法定存贷款利率有可能消失了。

其中值得关注的是公开市场操作利率的定义。长期以来公开市场操作利率都是货币市场利率曲线以及债券市场收益率曲线的重要之“锚”。该政策基准利率先后被1年期中央银行票据发行利率、公开市场7天、14天、28天等正（逆）回购利率所充当过。根据笔者推测，未来非常有可能是以公开市场7天正（逆）回购利率作为最重要的“锚”。

二、加减息周期的变化对于利差曲线的变化是最重要的影响因素

在利差曲线的决定因素中，笔者第一位强调的是政策基准利率的变化周期。虽然前面提到过加减息周期、经济基本面周期都会对利差曲线的上下（收益率曲线的平陡）产生影响，但是不得不说的是加减息周期（即政策基准利率的变化）是第一影响因素。

以美国市场变化为例，读者可以参考图 3－2－1 所示的内容。

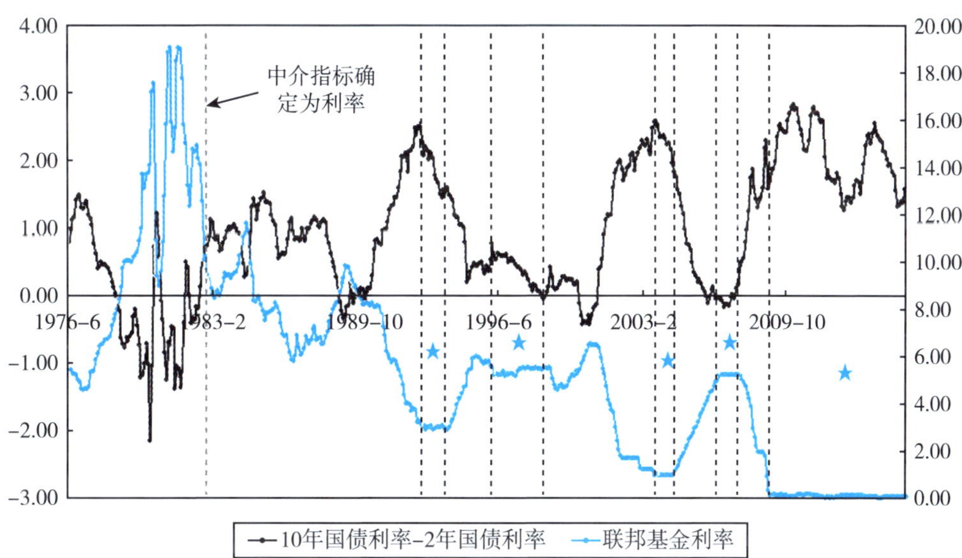

图 3－2－1 联邦基金利率与美国国债利差（10 年国债利率－2 年国债利率）曲线的关系

资料来源：WIND BLOOMBERG。

大致在 20 世纪 80 年代初期，美联储的货币政策中介目标从数量型切换到价格型，正式以利率作为货币政策的中介目标。在以往以货币供应量作为中介目标时期，货币政策的操作重点是“重（数）量不重价（格）”，这形成了短期利率波动性很大。80 年代初期，美联储的货币政策中介目标设定为利率，则联邦基准利率的波动性明显降低，也更加具有趋势方向性。

观察 80 年代以来的联邦基金利率（政策基准利率）与美国国债利差曲线的变化，可以发现如下特征：

加息周期（联邦基金利率上行）中，利差曲线一般是下行的，代表了收益率曲线越发平坦，即“加息变平”；减息周期（联邦基准利率下行）中，利差曲线一般是上行的，代表了收益率曲线越发陡峭，即“减息增陡”。

这种“加息变平、减息增陡”的特征在周期变化中是非常明显，而且在大部分时期是显著的。因此可以说，加减息周期是决定利差曲线上下的第一重要因素。

三、政策基准利率平稳时期，经济基本面因素才成为利差曲线变化的主导

在上述示意图中，可以清晰地看出，在政策基准利率（联邦基金利率）变化过程中，利差曲线随之变化，但是也有一些时期，政策基准利率处于阶段性的平稳时期（联邦基准利率持平），这个时候利差曲线也会出现上下变化，这个时期的变化与加减息周期无关，而是受到经济基本面因素所主导的。

例如，图3－2－1中的“★”所标注的时期，联邦基金利率都处于安静平稳时期，没有指示出方向变化，但是利差曲线则出现上或下的不同变化，这种方向不同的变化则是与当时的经济基本面变化相关。

读者可以进一步参考图3－2－2中所示的内容，“★”所标注的时期均表示联邦基准利率平稳时期，可以观察在此时期内美国名义GDP的变化。

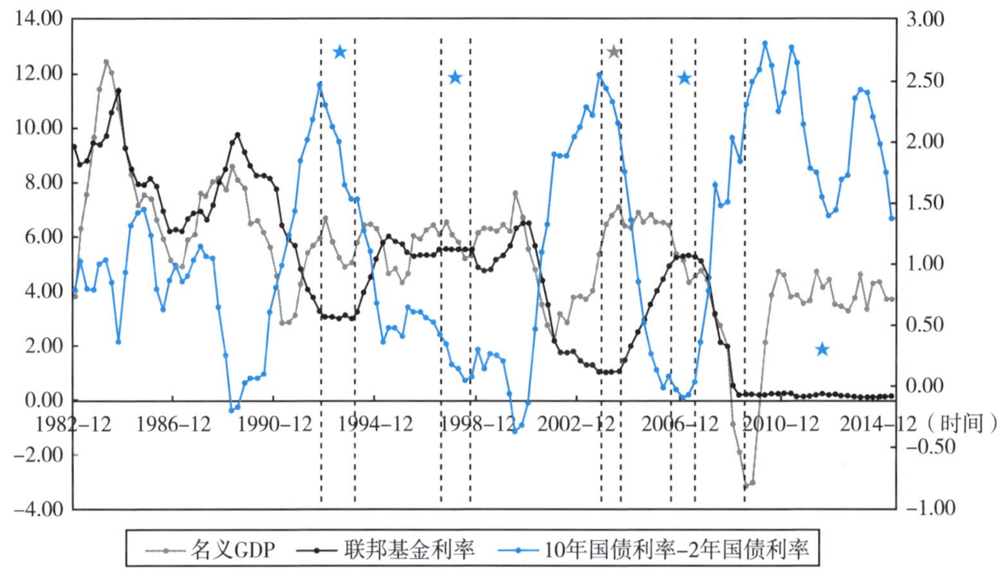

图3－2－2 联邦基金利率、美国经济名义增长率与美国国债利差（10年国债利率－2年国债利率）曲线的关系

资料来源：WIND BLOOMBERG。

可以显著地发现以下特征：

在政策基准利率（联邦基金利率）维持稳定时期，名义GDP下行，则利差曲线下行，即收益率曲线变平；

在政策基准利率（联邦基金利率）维持稳定时期，名义GDP上行，则利差曲线上行，即收益率曲线增陡。

可以说，在消除了政策基准利率的影响后（政策基准利率事实上会非常显著的作

用影响在短期利率中)，经济基本面状况则成为决定利差曲线的关键性因素。名义增速下行，经济基本面预期黯淡，收益率曲线变平；名义增速上行，经济基本面预期回暖，收益率曲线增陡。

而且，读者也可以观察发现，无论利率的绝对水平如何出现趋势变化（甚至出现中枢上移或下移），但是利差曲线基本是维持箱体震荡，表现出一种“上有顶、下有底”的形态。

通过对美国市场的观察，笔者试探得出了如下一个基本的结论认识，而且这个结论和传统的认识是相吻合的，即：

利差曲线的上下（对应于收益率曲线的平陡）是会受到政策基准利率的变化影响（即加减息周期)，也会受到经济基本面状况的影响。其中前者是最主要的影响，表现为“加息变平、减息增陡”。只有在政策基准利率平稳时期，经济基本面因素才会对利差曲线产生影响，表现为“基本面弱化时变平、基本面强化时增陡”。

这里非常需要注意的是，加减息的主体是针对政策基准利率而言的。这种政策基准利率在美国表现为联邦基金利率，由于联邦基金利率与美国的货币市场基准利率(隔夜 Libor）具有高度吻合性，所以不会产生出歧义。但是在中国市场中，加减息的定义以及标的可能与货币市场基准利率（例如货币市场 7 天回购利率）并不那么相关，这点尤其要注意。

第二节 中国利差曲线的历史考察

在上节的最后结论部分，笔者特别强调了不同国家的不同加减息定义有可能不同。由于美国加减息的主要调整标的是联邦基金利率，其又与货币市场基准利率（隔夜 Libor）高度吻合，因此不会产生任何歧义。但是针对中国市场而言，则有可能混淆，因为中国以往的政策基准利率变化未必代表了货币市场基准利率的变化。

中国利率市场化没有展开、完成之前，政策基准利率是法定存贷款利率，但是会发生这样的情况：“此降（加）息非彼降（加）息”。即法定存贷款利率的上调或下调，未必一定对应着货币市场基准利率（如货币市场 7 天回购利率）的同步、同幅度变化。

在中国展开利率市场化进程并最终完全放开了存贷款利率的浮动后，原有的政策基准利率内涵应该发生了本质变化，预计会从法定存贷款利率切换到公开市场操作利率。虽然这一进程还没有最终落地成型，但是笔者预期这一定是未来的趋势。由于公开市场操作利率与货币市场基准利率之间具有高度相关吻合性，因此这个时候的加(减）息周期的概率开始和美国市场相比拟了。

从历史考察角度来看，笔者采用与货币市场基准利率最相关的官方指导利率变化来定义加减息周期。根据历史变革来看，1 年期中央银行票据发行利率、公开市场操作利率都先后充当过“政策基准利率”的角色，在很大程度上，这两者都可类比于联邦基金（目标）利率。如表3－2－1所示。

表3－2－1　中美货币政策基准利率一览

项目	美国	中国	
		以前	目前
政策基准利率	联邦基金目标利率	1年期中央银行票据发行利率	尚未明确
市场基准利率	LIBOR	1年期利率或货币市场利率	货币市场利率（7D）

资料来源：BLOOMBERG 中国人民银行。

上述示意表中的问号部分是代表未来的中国政策基准利率，笔者认为理应是公开市场操作利率。

如果将1年期中央银行票据发行利率、公开市场操作利率当成真正意义上的政策基准利率，其牵引货币市场利率曲线或债券收益率曲线，则2002年以来，政策基准利率的切换顺序依次是“公开市场操作利率——1年期中央银行票据发行利率——公开市场操作利率”。其中在2006～2009年时期，1年期中央银行票据发行利率的政策指引效应很强。

笔者将2002年以来中国的货币市场基准利率（7天回购利率）和利差曲线比较对应，则大致呈现如图3－2－3所示。

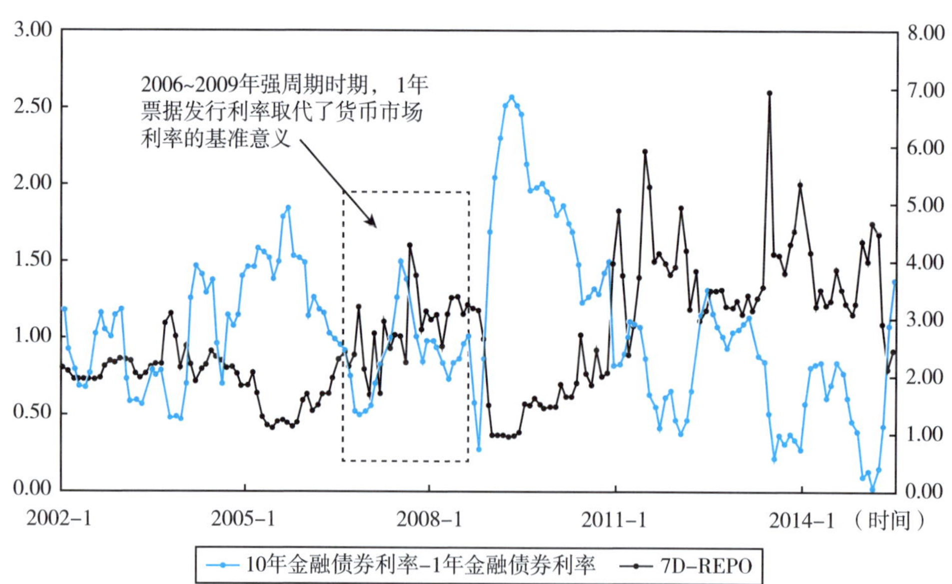

图3－2－3　银行间7天回购利率与利差（10年金融债券利率－1年金融债券利率）曲线的关系

资料来源：WIND　中央国债登记结算有限公司。

这里蕴含着一个基本假设，即公开市场操作利率同步引导了货币市场基准利率的变化。但是由于以往公开市场操作利率数据并不连续可得，所以笔者可以将具有连续数据序列的货币市场基准利率当作政策基准利率来看待，因此可以比较货币市场基准利率与利差曲线的相关性。只有在 2006 ~ 2009 年时期，中央银行票据发行利率取代了公开市场正（逆）回购操作利率的地位，直接影响了短期债券利率的定位，因此在那个时期中，货币市场基准利率与利差曲线的关系出现了混乱，如图 3 - 2 - 3 中的虚线框部分内容所显示。

如果不考虑 2006 ~ 2009 年时期，读者可以发现，中国的货币市场基准利率（7 天回购利率）与利差曲线通常呈现出“加息变平、减息增陡”的特征，即中国的利差曲线也是第一位的会受到政策基准利率（或货币市场基准利率）的影响，这与美国经验是一致的。

那么中国利差曲线是否也会受到经济基本面的影响呢？这个问题在中国市场的考察难度要远比美国市场大。因为中国历史上的货币市场基准利率是时时波动的，很难找到一段平稳时期，让投资者去观察经济基本面因素对利差曲线的影响。

2002 ~ 2015 年时期，笔者只观察到三个时期，货币市场基准利率阶段性稳定，可以借此时期观察经济基本面因素对于利差曲线的影响，如图 3 - 2 - 4 所示。

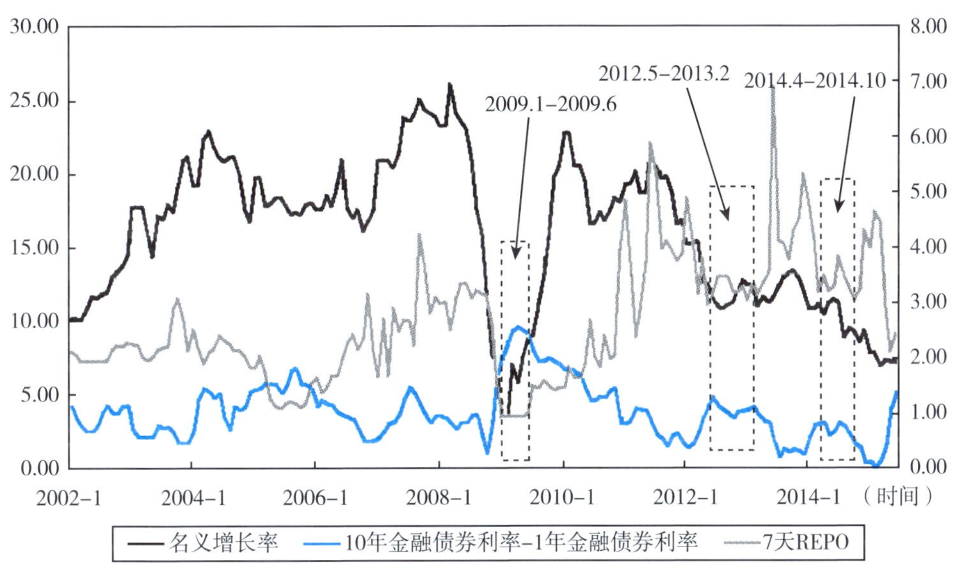

图 3 - 2 - 4　中国债券市场利差（10 年金融债券利率 - 1 年金融债券利率）曲线、货币市场基准利率与名义增长率之间的关系

资料来源：WIND　中央国债登记结算有限公司。

这三个历史时期分别是：

（1）2009 年 1 月至 2009 年 9 月：该时期中 7 天回购利率始终稳定，伴随当期中国名义增长率（采用工业增加值同比增速加上 CPI 同比增速衡量）的回升，利差曲线上行，收益率曲线增陡，符合经济基本面对于利差曲线的影响原则。

（2）2012 年 5 月至 2013 年 2 月：该时期中 7 天同购利率也基本稳定，伴随当期中国名义增长率的先下后上，利差曲线也先抑后扬，收益率曲线先平后陡，虽然幅度有限，但是依然符合经济基本面对于利差曲线的影响原则。

（3）2014年4月至2014年10月：该时期中7天回购利率基本稳定，伴随当期中国名义增长率的下行，利差曲线也出现下行，收益率曲线变得更加平坦，也符合经济基本面对于利差曲线的影响原则。

从有限的三个时期来看，如果货币市场利率保持稳定（从反证的角度来看，即意味着政策基准利率保持稳定），那么名义增长率因素的变化则可以影响利差曲线的上下、收益率曲线的平陡。

从以往的历史来看，中国的货币市场利率波动率很大，因此很难确认一段平稳时期去仔细观察经济基本面因素对于利差曲线的影响，但是这种局面正在发生变化。

2015年以来，伴随利率市场化进程进入尾声，中国货币当局对于货币市场基准利率的控制正变的越发精准，7天回购利率的波动率被显著降低。当公开市场操作利率不发生变化时，货币市场7天回购利率非常稳定的平行运行，这种局面是从2015年以来显现的非常明显。

可以预期，中国的政策基准利率对于货币市场的影响控制力正在加强，这种局面延续下去，就可以更好地体现出加减息周期、经济基本面变化对于利差曲线的影响效应。

在进行了这种考察比较后，读者可以发现中、美两国利差曲线的内在运行逻辑是一致的。都会出现“加息变平、减息增陡”，也都会出现“基本面弱化时变平、基本面强化时增陡”的特征，而且前者是最重要的，后者则是政策基准利率稳定时期的主导因素。

唯一需要区分的是中国政策基准利率的标的选择具有隐蔽性，并不能简单地用法定存贷款基准利率来表达加减息周期，进而通过这个标的物的变化来考察利差曲线的变化。

第三节　利差变化幅度的考察

前两节内容，笔者只是从利差变化方向上进行了考察说明，而对判断长期利率变化幅度这个目标而言，必须要进一步确定利差的大小幅度。

在介绍美国市场的利差曲线时，笔者曾提及一个现象，即便从长周期来看，美国的收益率曲线的长短利差更多的都是呈现箱体震荡提振，显现的“上有顶、下有底”。

那么为什么会出现箱体震荡的特征，而不是呈现出中枢移动的变化呢？笔者曾产生过一种朴素的猜测：由于经济增长率与利差曲线具有一定的关系，而货币政策周期从长期内来看，是相互抵消而总体中性的，那么是否有一种可能出现，即一个经济体如果伴随着名义增长率的趋势性上行或下降，是否其利差曲线中枢也会出现上行或降低呢？

为此，笔者考察了若干经济体长期以来的名义增速和期限利差之间的关系，比如美国、英国、德国和日本。

从数据变化观察来看，虽然这些经济体在长周期运行中确实出现了名义 GDP 的增速在趋势性降低，但是其利差曲线的中枢却没有发生很显著的变化，依然大体维持箱体区间震荡的特征。仅举一例，英国利差曲线与名义增长率的长周期变化关系如图 3－2－5 所示。

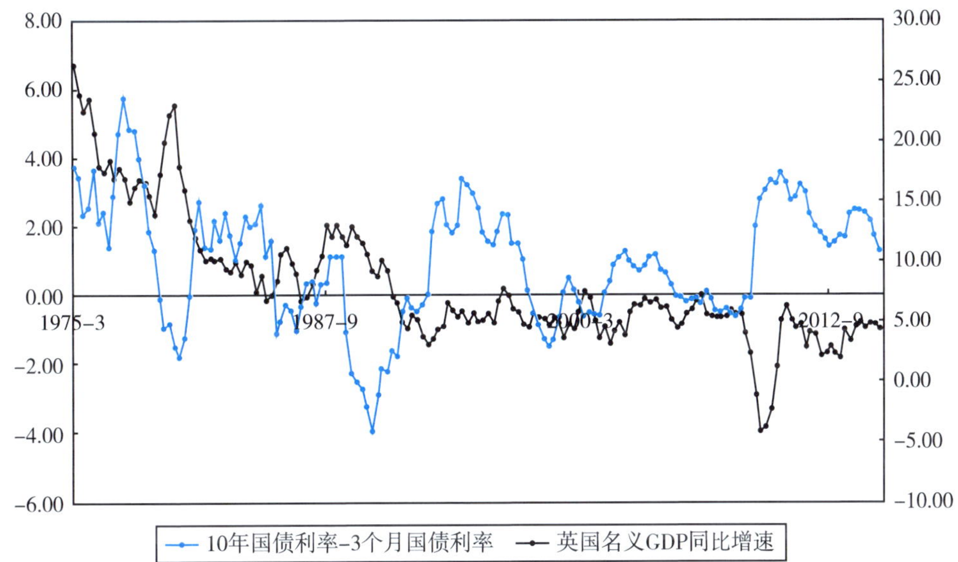

图 3－2－5 英国国债利差（10 年国债利率－3 个月国债利率）曲线与英国名义 GDP 长周期的关系

资料来源：WIND BLOOMBERG。

从 20 世纪 70 年代以来，英国的名义 GDP 增速出现了趋势性的下行态势，呈现重心趋降特征，但是英国国债市场的利差曲线（以 10 年期国债利率－3 个月国债利率衡量）却基本呈现区间震荡形态，没有同步呈现出中枢下移的变化。

从其他国家的考察情况来看，也没有证据显示利差的中枢与名义经济增长率的中枢呈现出同步变化的规律。

细思之下，利差大小与名义增长率的这种非同步性变化在逻辑上也是合理的，因为当经济体的名义增长速度的下行过程（其对于利差曲线具有向下牵引作用）往往与货币政策的放松过程（其对于利差曲线具有向上牵引作用）是同步发生的，一上一下两种牵引力量会相互抵消，往往对于利差曲线中枢作用是中性的。从逻辑意义上看，只有货币政策严重滞后于经济基本面变化事，才有可能出现利差曲线的趋势性下行。

此外，对于利差曲线中枢的影响因素从技术层面上看，还有一个就是短期利率的波动率变化。理论上看，长期利率是在一定程度上内涵了短期利率在未来的变化预期，当短期利率的波动率很大时期，长期利率势必要对这种未来的不确定性进行补偿，因此会导致收益率曲线陡峭化，而当短期利率的波动性趋于收敛，这种不确定性补偿降低，收益率曲线则会趋于更加平坦。

短期利率波动性的变化对于货币政策中介目标转型的经济体而言，具有重要的作用。以中国市场为例，以往中国货币政策的中介目标是货币供应量，为了完成对于"数量"因素的控制，势必要牺牲"价格"因素的稳定性，因此长期疑虑中国短期利率波动率很大，这从货币市场基准利率——7天回购利率的波动变化可见一斑。

2012年以来中国进行了利率市场化改革，逐渐地放松了对于法定存贷款利率的控制，并开始重视货币市场基准利率的引导。特别是进入2015年以来，中央银行通过控制货币市场开盘利率、维护公开市场操作利率的权威性等手段将货币市场利率的稳定性牢牢控制。从此开始中国货币市场基准利率（以7天回购利率的加权平均水平为例）出现了波动率逐渐降低态势，与以往的局面出现了很显著的差异。

当货币市场基准利率波动率收敛后，同属流动性管理产品的短期债券（以1年期政策性金融债券为例）利率也出现了波动率收敛的局面。当短期利率稳定性增强、波动率降低后，则长期利率对于其未来的不确定性补偿相应降低，理论上应该出现收益率曲线变平，利差曲线中枢下行的特征。虽然这种局面产生的时期还并不长，无法准确确定历史平均中枢的下行幅度，但是从逻辑意义上看，这种情况是应该合理发生的。

因此可以说，当经济体的货币政策中介目标从数量型切换成价格型后，短期利率的稳定性都会相应增加，利差曲线中枢面临下行的可能，收益率曲线可能会更加平坦化。

下面，笔者考察了若干有历史数据可查的国家的长周期利差水平变化，并将其利差曲线的历史平均值汇总在表3－2－2中，供投资者参考。

表3－2－2　　各主要经济体国债利差水平一览

国家	（10年国债利率－1年国债利率）利差平均水平（BP）	统计起点	（10年国债利率－2年国债利率）利差平均水平（BP）	统计起点
美国	128	1976年以来	96	1976年以来
英国	95（注：此为10年国债利率－3个月国债利率）	1975年以来	74	1992年以来
日本			103	1986年以来
德国			90	1973年以来
韩国	91	2001年以来		
印度			65	2001年以来
巴西	110	2007年以来		
俄罗斯	233	2004年以来		

资料来源：BLOOMBERG。

以美国为例，1976 年以来，美国的利差曲线平均值为 96 个基点。在前述利差曲线呈现箱体区间震荡的假设条件下，各个时期的利差水平都会存在由偏离均值向回归均值的变化过程。这个变化过程对投资者是有参考意义的，要么可以借助于此采用利差交易操作模式（Spread Trading），要么可以借助于此对于长期利率进行定位预测。

读者同样可以观察中国债券市场中的利差曲线变化，如下所述。笔者选取两个重要的、具有参考意义的利差曲线，其一是采用（10 年国债利率 –1 年期政策性金融债券利率）表达；其二是采用（10 年政策性金融债券利率 –1 年期政策性金融债券利率）表达。无论采用哪种，都遵循着如下一些原则：

（1）无论是 10 年期国债、10 年期政策性金融债还是 1 年期政策性金融债券都是流通便利性最好的品种；

（2）参考的历史周期笔者倾向于选择 2012 年以来。因为如本书前部分内容所述，中国经济的大周期大致以 2011 年为一个大折点，发生了逆转，前期是大周期向上，后者则是大周期向下。虽然在前面论述中，笔者也认为经济周期并不影响利差曲线的中枢变化，但是从本书所覆盖的范围来看，笔者还是采用 2012 年以来的历史数据进行比较观察；

（3）在运用（10 年期国债利率 –1 年期政策性金融债券利率）作为利差比较时，需要考虑企业所得税税率的变迁。由于 2008 年 1 月 1 日开始，中国企业所得税税率从 33% 下调到 25%，因此在采用国债与金融债券比较利差时，从税率一贯性角度出发，要保证考察时期的税率相同，否则会产生比较基准错位的现象。

在上述条件下，笔者选择 2012 ~ 2015 年时期的利差曲线进行观察，形成如下一些基本结论。

一、以（10 年期政策性金融债券利率 –1 年期政策性金融债券利率）作为利差曲线考察

2012 年以来，该利差曲线基本呈现箱体震荡特征，如图 3 –2 –6 所示。

2012 ~ 2015 年时期中，该利差曲线最高约 160 基点，最低 –14 基点，考察周期内的平均水平为 75 基点。

事实上的利差曲线分析由三条基准利率构成：货币市场基准利率（7 天回购利率）、1 年期政策性金融债券利率和 10 年期政策性金融债券利率。

由于 1 年期以内（含）的品种同属于流动性管理工具，相关性较为稳定。即假定 1 年期政策性金融债券与 7 天回购的利差关系较为稳定，大致在 20 ~ 30 基点之间，当 7 天回购利率出现趋势性上行或下行时，1 年期品种利率基本保持同步、同幅度的变化。

在上述条件下，就会出现以下几种变化情况：

（1）当货币政策引导公开市场操作利率下行（减息周期），则导致货币市场基准

图3-2-6 中国利差曲线（10年金融债券利率-1年金融债券利率）的变化

资料来源：WIND。

利率（7天回购利率）出现同幅度回落，1年期政策性金融债券利率也会同幅度变化，但是与7天回购利率保持20～30基点的利差。在这个过程中，利差曲线走高（减息周期增陡），10年期政策性金融债券利率会出现回落，但是回落幅度弱于货币市场基准利率以及1年期政策性金融债券利率的降幅。

（2）当货币政策引导公开市场操作利率上行（加息周期），则导致货币市场基准利率（7天回购利率）出现同幅度上行，1年期政策性金融债券利率也会出现同幅度、同方向变化，但是与之保持20～30基点的利差。在此过程中，利差曲线走低（加息周变平），10年期政策性金融债券利率会出现回升，但是回升幅度也弱于货币市场基准利率以及1年期政策性金融债券利率的升幅。

（3）当公开市场利率稳定，货币市场基准利率（7天回购利率）也保持稳定，1年期政策性金融债券利率也会保持相对稳定，但是与之保持20～30基点的利差。

在此过程中，长期利率的变化则是利差曲线变化的主导部分。当经济基本面预期偏强时期，长期利率会出现上行，导致利差曲线上行，并超越历史平均值水平，但是长期利率一般会形成“上行有顶”的局面，即利差曲线的历史顶部作为长期利率上行的参考界限。

反之，当经济基本面预期偏弱时期，长期利率会出现下行，导致利差曲线下行，并跌破历史平均值水平，但是长期利率一般也会形成“下行有底”的局面，即利差曲线的历史底部作为长期利率下行的参考界限。

在上述三种情形中，（1）、（2）部分无法对长期利率定位做出大致估计，因为这要取决于政策基准利率会下行或上行到何种位置（一般对此问题的估计建议采用泰勒规则的思路）。但是第（3）种情况则对于投资交易具有重要参考，特别是对交易

行为。

即在货币政策稳定时期，经济基本面的变化会主导利差曲线变化，而长期利率又是主要波动对象，会形成“上有顶、下有底”的变化，如何去寻找那个“顶”或“底”则可参考利差的均值水平以及最高、最低水平去判断。

二、以（10年期国债利率–1年期政策性金融债券利率）作为利差曲线考察

同样的观察流程，以该利差曲线衡量，2012～2015年以来利差曲线的变化见图3–2–7。

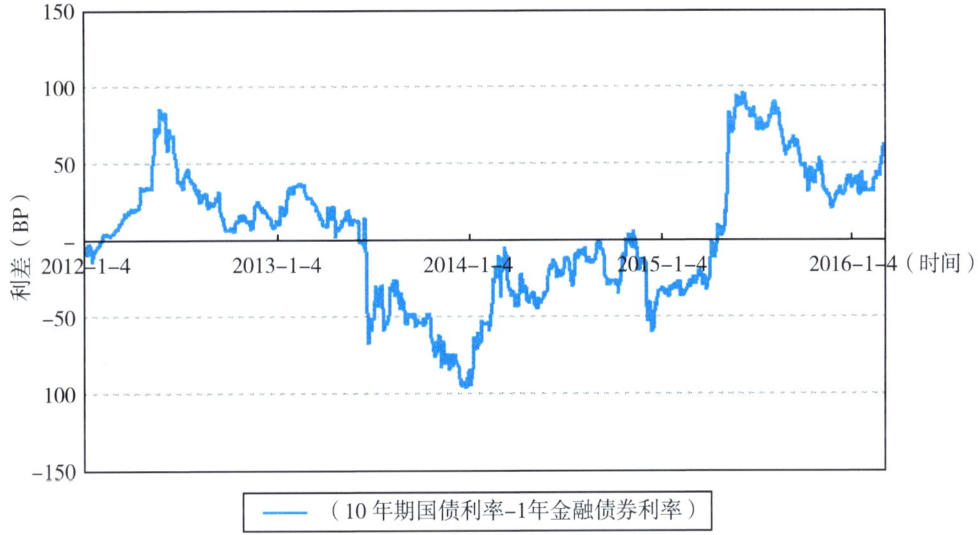

图3–2–7 中国利差曲线（10年期国债利率–1年金融债券利率）的变化

资料来源：WIND。

2012～2015年时期中，该利差曲线最高约95BP，最低–94BP，考察周期内的平均水平约5BP。

事实上的利差曲线分析由三条基准利率构成：货币市场基准利率（7天回购利率）、1年期政策性金融债券利率和10年期国债利率。

由于1年期以内（含）的品种同属于流动性管理工具，相关性较为稳定。即假定1年期政策性金融债券与7天回购的利差关系较为稳定，大致在20～30基点之间，当7天回购利率出现趋势性上行或下行时，1年期品种利率基本保持同步、同幅度的变化。

其后的变化过程和前面的描述一致，区别只在于利差曲线的均值、最高点以及最低点发生了变化。

第四节 利差分布变化论的实际运用框架构建

一、利差分布范围经验参考数据

在上一节的比较观察中，以2012～2015年为考察周期，笔者针对（10年期政策性金融债券利率-1年期政策性金融债券利率）、（10年期国债利率-1年期政策性金融债券利率）这两条利差曲线进行了变化幅度的定位。以前者为范例形成了以下利差分布结论。

即：在货币政策保持稳定的时期（意味着公开市场操作利率、货币市场基准利率以及1年期政策性金融债券利率均处于稳定状态），长期利率会受到经济基本面预期的变化影响呈现起伏波动，但是上有顶、下有底，其上、下行运动的幅度受到利差曲线的历史平均值、历史高点、历史低点的制约，大致参考范围如图3-2-8所示。

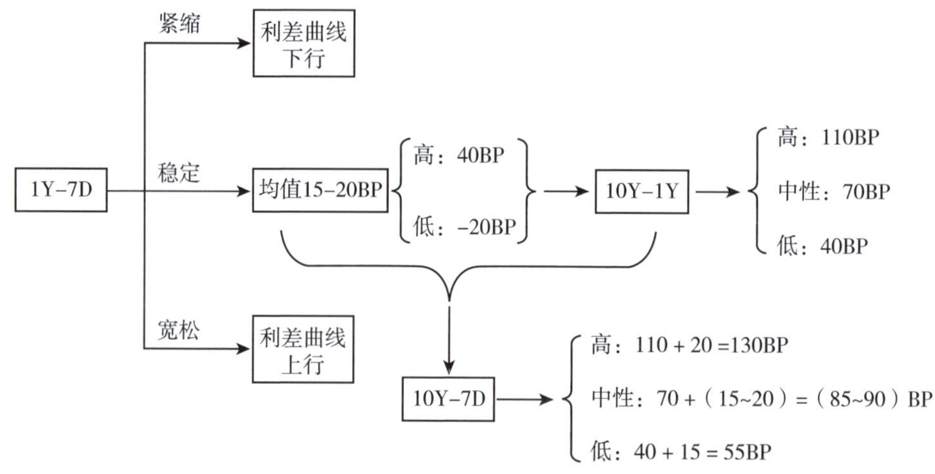

图3-2-8 中国利差曲线（10年期国家开发银行政策性金融债券利率、1年金融债券利率、7天回购利率之间）的变化利差分布

总体来看，在收益率曲线变化中，有三个点的位置是非常重要的，分别是货币市场7天回购利率（7D）、1年期政策性金融债券利率（1Y）和10年期政策性金融债券利率（10Y）。

之所以选择货币市场7天回购利率是由于其和货币政策基准利率（公开市场操作利率）具有密切关联性，相关性类似于美元隔夜Libor利率和联邦基准利率之间的关系。

观察2012～2015年以来的市场变化（之所以选择这段历史时期，是由于从2012年开始，中国宏观经济基本面进入到一个趋势性下行的过程中，已经不同于前十年大的经济上行周期），笔者总结出如图3-2-8所示的利差定位关系。

（一）（1Y－7D）利差同样遵循利差变化关系规律，但是稳定性更强

1 年期政策性金融债券与 7 天回购品种都属于短期货币市场工具范畴，但是两者之间同样存在利差的相对变化。

当面临加息时（公开市场操作利率上行，带动货币市场 7 天回购利率上行），两者利差曲线下行，收益率曲线变平；当面临减息时（公开市场操作利率下行，带动货币市场 7 天回购利率下行），两者利差曲线上行，收益率曲线增陡。

但是当货币政策处于平稳时期（公开市场操作利率稳定，货币市场 7 天回购利率也同样稳定），（1Y－7D）的利差平均保持在 15～20 基点。当然这一利差水平并非时刻稳定，也存在一定的波动范围，波动区间的顶部在 40BP，波动区间的底部在－20 基点。但是只要货币政策保持稳定，货币市场利率保持稳定，（1Y－7D）这一利差的波动范围具有非常强的均值回归性，因此 15～20 基点是一个非常稳定可靠的参考值。如图 3－2－9 所示。

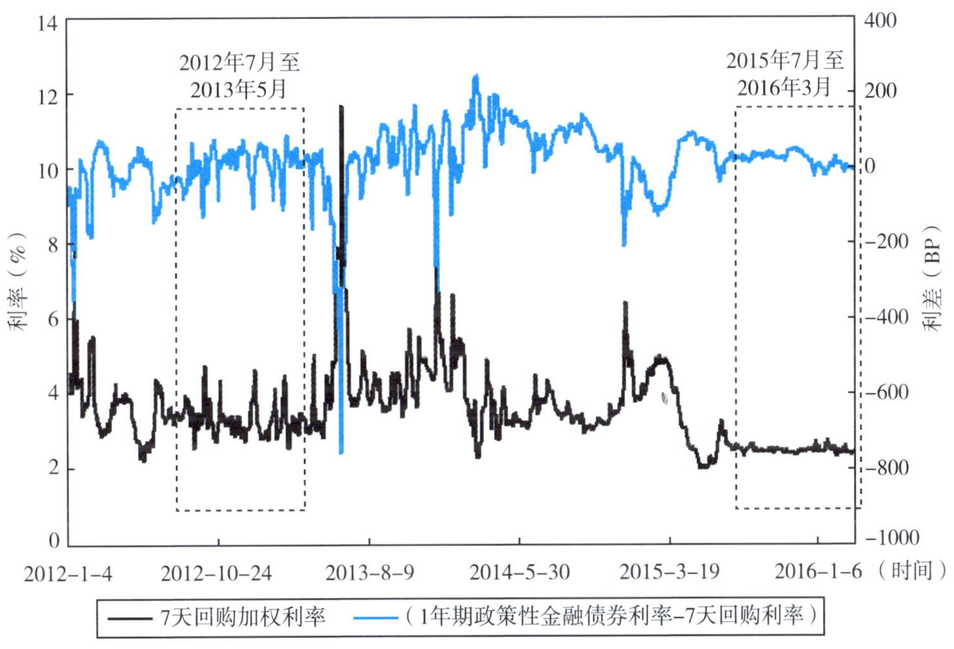

图 3－2－9 短期品种利差曲线（1 年期政策性金融债券利率－7 天回购利率）的变化

资料来源：WIND 中央国债登记结算有限公司。

如图 3－2－9 所显示，货币市场 7 天回购利率与（1 年期政策性金融债券利率－7 天回购利率）利差的变化，和前述的规律是一致的，但是不可否认的是历时上我国货币市场利率的波动性很大，这对于衡量（1Y－7D）利差变化带来了不小的困难。相对而言，两个时期中的货币市场利率较为稳定，一者是 2012 年 7 月至 2013 年 5 月时期，另一者是 2015 年 7 月至 2016 年一季度时期。

以此两个时期为重点考察时期，可以发现（1Y－7D）利差的波动范围在（－20

基点，40 基点），中性水平在 15～20 基点。

（二）（10Y－1Y）利差可以反映市场对于经济基本面的预期判断

相比于（1Y－7D）利差主要反映流动性预期的变化，（10Y－1Y）利差在货币政策稳定、货币政策基准利率平稳时期，主要反映的是市场投资者对于经济基本面的预期判断。

在货币政策稳定时（公开市场操作利率保持稳定、进而货币市场利率保持稳定），（10Y－1Y）的波动范围大致分布在（40 基点，110 基点）之间，中性水平在 70 基点。

在货币市场利率稳定的前提下，不同的利差水平代表着市场对于经济基本面的不同预期。当（10Y－1Y）处于 110 基点附近时，代表着投资者对于当前经济基本面的预期极为乐观；当（10Y－1Y）处于 40 基点附近时，代表着投资者对于当前经济基本面的预期极为悲观；而当（10Y－1Y）处于 70 基点附近时，代表着市场投资者对于当前经济基本面的预期相对中性、平稳。

上述 40 基点、70 基点以及 110 基点的数据都是来自于对 2012 年以来市场变化的经验观察，读者可作参考。

需要注意的是，投资者对于经济基本面的预期判断在后期存在着不确定性，其只代表着当前经济基本面的现状，而不代表未来的趋势。当未来的变化一旦不符合于前期的预期水平时，收益率曲线的平陡程度将自动进行调整，即便在货币政策不变化的前提下，长期利率也会通过自身的上下运行来调整收益率曲线的平陡，以反映客观的经济基本面情况。

假如投资者假定货币政策稳定，且（1Y－7D）利差也保持稳定（15～20 基点的历史平均水平），则可以直接建立起长期利率与货币市场利率的利差关系，即：（10Y－7D）利差波动范围在（55 基点，130 基点），平均中性水平在 85～90 基点。这样可以直接忽略掉 1 年期政策性金融债券品种可能存在的波动性，直接定位判断 10 年期利率的变化定位。

二、长期利率变化定位思考流程示意图

在考察了利差曲线的变化范围后，将“三因素供需分析框架”定方向和“利差分布变化论”判别长期利率的变化幅度结合在一起，笔者构建了如下一个投资、交易分析历程图，如图 3－2－10 所示。

其具体流程如下：

（1）根据“三因素供需分析框架”判定利率变化的方向。可以根据经济增长、通货膨胀以及债务杠杆水平三因素判断利率的大方向运行状况，进而可以大致判断出货币政策的取向。

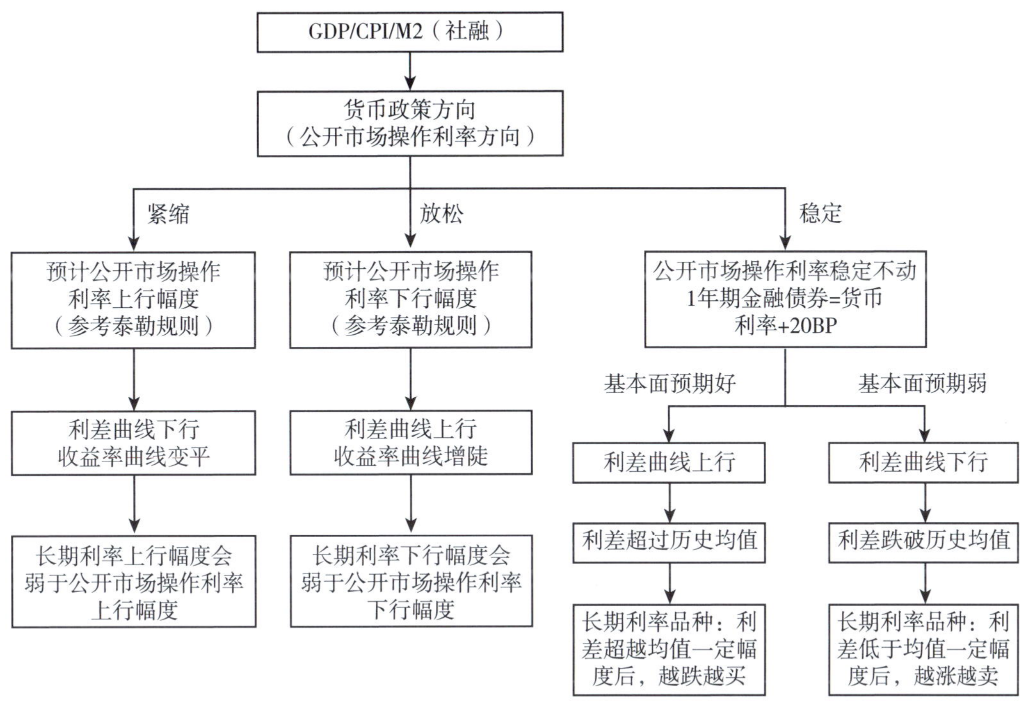

图3－2－10　长期利率变化方向与变化幅度分析流程

一般而言，紧缩的货币政策形态会对应于中央银行通过公开市场操作将货币市场利率引导上行，具体引导上行的幅度大体是参考泰勒规则模式确定，主要是参考通货膨胀率的变化幅度。在此情况下，收益率曲线变平，利差曲线下行，且长期利率上行的幅度会小于货币市场利率上行的幅度。

宽松的货币政策形态会对应于中央银行通过公开市场操作将货币市场利率引导下行，具体引导下行的幅度大体也是参考泰勒规则模式来确定，主要是参考通货膨胀率的变化幅度。在此情况下，收益率曲线增陡，利差曲线上行，且长期利率下行的幅度会小于货币市场利率下行的幅度。

（2）最为困惑的情况是政策稳定时期。在货币政策保持稳定状态下，中央银行的公开市场操作也处于平稳时期，短期货币市场利率保持稳定，但是长期利率会自身根据市场经济基本面预期而自发运动，并形成利差曲线的变化，但是这一运动是有“顶”有“底”的。

在货币政策处于稳定的假设前提下，当（10Y－1Y）利差超越历史中性水平（70基点）并越走越高后，投资者对于长期债券应该采取“越跌越买”的交易策略；在货币政策处于稳定的假设下，当（10Y－1Y）利差跌破历史中性水平（70基点）并越走越低后，投资者对于长期债券应该采取“越涨越卖”的交易策略。

三、两个经典案例解析

事实上，在货币政策存在显著的方向性变化时期，债券的投资与交易行为并不难。较为困惑的是当货币政策没有发出显著的方向信号，处于平稳时期，短期利率此时则处于平稳状况，而长期利率的波动才是投资交易者最关注的内容。

笔者采用上述分析模式分析了2012~2015年期间的两个典型案例，供读者参考。

（一）2012年一季度时期：利差曲线“陡而再陡”

回顾2012年开年，货币政策处于相对稳定时期，2011年底的货币政策放松在进入2012年后归于平静时期，这意味着短期收益率保持稳定。

但是2012年开年以来，各类先行性经济增长指标表现出些许回暖的态势，例如采购经理人指数（PMI）、一些工业品价格等，鉴于此，市场投资者对于经济企稳的预期在不断增强，长期利率出现了上行态势，并带动整体收益率曲线增陡，利差曲线走高，如图3-2-11所示。

图3-2-11　2012~2015年利差曲线变化的经典案例

资料来源：WIND　中央国债登记结算有限公司。

2012年1~3月份期间，整体呈现出货币政策保持稳定（短期利率稳定）、经济企稳预期有所增强（利差曲线扩大）的局面中。以政策性金融债券为例，（10Y-1Y）利差在3月份中竟然达到了罕见的110~120基点水平。事实上，这一利差水平已经将经济稳定回升的预期反映得非常透彻了，即便在当时找不到证伪经济复苏的证据，但是投资者只要坚信货币政策不会收紧（即公开市场操作利率不会上行）的前提，针对长期债券采取越跌越买的策略是完全合理的。

果不其然，随后的4月份经济数据发生了突发断崖式的下行，经济增长稳定的预期被粉碎，同时中央银行还采取了降息的政策，这虽然引导了利率曲线进一步走高，但是这已经是“牛市增陡”的形态了，而不是前期“熊市增陡”的形态。

（二）2014年6~7月份时期：利差曲线“先陡后平”

另一个较为经典的案例发生在2014年中期，读者不妨回顾2014年中期“金融底（顶）—利率底（顶）—经济底（顶）”的情形，大致可以划分为两个阶段。

2014年6月份的各类经济增长数据意外地出现了回暖，带动了收益率曲线增陡上行，（10Y-1Y）利差曲线一度回升到90基点以上水平，超越了历史中性水平（70基点）。

但是2014年7月份的金融数据却出人意料地呈现出大幅下跌的态势，长期利率再度出现了回落，带动利差曲线出现回落，并最终将利差收缩到了50基点附近。

总体来看，该时期货币政策没有发生变化，市场对于经济基本面的预期驱动了长期利率主动变化，带动了收益率曲线变平或变陡。

但是这种变化也告诉投资者，当利差曲线显著低于或高于历时中性水平时，在货币政策稳定的假设前提下，投资者需要深入思考长期债券所面临的风险或机遇。

在本篇内容中，笔者主要目的在于判别未来（长期）利率变化的方向以及判别（长期）利率在某一方向上的变化幅度。采用的方式是利用“三因素供需分析框架”来判别方向、利用“利差分布变化”来判别（长期）利率在某一方向上所可能出现的变化幅度。

从笔者自身的认识来看，对三个关键性示意图的理解是最重要的，分别为：图3-1-1、图3-2-8以及图3-2-10。

第四篇

政策面因素解析及“货币+信用”组合的债市分析框架

无论在研究分析中如何强调经济基本面的重要性，但是笔者也不得不无奈地承认，在现实市场波动中，政策面因素总是吸引着众多投资交易者的眼球。投资交易者对于政策面因素的关注度总是那么热烈，因此在本篇内容中笔者将从政策面角度进行梳理总结，希望给读者以有价值的帮助信息。

从政策面探讨的层次顺序来看，特别是在 2011 年之后的时期中，具体的货币政策以及财政政策都属于子因素，居于最高层面的政策面因素主要是稳增长与调结构之间的切换。

2011 年之前，中国宏观经济增长始终居于高速，往往容易出现的局面是经济过热和通货膨胀，因此 2011 年之间的政策方向切换主要体现为“紧缩”和“停止紧缩”的区别。但是 2011 年后，中国经济虽然也曾出现过通货膨胀现象，但是整体经济增长速度处于持续回落趋势中，政策方向的切换就在“稳增长”与“不稳增长”之间变化了。

特别是从 2011 ~ 2012 年开始，中国经济政策组合提出并贯彻了调整经济结构的目标，在短周期内，“稳增长”与“调结构”之间具有相左的作用，因此中国的宏观政策就开始在“稳增长”与“调结构”之间进行相机抉择了。

在本篇内容中，笔者首先就宏观政策取向中的稳增长与调结构政策切换进行论述，特别是关注于对债券市场影响较大、市场投资者较为忌惮的稳增长政策进行回顾梳理。

其次笔者回归到具体的货币政策层面中，着重于论述货币松紧与信用松紧的关系对于债券市场的影响。这种组合分析框架对于债券市场投资交易而言，是非常重要的一种模式，其和第三篇的经济基本面分析框架相互印证结合，非常值得读者密切关注。

第一章

道不尽的“稳增长”

从经验来看，债券市场投资者对于稳增长一词具有“天生”的恐惧感。这主要是由于长期以来对于我国政府调控能力的信任，市场相信一旦开启稳增长的闸门，那么随之而来的是稳增长见效。稳增长最得力、最直接的工具手段就是扩张投资，增加融资需求，这最终会带来利率的上行压力。因此从严格意义上来看，债券市场投资者怕的并非是“稳增长”，真正恐惧的则是“稳增长见效”。

历史上2011年之前，只有一次令投资者印象深刻的稳增长，即面临2008年全球金融危机，中国政府推出的“四万亿元”稳增长措施。

“扩大投资出手要快，出拳要重，措施要准，工作要实”① 一直在债券投资者心中烙下深刻印记，这轮稳增长措施是以宽松货币政策开路，以积极财政政策发力，最终形成了经济增长的V型回升，也导致了债券市场投资者在享受了短期的“蜜月行情”后，煎熬了2009年的熊市行情。

此外，从稳增长信号的起源来看，可以大致划分为两类。第一类是始发于官方信号，一般是以国务院常务会议、政治局会议内容发布为始发时点，市场感受到政府层面的信息进而酝酿发酵了对稳增长的担忧；第二类是自发酝酿产生于市场投资者的自我感受，通过草根信息、媒体信息以及实际中的经济数据冷暖变化，进而揣测出当前政策风向重点在于稳增长。一般而言，第二类信号的准确度并不高，甚至带有一些自我强化的意味在其中。

如笔者前述，2011年之前的稳增长措施并不多见。但是2011~2015年时期，稳增长信号层出不穷，特别是2014~2015年时期，市场投资者在“稳增长信号发出—心态波动—检验经济数据—稳增长效果证伪”的路径上艰难前行。

笔者梳理了2011~2015年时期共计九次稳增长信号的发出，这些信号

① 2008年11月底，温家宝在国务院常务会议上要求，“扩大投资出手要快，出拳要重，措施要准，工作要实”。

多数是来自官方印证，也有一些是来自市场投资者的自我感受与感知。本部分内容主要考察“稳增长信号”以及“稳增长实效”的关系，并对于同期的市场变化与波动进行回顾整理。

一、2011年11月份，货币政策转向为标志的稳增长信号开启

2011年整体宏观经济特征是“滞涨”，在全年的绝大多数时间中，无论是财政政策还是货币政策都采取了偏于紧缩的态势，特别是货币政策更是如此。

通货膨胀的“魅影”在进入四季度后逐渐散去，而从三季度以来，中国的经济增长速度也出现了下行，如从2011年三季度以来，经济增长的代表性指标—工业增加值环比增速（经过季节调整后）① 从以前1.05%的平台快速回落到了0.8%的平台中，因此从2011年11月份开始中国启动了一轮稳增长措施。

从信号起源来看，始发于2011年11月份的稳增长似乎没有找到官方印证的信息，该信号的开启发生是以货币政策的突然转向为代表。2011年11月8日开始，1年期中央银行票据发行利率出现了连续下调，而11月30日更是启动了长达一年货币政策紧缩以来的首次降准操作。货币政策的转向宣布了稳增长信号的开启。

但是客观来说，本次所定义的稳增长信号并非传统意义上的概念，因为2011年11月份开始的系列措施更多的是集中在货币政策由紧缩态势转向宽松，并没有配套传统认识中的投资项目推出以及财政政策发力。从事后回顾来看，其更多是在通货膨胀率回落趋势已成的背景下，对于前期过于紧缩的货币政策的一种纠偏动作。

而且从2011年11月份之后的三个月时间内看（一般都倾向于稳增长措施在随后三个月会发挥实效），无论从广义货币供应量指标、财政支出收入比指标、财政支出同比增速指标看，还是从实体经济增长指标（规模以上工业增加值增速）来看，各类指标都没有显现出企稳回升的态势，因此可以说2011年11月份以货币政策转向为信号的稳增长措施事实上并不是一个一揽子配置措施，在后期并没有见到显著的实际效果。

由于本次稳增长信号率先以货币政策宽松开路，而且在随后的时间中并没有见到实体经济复苏、融资需求回升的迹象，因此对于债券市场更多起到的是利多支撑作用。

二、2012年5月23日，温家宝总理召开国务院常务会议，部署一揽子稳增长措施

面对2012年4月份经济增长速度突发断崖式下行，2012年5月23日时任总理

① 对于工业增加值的环比季调方法笔者采用PBC—X12—ARIMA模型进行调整。

温家宝召开国务院常务会议，系统部署了一揽子稳增长措施。这次稳增长信号起源是来自于官方政府印证，具有承接2011年11月份货币政策转向的政策征兆，但是远比当时更为系统、全面，同时还伴有投资刺激的市场传言出现。

本次稳增长信号发出后，同样是以宽松货币政策开路。中央银行分别于2012年6月7日、2012年7月5日在短短不到一个月时间内两次降息。在随后的三个月时间内，虽然没有看到实体经济指标—工业增加值出现有力回升，但是广义货币供应量、财政支出收入比指标以及财政支出同比增速都出现了有力回升。因此可以说，始自5月23日的稳增长信号在随后的三个月（5~8月）时间中显现了实际效果。

本次稳增长信号发出自5月23日，率先也是以宽松货币政策开路，且在随后的时间中见到了实体经济复苏、融资需求回升的迹象，因此债券市场仅仅“享受”了5月23日至7月5日短时期内的宽松货币政策利多效应，随后就出现了利率上行的熊市格局。

三、2013年7月22日，国务院总理李克强先后主持召开部分省区经济形势座谈会和经济形势专家企业负责人座谈会，对当前经济形势进行研究和分析

在这两次会议上，针对如何平衡“稳增长”和“调结构”的问题，李克强表示，当经济运行保持在合理区间时，主推调结构、促改革；当经济运行逼近下限时，要以稳增长、控风险为主，同时兼顾调结构、促改革。

当时的现实情况则是，经历了2013年6月份“钱荒”冲击后，中国经济增速在二季度回落到了7.5%水平，这是当年GDP增速目标的下限水平。因此结合“当经济运行逼近下限时，要以稳增长、控风险为主，同时兼顾调结构、促改革”的表述，可以推断出政府的政策方向重点转移到“稳增长”线条之上。

本次稳增长信号发出后，并没有以宽松货币政策开路，而且市场刚刚经历了“620”钱荒冲击，货币政策始终处于偏紧态势中，因此市场没有观察到显性的稳增长政策措施（以往显性的稳增长政策措施都是以货币政策开路，因为货币政策具有全局性、信号性特征）。

但是在随后的三个月（7~9月）时间中，却显著地看到了诸多经济指标的改善。例如实体经济活动指标—工业增加值增速出现了回升、广义货币供应量指标出现了连续改善、8~10月份财政支出同比增速连续上行。应该说，虽然没有货币政策信号开路，但是始发于2013年7月22日的稳增长政策在随后的三个月时间中依然见到了实际效果。

也正是由于本次稳增长措施缺乏了宽松货币政策信号开路，但是却又见到了实际效果，因此债券市场利率甚至都没有享受到传统意义上的“短暂蜜月时期”，就呈现出利率一路上行的熊市变化了。

四、2014年3月27日，国务院总理李克强主持召开部分省市经济形势座谈会，强调“促改革调结构惠民生，使经济发展行稳致远”

在本次会议上，李克强总理指出，金融与实体经济相辅相成，有了经济的健康发展，金融才能稳定运行。要继续加大金融支持实体经济力度，通过综合运用多种货币政策工具、深化金融体制改革、发展多层次资本市场等措施，降低企业融资成本，支持中小微企业发展和就业创业，让金融更好地为经济社会发展和民生改善服务。

此外在4月2日，国务院会议还出台了媒体所报道的“小规模刺激措施”①，这说明本次稳增长信号发出后，配套了一些措施。

在稳增长信号发出后，债券市场曾一度承受压力，但是4月16日国务院宣布适当降低县域农商行存准率措施落地。这说明本次稳增长信号在3月中下旬发出后，依然还是以宽松货币政策作为了开路措施。除去宽松货币政策措施外，合理猜测，稳增长系列措施中还配套了其他的工具手段。

在随后的三个月（4～6月）时间中，不仅看到了实体经济数据—工业增加值出现了企稳回升（特别是6月），还看到了4～6月的财政支出收入比指标维持高位、财政支出同比增速一路走高以及广义货币供应量指标也出现了企稳回升态势。

应该说3月中下旬稳增长信号发布，4月中旬率先以宽松货币政策作为开路，配套以其他政策措施，在随后的4～6月份时期中确实看到了实际效果。

债券市场依然是首先享受了4月16日定向降准、宽松货币政策所带来的“蜜月时期”（该蜜月时期一直持续到了5月底到6月上旬），进入6月中旬后，伴随实体数据出现回升、稳增长见到实效（2014年7～8月时期，宏观经济增长企稳预期增强，这一预期的强化也是起源于6月份信贷改善，且地产销售回升因素的出现），利率也一度出现了显著上行。

五、2015年1月初，市场自发臆测的稳增长

2015年开年之初，并没有官方信息印证，但是市场投资者自发臆测政府可能正在进行稳增长措施。

该臆测的起源是来自于2015年1月6日的REUTERS（路透）通讯社的一个报道：“消息人士周二（1月6日）透露称，中国国务院2014年底已批准总投资额逾10万亿元人民币的七大类基础设施项目，其中今年投资超过7万亿元”。

---

① 2014年4月2日，据中国政府网消息，国务院总理李克强4月2日主持召开国务院常务会议，研究扩大小微企业所得税优惠政策实施范围，部署进一步发挥开发性金融对棚户区改造的支持作用，确定深化铁路投融资体制改革、加快铁路建设的政策措施，讨论通过《中华人民共和国航道法（草案）》。这被媒体报道成为“小规模刺激”。

上述信息引发了市场投资者对于政府利用大规模投资来稳定经济增长的猜测，但是由于该猜测始终停留于市场传言层面，没有得到官方证实，因此没有引发市场的波动，从事后来看，该信息也不了了之了。

本次始发自市场层面的稳增长猜测在信号阶段就被证伪，而不是类似于后面几次在效果层面方被证伪。

六、2015 年 4 月 30 日，中共中央政治局召开会议分析研究当前经济形势和经济工作。市场的稳增长预期油然而生，并贯穿了 5 月份

本次政治局会议的召开背景是 2015 年一季度 GDP 增速已经处于 7% 水平（2015 年年度 GDP 计划目标就是 7%），即在一定意义上意味着当前的经济增速是年内的底线，并且这只是开年的经济增速，后期依然存在下行压力。

本次会议公告通稿中传递强烈稳增长的描述语言是：“高度重视应对经济下行压力，加快改革开放步伐，保持稳增长、促改革、调结构、惠民生、防风险综合平衡，调动各方积极性，狠抓工作落实，促进经济持续健康发展和社会大局稳定”。“高度重视应对经济下行压力”成为各个媒体报道中的常用词句，也向市场投资者传递了较为清晰的稳增长信号。

4 月 30 日政治局稳增长信号发出后，首先依然是以宽松货币政策开路。5 月 10 日中央银行宣布降息，但是客观而言，这次降息很难被轻易定位于稳增长信号的开路政策，因为宽松的货币政策格局从 2015 年初以来就持续着。在 5 月 10 日降息之前，中央银行分别于 2 月 4 日降准、2 月 28 日降息、4 月 19 日再度降准，因此在一定意义上，5 月 10 日的降息政策也可以视为是前期系列政策的延续。

从稳增长实际效果来看，4～6 月三个月实体经济增长数据（工业增加值）确实出现了连续回升，广义货币供应量增速从 4 月份的 10.1% 回升到了 7 月份的 13.3%，财政支出收入比率和财政支出同比增速也出现了回升。应该说 4 月 30 日稳增长信号发出后，在随后的 5～7 月份时期中，还是观察到了经济企稳的迹象在出现，以工业增加值增速变化来衡量，主要集中在 5～6 月份，7 月份突然出现了再度回落。

4 月 30 日稳增长信号发出后，直至 5～6 月份实体经济增长数据改善。对于这一因素，债券市场利率的反映相关性并不紧密，5～6 月份中，债券市场总体在经受着地方债券发行置换的恐慌冲击，利率虽然处于上行轨道，但是从微观市场感受来看，却似乎和当时的稳增长见效关联度有限相关。

七、2015 年 7 月 30 日，中共中央政治局召开会议，分析研究当前经济形势和经济工作

事实上，本次政治局会议公告通稿中对未来经济政策的描述和 4 月 30 日会议中

的几乎一致，没有传递更多的增量信息，同样也是“高度重视应对经济下行压力，高度重视防范和化解系统性风险，大力推进改革开放，保持稳增长、促改革、调结构、惠民生、防风险综合平衡，保持经济运行在合理区间，促进经济持续健康发展和社会大局稳定”的语言描述。

根据上述语言信息似乎很难进一步强化市场中的稳增长预期，但是无独有偶的是，在7月31日，REUTERS（路透）通讯社报道以下一则消息：

“路透香港/上海7月31日－中国为阻止经济下行压力，将启动新一轮投资计划。据三位消息人士周五透露，中国将推出逾万亿元的长期专项金融债发行计划以支持基础建设，中国农业发展银行等开发性金融机构为是次长期专项金融债的发行主体。消息人士并透露，此次专项金融债的期限有望超过10年。为推动此债券的发行，中国央行、财政部等将给予优惠政策支持。“这次发债所募集资金以启动各大城市的基础建设为主，还会包括扶贫项目。”消息人士称。对于此次专项金融债，农发行消息人士表示，详细的发债计划、配套政策还在讨论中，最快一批有望在一个月左右发出，总规模要分几年发完。”

这则消息配合以政治局会议召开，在一定程度上强化了市场中的稳增长预期，但是客观分析，这次政治局会议是否传递了真正意义的稳增长信号，还是市场自我预期强化而导致的稳增长信号，非常值得商榷。

从随后的政策信号来看，虽然8月25日确实出现了中央银行降准降息的双降操作，但是很难直接联系于7月30日的政治局会议。而从稳增长的实际效果来看，广义货币供应量增速和财政支出收入比、财政支出同比增速出现了改善回升，但是最重要的实体经济增长指标工业增加值却始终没有出现起色，甚至从7～8月份的6%水平一路回落到10月份的5.6%水平。

因此从实际效果来看，即便7月30日政治局会议传递出了稳增长信号，但是随后的三个月时间中却没有产生出稳增长的实际效果，总体来看，这是一次“似乎没有见效”的稳增长。

八、2015年10月中旬到11月份初时期，市场自发产生的稳增长预期

2015年10月中下旬至11月初时期，从政府官方角度没有任何关于稳增长的信号被传递出来，但是伴随着专项金融债券的发行、财新PMI的稳定反弹以及9月份社会融资总量以及信贷数据的向好因素出现，整体市场投资者似乎对于经济企稳的预期提高了很多，市场预期政府正在“默默地”进行稳增长的操作。

但是这次稳增长预期纯属市场的自我预期和臆测，而且也没有对应出现实体经济增长数据（工业增加值）的持续向好，很快就被市场所遗忘了。

九、2016年2月份，国务院常务会议传递稳增长信号

2016年2月15日国务院召开常务会议，会议上李克强总理表达了以下一些看法：“当前国际市场持续低迷，给我国经济带来很大压力，这是客观因素；但另一方面，各地方、各部门也要从主观上寻找原因。现实工作中还存在不少项目批了、钱拨了，却迟迟开不了工等问题，今后需要进一步加大抓落实和督查力度。”

“国经济仍有巨大的潜力：我们有这么高的储蓄率，这么大的回旋空间，一旦经济真的出现滑出合理区间的苗头，该出手时我们会果断出手。”李克强斩钉截铁地说，“今年全球经济形势异常复杂，所以我们要更加主动作为，‘抡起金箍棒’应对挑战！”

随后伴随着1月份“天量”信贷投放、地产销售、投资回暖等因素出现，市场投资者对于政府正在稳增长的预期再度浓重化，甚至出现了政府正在采用“走老路”的模式进行需求端大刺激的看法。

简单的梳理了2011～2015年的八次稳增长状况，笔者将其进一步整理系统化，分别按照以下线条来进行划分梳理：

（1）稳增长信号是什么？其出现的背景是什么？是来自于政府官方印证还是市场的自我预期感受？

（2）稳增长信号发出后，是否观察到实质性的政策措施落地？

（3）稳增长信号发出后，是否产生了稳增长实际效果？考核效果的指标主要看两个中间指标（广义货币供应量或信贷状况、财政支出力度变化）和一个最终检验指标（规模以上工业增加值同比增速）。

（4）稳增长信号发出后，市场利率的变化节奏和变化方向是什么？

根据上述考核要点，笔者分别按照“稳增长信号成型时间点、稳增长信号出现的背景、本次稳增长信号的属性、可被观察到的具体政策措施、衡量稳增长实效的中间指标变化（货币指标、财政指标）、衡量稳增长实效的最终指标（工业增加值变化）、稳增长实效评估、对利率市场的影响”这八个子项目来考察2011～2015年期间的8次“稳增长”情况，形成附表。

请读者关注书末的附表一：2011～2015年期间的8次“稳增长”情况以及影响一览。

从这8次事件的考察结果来看，笔者得出以下结论：

（1）稳增长信号出台的背景一般都是以GDP逼近年度内计划底线为触发因素，从时间点来看，多以季末季初的政治局会议或国务院常务会议为推出点。

（2）稳增长事件有的是具有官方信号印记的，有的则是市场投资者臆测而生。具有官方信号意义的稳增长基本对经济基本面多会产生实效，而且这种实效是同步产生的，很少出现时滞，而市场臆测的稳增长则其后多被证伪。

（3）稳增长信号发出后，一般都会配套相应的政策措施，但是只有货币政策具有明显显示性，其他配套政策不显性。多数稳增长政策都是以宽松货币政策开路的，只有2013年7月份时期例外。

（4）稳增长政策产生实际成效的时期基本上是3～4个月（含信号发出月份），其后，经济增长则再度呈现衰减迹象。

（5）稳增长是否产生实效的评估标准是以实体经济数据改善为依据，主要参考指标是工业增加值的增速变化。

（6）利率针对稳增长事件的变化主要取决于是否是真正意义上的稳增长，被证伪的、无稳增长实际效果的、市场臆测的则对债券市场无影响。面对真正意义上的稳增长措施，由于多以宽松货币政策开路，在此时期，利率多选择下行，但是伴随实体经济基本面改善（稳增长措施产生实效），则利率开始回升，直至稳增长效果消失，经济增长再度衰减出现。

上述6点可供读者参考，但是需要指出的一个实践运用中的难点是：如何从官方公告稿中读出真正稳增长的意图。例如在上述8个例子中，2015年7月30日政治局会议公告中，是否是主要强调稳增长意图是值得商榷的。

对于这个信号的解读判断工作是一个非常重要的内容，也是难点，一般本着两个基本原则来处理：一是本次会议精神与上次相比是新内容；二是仔细观察会议后各大媒体所引用的主题，一般这个主题揭示会议的主体内容。

如果采用更有规律且非常权威的信息，投资者不妨关注中共中央政治局会议（关于经济分析议题的会议）。从目前的规律来看，每年的4月、7月、12月份中共中央政治局会议都会召开分析研究当前的经济形势。笔者罗列了2011年以来历次中共中央关于经济形势的分析会议公告内容以及当时的宏观经济背景。

请参考书末的附表二：2011年以来历次中共中央政治局关于经济形势研究会议的相关内容及其对比总结。

从解读各次公告内容来看，其实投资者的目标只有一个，即分辨出未来一段时期内政府经济工作的侧重点在哪里，基本而言有三个选择项目：防通胀、稳增长、调结构。特别是进入2012年以来，经济工作的侧重点基本在“稳增长”与“调结构”之间进行切换。

2011年至2016年一季度，中共中央政治局专题研讨经济形势合计有13次会议，从笔者观察理解来看，除去第一次（2011年初）主要目标是针对“防通胀”，其余12次会议的焦点基本在“稳增长”和“调结构”之间进行切换。

从笔者对于历次公告稿的观察来看，如果当前经济增长速度逼近年度计划底线，同时在未来政策目标部分出现“保持经济运行在合理区间”、“高度重视应对经济下行压力”等语句，则可以合理猜测未来经济工作的重点在于“稳增长”；如果在未来政策目标部分强调“调整经济结构”、“促进改革”等语句，则可以合理猜测未来经济工作的重点在于“调结构”。

第二章

“货币＋信用”组合的债券市场分析框架

在第一章内容中，主要考察了政策第一层面的因素，即稳增长效应。在本部分内容中，主要想探讨市场中经常热议的货币与信用的松紧问题，并在此基础上，笔者试探构建一个比肩于第三篇《“三因素供需分析框架”和“利差分布变化论”》的债券市场分析框架—“货币＋信用”组合的债券市场分析框架。

一、“货币＋信用”：目标的松紧和现实的松紧

在针对货币政策的分析中，经常在市场分析报告中看到这样的政策描述组合：宽货币＋紧信用；紧货币＋宽信用等。

而各种组合对于债券市场而言，也会有不同的影响，例如，认为“宽货币＋紧信用”的政策组合模式利多于债券市场，“紧货币＋宽信用”的组合模式利空于债券市场等。

曾经笔者也认为上述模式是存在的，甚至在《投资交易笔记——2002～2010年中国债券市场研究回眸》中对于这种分析模式还涉及过，但是仔细反复思量，这种分析框架可能是存在诸多问题，需要进一步被明晰化。

首先，货币表达负债，信用表达资产。从资产负债表平衡概念来说，货币与信用应该是一个硬币的两个面，不应该存在货币与信用的不平衡性。

其次，需要区分清楚的是“政策的目标”和“所导致的现实”两个概念。针对宏观经济基本面的变化，货币政策的推出目标只有松紧两个选择，但是这种松紧的目标对于货币或信用并无分别。

从推动经济复苏角度来看，宽松的货币政策目标一定是希望导致宽信用的结局，事实上宽信用只是政策推出后实际可能导致的一个结果，而如果出现了宽信用的结果，那么必然也对应了宽货币的出现，因为货币是由信用创

设出来的。

反之，从抑制通货膨胀的角度出发，偏紧的货币政策目标一定是希望出现紧缩的信用格局，事实上紧信用局面只是政策推出后实际可能导致的一个结果。而如果出现了紧信用的结果，那么必然也对应了紧货币的出现，同样因为货币是由信用创设出来的。

笔者猜测，之所以会出现文中起初的分析框架是因为人为地将左右平衡的货币与信用勾稽表割裂开了，认为一者的变化并不影响另一者。

从笔者目前自身的理解来看，货币政策的目标或初衷只有两种情况：松（宽货币＋宽信用）、紧（紧货币＋紧信用），不存在矛盾的货币和信用组合。这种目标或初衷的后期实施效果也只存在两种组合：松（宽货币＋宽信用）、紧（紧货币＋紧信用）。

问题在于政策的初衷或目标未必能达到预期中的实际效果，因此目标和实效之间是存在错配的，由于中央银行货币当局主要目标是以调控货币，而信用宽紧的实际效果是依赖于市场自发形成，因此就有了货币上的目标松紧和信用上的实际松紧的不同搭配模式，即“货币目标上的松紧＋信用实效上的松紧”组合。

例如，当经济处于下行背景下，货币当局的目标是货币宽松（自然也希望于信用宽松），但是能否实现是依赖于社会杠杆主体和商业银行行为特征的。一般情况下，货币宽松的政策目标会实现信用宽松的实际效应，即成为“宽货币（目标）＋宽信用（实效）”的组合模式。但是由于信用派生状况的实现要依赖于社会杠杆主体和商业银行的行为，在一些时期，也未必能产生宽信用实效，反而会出现信用始终无法扩张的可能，这时候整体社会依然表现为紧信用格局（货币的实效结果自然也是紧缩的），则成为“宽货币（目标）＋紧信用（实效）”的组合模式。

反之，当经济处于过热背景下，货币当局的目标是货币紧缩（自然也希望于信用紧缩），如果社会杠杆主体和商业银行行为配合，一般情况下，货币紧缩的政策目标会实现信用紧缩的实际效应，即成为“紧货币（目标）＋紧信用（实效）”的组合模式。但是如果其并不配合，则信用扩张将始终无法控制，整体社会依然表现为宽信用格局（货币的实效结果自然也是宽松的），则成为“紧货币（目标）＋宽信用（实效）”的组合模式。

从上述分析可以看出，人们所提及的货币松紧与信用松紧的组合事实上是政策目标和实现效果的组合，而并非是双目标组合模式。

二、如何定义“货币”目标的松紧

历年来中央银行都会对当年的货币政策目标属性进行描述定位。例如在2016年两会期间，3月12日中央银行行长周小川等就金融与改革问题的记者招待会上，周行长针对货币政策的目标属性曾进行过以下描述：

“从货币政策来讲，大家都关心这个问题，我们还是实行稳健的货币政策，但要注意货币政策的灵活适度，要保持流动性的合理充裕。有数量界定和语言界定，语言是模糊数学的概念，就是从模糊的表达来讲，货币政策总共分五个段，一个叫宽松的货币政策，一个叫适度宽松的货币政策，中间是叫稳健的货币政策，再就是适度从紧的货币政策，还有从紧的货币政策。常规上我们分五个段来表达，历史上也都有，比如通货膨胀比较厉害时就会施行适度从紧或者从紧的货币政策。

每个语言的几个词表达是一个区间，区间是有一定范围的，现在比较注重强调经济有下行的压力，面临的困难和挑战比较多，所以在稳健的货币政策中，国务院的文件正式说法强调灵活适度，我在上海记者招待会上也说了，稳健的货币政策略偏宽松，针对当前的表述，也是符合从2015年后半年到现在的实际状况。同时我们也强调，货币政策历来是需要动态调整的，是需要根据经济形势的研究判断，根据情况实时地、动态地进行调整，所以这也就是适度的含义。”

从定性角度来看，货币政策的五种状态都出现过，但是从市场应用来看，却很难用官方的语言来定位当前货币政策目标的状态，特别是在面临政策目标拐点时期。

在现实运用中，笔者倾向于利用货币政策工具信号来划分货币政策目标的松紧变迁，而且为了更直观有效的描述目标状态的切换，笔者不采用中性或稳健的说法，只定义为松和紧两种状态，更关注政策目标“由松到紧”和“由紧到松”的切换。

货币政策工具主要包括了三个内容：法定存贷款利率、法定准备金率以及公开市场操作。从实际效果来看，往往公开市场操作信息最先发出货币政策目标切换的信号，但是这里的公开市场操作信息并非指规模或量的信息，而是指公开市场操作中的价格信息。

结合具体时点上货币政策工具的变化，例如加减息、公开市场利率变化或升降准等，笔者将2002~2015年时期中的货币政策目标切换变化进行了划分，划分为8个分界点，分别如下：

（1）2003年6月份是一个货币政策意图目标的拐折时期，标志性事件是1年期中央银行票据重启发行，宣告了货币政策目标由松转紧。

（2）2004年11月份是一个货币政策意图目标的拐折时期，标志性事件是1年期中央银行票据发行利率被牵引下行，宣告了货币政策目标由紧转松。

（3）2006年3~4月份是一个货币政策意图目标的拐折时期，标志性事件也是1年期中央银行票据发行利率转折上行，宣告了货币政策目标由松转紧。

（4）2008年9月份是一个货币政策意图目标的转折时期，标志性事件是中央银行宣布了“双率齐降”政策，即贷款利率下调、法定存款准备金率下调，宣告了货币政策目标由紧转松。

（5）2009年7月份是一个货币政策意图目标的转折时期，标志性事件是央行重新启动了1年期中央银行票据发行，并引导发行利率上行，宣告了货币政策目标由松转紧。

（6）2011年11月份是一个货币政策意图目标的转折时期，标志性事件是1年期中央银行票据发行利率下调，并降准，宣告了货币政策目标由紧转松。

（7）2012年7月份是一个货币政策意图目标的转折时期，标志性事件是公开市场逆回购利率被上调，宣告了货币政策目标由松转紧。

（8）2014年4月份是一个货币政策意图目标的转折时期，标志性事件是国务院会议宣布适当降低县域农商行存准率，宣告了货币政策目标由紧转松，并一直延续下去。

通过政策工具的变化（主要是公开市场价格变化信息、准备金率变化以及存贷款利率变化）笔者将2002年以来的货币政策意图目标变化划分为8个分界点，共计划分为9个时期区域，在每个区域时期中，货币政策的目标都是“宽货币”或“紧货币”。如表4－2－1所示。

表4－2－1　　2012～2015年期间货币政策目标松紧阶段划分

序号	时　　期	货币政策目标
1	2002－1至2003－6	宽货币
2	2003－6至2004－11	紧货币
3	2004－11至2006－4	宽货币
4	2006－4至2008－9	紧货币
5	2008－9至2009－7	宽货币
6	2009－7至2011－11	紧货币
7	2011－11至2012－7	宽货币
8	2012－7至2014－4	紧货币
9	2014－4至今	宽货币

资料来源：WIND中国人民银行。

三、如何定义“信用”现实的松紧

如前所述，信用和货币本为一个硬币的两个方面，即信用的派生变化理论上是同步反映在货币供应量的变化上。无论目标是松是紧，但是现实中信用的变化有自身的规律，未必一定和政策目标相吻合，也即意味着货币供应量的变化是有自身规律运行的。

如果假设信用的变化和广义货币供应量的变化同步发生，那么完全可以用广义货币供应量同比增速的方向性变化来衡量现实中信用的松或紧。

上述假设在多数情况下是有效的，但是也存在信用变化和货币供应量变化的背离时期，较为经典的两个时期分别是2005年的1~5月份时期和2015年的8~12月份时期。

2005年，信用派生的主要代表品种是信贷，2005年上半年虽然广义货币供应量M2增速开始出现一路上行，但是信贷增速却在下行过程中，因此单纯用M2变化的方向定义，可定义为宽信用时期，但是应该更关注信贷增速的变化，事实上该时期为紧信用时期。

2015年时期信用派生的主要代表则不能用常规信贷了，而需要用社会融资总量指标来刻画。虽然2015年5月份开始，广义货币供应量增速已经开始回升，但是社会融资总量增速却始终在缓慢下行过程中，因为如果单纯用M2增速来定义信用，则会得出"宽信用"的现实，但是事实上应该用社会融资总量的增速来衡量，应该是"紧信用格局"。

那么为什么不直接用信用指标的变化来表征信用现实的变化呢？主要原因在于我国信用派生工具发生过显著的切换，从以往常规的信贷扩张到了社会融资总量，而社会融资总量的同比增速又缺乏一个公开有效的数据，因此才退而求其次，采用广义货币供应量指标M2增速来间接衡量信用派生在现实中的变化。

在此，笔者从便利性角度出发来定义现实信用的松紧状况，故直接采用M2指标。在现实操作中，投资者不妨结合同期的信贷或社会融资总量指标来相互印证，当货币增量指标与后两者发生背离时，以后两者为准。

对于2002~2015年，笔者结合了广义货币供应量M2同比增速和社会融资总量余额同比增速（笔者根据社会融资总量定义，自己构建了历史数据，并测算余额同比增速），将该时期划分为"紧信用"时期和"宽信用"时期。

2002~2015年期间，信用松紧切换时期共计12个，如表4-2-2所示。

表4-2-2　2012~2015年期间金融信用派生状况松紧阶段划分

序号	时　期	现实中的信用状态
1	2002-1至2003-6	宽信用
2	2003-6至2005-12	紧信用
3	2005-12至2008-2	宽信用
4	2008-2至2008-12	紧信用
5	2008-12至2009-12	宽信用
6	2009-12至2010-7	紧信用
7	2010-7至2010-12	宽信用
8	2010-12至2012-7	紧信用
9	2012-7至2013-5	宽信用

续表

序号	时　　期	现实中的信用状态
10	2013－5至2014－4	紧信用
11	2014－4至2014－7	宽信用
12	2014－7至2015－12	紧信用

资料来源：WIND中国人民银行。

四、货币目标松紧与信用现实松紧的组合

如上分析，2002～2015年时期中，笔者将货币政策目标的松紧划分为9个区域，将现实中的信用松紧状态划分为12个区域，将上述时期进行叠合处理，可以按照“货币＋信用”的组合划分为17个时期，如表4－2－3所示。

表4－2－3　2012～2015年期间货币政策目标与金融信用派生现实的组合状况

序号	时　　期	“货币＋信用”组合
1	2002－1至2003－6	宽货币＋宽信用
2	2003－6至2004－11	紧货币＋紧信用
3	2004－11至2005－12	宽货币＋紧信用
4	2005－12至2006－4	宽货币＋宽信用
5	2006－4至2008－2	紧货币＋宽信用
6	2008－2至2008－9	紧货币＋紧信用
7	2008－9至2008－12	宽货币＋紧信用
8	2008－12至2009－7	宽货币＋宽信用
9	2009－7至2009－12	紧货币＋宽信用
10	2009－12至2010－7	紧货币＋紧信用
11	2010－7至2010－12	紧货币＋宽信用
12	2010－12至2011－11	紧货币＋紧信用
13	2011－11至2012－7	宽货币＋紧信用
14	2012－7至2013－5	紧货币＋宽信用
15	2013－5至2014－4	紧货币＋紧信用
16	2014－4至2014－7	宽货币＋宽信用
17	2014－7至2015－12	宽货币＋紧信用

资料来源：WIND中国人民银行。

如果更形象一些，笔者倾向于用如下示意图来显示“货币＋信用”的组合划分情况，如图4－2－1所示。

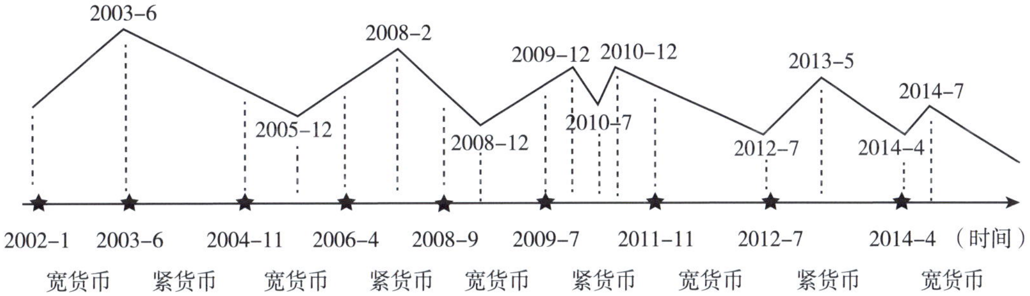

图4－2－1　2012～2015年期间货币政策目标与金融信用派生现实的组合

资料来源：WIND中国人民银行。

横轴显示的是货币政策目标的切花，星号★表达了货币政策目标松紧切换的时间点，上面的折线显示的是信用松紧状态的变化切换，折点显示的是切换的时间点。

如此按照时间排布顺序组合后，将出现17个区域，分别代表着不同的“货币＋信用”组合状态。

五、“货币＋信用”不同组合对于债券投资策略的含义

单纯从货币信用角度出发，“货币政策目标＋信用派生现状”之间的不同组合，对于债券投资者具有重要的含义，笔者分别考察了上述17个历史时期中收益率水平以及收益率曲线形态变化的情况，形成如表4－2－4所示。

表4－2－4　2012～2015年期间货币政策目标与金融信用派生现实的组合状况以及债券市场变化

序号	时　期	“货币＋信用”组合	利率方向	曲线平陡（10－1）
1	2002－1至2003－6	宽货币＋宽信用	平衡震荡市	平衡震荡
2	2003－6至2004－11	紧货币＋紧信用	熊市	陡峭
3	2004－11至2005－12	宽货币＋紧信用	牛市	平衡震荡
4	2005－12至2006－4	宽货币＋宽信用	平衡震荡市	平坦
5	2006－4至2008－2	紧货币＋宽信用	熊市	先陡再平
6	2008－2至2008－9	紧货币＋紧信用	平衡震荡市	先陡再平
7	2008－9至2008－12	宽货币＋紧信用	牛市	陡峭
8	2008－12至2009－7	宽货币＋宽信用	熊市	陡峭
9	2009－7至2009－12	紧货币＋宽信用	熊市	平衡震荡

续表

序号	时　　期	“货币＋信用”组合	利率方向	曲线平陡（10－1）
10	2009－12至2010－7	紧货币＋紧信用	牛市	平坦
11	2010－7至2010－12	紧货币＋宽信用	熊市	陡峭
12	2010－12至2011－11	紧货币＋紧信用	平衡震荡市	平坦
13	2011－11至2012－7	宽货币＋紧信用	牛市	陡峭
14	2012－7至2013－5	紧货币＋宽信用	熊市	平坦
15	2013－5至2014－4	紧货币＋紧信用	熊市	平坦
16	2014－4至2014－7	宽货币＋宽信用	小熊市	平衡震荡
17	2014－7至2015－12	宽货币＋紧信用	牛市	先陡再平

资料来源：WIND。

观察上述表格，可以看到在不同的“货币目标＋信用现状”的组合中，利率的走向和利差曲线的走向各不相同，笔者按照不同组合模式下市场的变化情况重新分类，形成如表4－2－5所示，表达更为清晰。

表4－2－5　2012～2015年期间货币政策目标与金融信用派生现实的组合状况以及债券市场变化

序号	组合状态	时　　期	组合模式	债市表现	曲线平陡变化
1	宽货币＋宽信用	2002－1至2003－6	宽货币＋宽信用	平衡震荡市	平衡震荡
2		2005－12至2006－4	宽货币＋宽信用	小牛市	平坦
3		2008－12至2009－7	宽货币＋宽信用	熊市	陡峭
4		2014－4至2014－7	宽货币＋宽信用	平衡震荡市	平衡震荡
5	宽货币＋紧信用	2004－11至2005－12	宽货币＋紧信用	牛市	平衡震荡
6		2008－9至2008－12	宽货币＋紧信用	牛市	陡峭
7		2011－11至2012－7	宽货币＋紧信用	牛市	陡峭
8		2014－7至2015－12	宽货币＋紧信用	牛市	先陡再平
9	紧货币＋宽信用	2006－4至2008－2	紧货币＋宽信用	熊市	先陡再平
10		2009－7至2009－12	紧货币＋宽信用	熊市	平衡震荡
11		2010－7至2010－12	紧货币＋宽信用	熊市	陡峭
12		2012－7至2013－5	紧货币＋宽信用	熊市	平坦
13	紧货币＋紧信用	2003－6至2004－11	紧货币＋紧信用	熊市	陡峭
14		2008－2至2008－9	紧货币＋紧信用	平衡震荡市	先陡再平
15		2009－12至2010－7	紧货币＋紧信用	牛市	平坦
16		2010－12至2011－11	紧货币＋紧信用	平衡震荡市	平坦
17		2013－5至2014－4	紧货币＋紧信用	熊市	平坦

资料来源：WIND。

通过对上述表格中内容的比较，可以发现，在“宽货币+宽信用”组合状态下，债券市场的表现各异，利差曲线的变化也不尽相同；在“宽货币+紧信用”组合状态下，债券市场的表现都是牛市，但是利差曲线的变化也不尽相同；在“紧货币+宽信用”组合状态下，债券市场的表现都是熊市，但是利差曲线的变化不尽相同；在“紧货币+紧信用”组合状态下，债券市场的表现各异，利差曲线的变化也不尽相同。

总体来看，较为确定的是“宽货币+紧信用→牛市”、“紧货币+宽信用→熊市”这两种组合策略，但是利差曲线变化不尽相同，而对于“宽货币+宽信用”以及“紧货币+紧信用”所导致的市场变化并不确定。

笔者进一步统计了2002～2015年时期，各个组合状态、各状态下市场变化的出现概率，统计结果如表4-2-6所示。

表4-2-6　“货币+信用”组合状态与债券市场变化关系

组合模式	出现概率	市场方向	出现概率（2002～2015年）	曲线平陡
宽货币+宽信用	18.50%	牛市	12.9%	形态不确定。一般价格型宽松信号为主，曲线增陡；数量型宽松信号为主，曲线变平
		熊市	22.6%	
		平衡市	64.6%	
宽货币+紧信用	24.50%	牛市	100.0%	形态不确定。一般价格型宽松信号为主，曲线增陡（历史均为此）；数量型宽松信号为主，曲线变平（该情况历史未出现过）
紧货币+宽信用	25.20%	熊市	100.0%	形态不确定。一般价格型宽松信号为主，曲线增陡；数量型宽松信号为主，曲线变平
紧货币+紧信用	31.80%	牛市	13.1%	形态不确定。一般价格型宽松信号为主，曲线增陡；数量型宽松信号为主，曲线变平
		熊市	52.9%	
		平衡市	34.0%	

首先，从上述统计可以看出，四种组合在历史上出现的概率相仿，大致都在20%～30%，货币政策的目标未必一定在现实中实现，信用现状的变化是难以用目标来衡量的，这说明信用派生状况如何不仅取决于货币政策的目标，更取决于社会杠杆主体（企业、居民、政府）的行为。

其次，从每种状态对应的债券市场变化来看，除去“宽货币+紧信用→牛市”、“紧货币+宽信用→熊市”较为明确外，“宽货币+宽信用”以及“紧货币+紧信用”所导致的市场变化并不确定。

“宽货币+宽信用”格局下也可能出现牛市，虽然出现的概率只有12.9%，而“紧货币+紧信用”格局下同样可以出现牛市，虽然出现的概率只有13.1%。

按照常理来看，信用派生现状的松与紧应该和实体经济的运行一脉相承。

“紧货币＋紧信用”格局下，“紧信用”意味着信用派生现状萎缩，也基本对应着融资需求的萎缩，只要“紧货币”力度有限，则意味着资金供应意愿曲线的收缩慢于融资需求的收缩，那么也可能产生牛市的格局，这就将“货币＋信用”的分析框架统一于“融资需求＋资金供应意愿”的框架（详细可参考第三篇内容）。而出现熊市则往往对应着“紧货币”的力度大于“紧信用”的力度，即资金供应意愿曲线的收缩要快于融资需求的收缩，则往往出现了熊市。

“宽货币＋宽信用”格局下也遵循同样的道理，同样可以转化到融资需求曲线和资金供应意愿曲线来理解。无非是两者谁变化的更剧烈的差异，这将导致债市牛熊的差异。

因此，笔者提出两个分析框架：一是“融资需求曲线＋资金供应意愿曲线”；二是“货币目标＋信用派生现实”。两者殊途同归，可以统一在一个解释范畴内。

但是不可避免的是，在现实中无法观察两条曲线收缩或扩张的快慢，因此分析框架只适合于定性解释，而不能定量化描述曲线之间的变化差异。

那么在现实中，应该如何采用替代性的指标来衡量两个因素的变化差异呢？

例如，在“宽货币＋宽信用”组合格局中，一般的宽信用都意味着社会融资需求回升，同时也意味着经济名义增长速度出现企稳甚至回升，在这种情况下为什么会出现债券牛市呢？这是否和“名义增速与名义利率的方向正相关性”相背离呢？

笔者总结了历史上四次“宽货币＋宽信用”时期中债券市场的变化特征，如表4－2－7所示。

表4－2－7　“宽货币＋宽信用”组合下，债券市场的各种变化

宽货币＋宽信用	2002－1至2003－6	1. 短期利率（7天回购利率、1年期债券利率）始终稳定（宽货币特征）；2. 名义增速温和上升；3. 利差范围变化均衡（与第三篇“利差分布变化论”结论一致）	平衡震荡市
	2005－12至2006－4	1. 短期利率（7天回购利率、1年期债券利率）始终稳定（宽货币特征）；2. 名义增速稳定；3. 利差范围变化均衡（与第三篇“利差分布变化论”结论一致）	小牛市
	2008－12至2009－7	1. 短期利率（7天回购利率、1年期债券利率）始终稳定（宽货币特征）；2. 名义增速强势上行；3. 利差范围变化（突破了第三篇“利差分布变化论”结论，原因是强势复苏）	熊市
	2014－4至2014－7	1. 短期利率（7天回购利率、1年期债券利率）始终稳定（宽货币特征）；2. 名义增速温和上行；3. 利差范围变化均衡（与第三篇“利差分布变化论”结论一致）	平衡震荡市

可以看出以下几个关键因素：

(1) 短期利率代表着货币政策的方向，以7天回购利率或1年期市场利率作为标准，在宽货币条件下都是保持稳定或下行的。

(2) 宽信用之所以未必导致熊市，而呈现平衡震荡市或小牛市，根本原因在于经济名义增速只是温和回升或稳定状态，在这种基本面条件和短期利率稳定条件下，利差的分布约束则制约了长期利率的上行高度（这与第三篇内容中的“利差分布决定论”是一脉相承的），从而形成长期利率“上有顶”的局面。

(3) 较为特殊的是2009年的经济V型大复苏，由于复苏强度与力度过猛，因此导致利差约束被突破，对于这个情况笔者视为特例。

因此虽然理论上宽信用代表着名义增速回升或稳定，但是只要这种回升并非强V型大复苏，则长期利率上有顶，这个顶部位置是受到“利差分布决定论”所制约的。这样一来，有可能在“宽货币＋宽信用”格局下出现平衡震荡市，甚至小牛市。

从这个角度来看，“货币＋信用”组合框架对于债券市场的影响又和第三篇内容中的“利差分布决定论”相统一。这事实上解释的是为什么“宽货币＋宽信用”格局下的“宽信用”局面也会导致平衡市或小牛市，主要原因在于经济名义增长速度温和，同时利差分布限定了长期利率的高度。

此外，笔者还总结了历史上五次“紧货币＋紧信用”时期中债券市场的变化特征，如表4－2－8所示。

表4－2－8 “紧货币＋紧信用”组合下，债券市场的各种变化

紧货币＋紧信用	2003－6至2004－11	(1) 短期利率（7天回购利率、1年期债券利率）回升（紧货币特征）；(2) 名义增速稳定甚至微升	熊市
	2008－2至2008－9	(1) 短期利率（7天回购利率、1年期债券利率）稳定（也符合紧货币特征）；(2) 名义增速回落；(3) 利差变化均衡（与第三篇“利差分布变化论”结论一致）	平衡震荡市
	2009－12至2010－7	(1) 短期利率（7天回购利率、1年期债券利率）回升（紧货币特征）；(2) 名义增速回落	牛市
	2010－12至2011－11	(1) 短期利率（7天回购利率、1年期债券利率）回升（紧货币特征）；(2) 名义增速回落	平衡震荡市
	2013－5至2014－4	(1) 短期利率（7天回购利率、1年期债券利率）回升（紧货币特征）；(2) 名义增速稳定	熊市

可以看出以下几个关键因素：

(1) 短期利率代表着货币政策的方向，以7天回购利率或1年期市场利率作为标准，在紧货币条件下都是保持稳定或上行的。

（2）紧信用之所以未必导致牛市，而呈现平衡震荡市或熊市，根本原因在于经济名义增速虽然面临紧信用冲击，但只是稳定状态，并没有出现明显回落。

因此，虽然从理论上看，紧信用状态应该对应于经济名义增速的回落，但是在现实中经济名义增速也可能在一定时期中呈现稳定状态，这样紧信用的现实就未必对应于债券牛市，也可能出现债券熊市。

总体来看，笔者之所以选择“双宽”、“双紧”的格局进一步分析，根本目的就在于解释为什么在宽信用现实下依然出现牛市？为什么在紧信用格局下依然会出现熊市？

其根本原因在于宽信用未必一定导致经济名义增速的上行，经济名义增速也可能会以稳定状态表现。而同理，紧信用也未必一定导致经济名义增速下行，经济名义增速也可能会以稳定状态来表现。这时候以长期利率来衡量的牛熊市均可能出现。

此外需要注意的是，在短期利率稳定的条件（有可能是宽货币，也有可能是紧货币）下，利差分布依然在决定着长期利率的波动范围，除非经济出现类似于2009年的那种V型强势变化。

总体来看，“货币＋信用”分析框架和“融资需求＋资金供应意愿”分析框架属于殊途同归，而且两者都印证着“利差部分决定论”的内容。

在运用“货币＋信用”分析框架时，在“双宽”或“双紧”格局中，需要进一步去预期经济名义增速的变化。因为宽信用未必代表着经济名义增速一定回升，其也可能是以稳定状态来反映宽信用的结果；同理紧信用也未必代表着经济名义增速一定回落，其也可能是以稳定的状态来反映紧信用的结果。

那么这样来看，“货币＋信用”分析框架最终的细节方向判断依然需要依赖于经济基本面（名义增长速度）的手段来进行，但是其分析模式以及对市场大势的判断作用是值得肯定与认可的。

第五篇

“三因素供需分析”框架与“货币+信用”组合分析模式的统一

在第三篇内容中，笔者提出过“三因素供需分析”的模式，此外在第四篇内容中，笔者也提出过“货币+信用”组合的分析模式。

从分析应用来看，这两种模式都可以对债券市场利率的变化起到较为良好的解释作用，事实上两者具有殊途同归的内在联系性。

第一章

三因素供需分析模式

在《投资交易笔记——2002～2010 年中国债券市场研究回眸》中，笔者试图构建一个对于债券市场的分析框架，希望于这一框架既能解释过去的历史，也能够方便于运用预测未来的变化，当时所形成的分析框架是“经济增长与通货膨胀的双轮驱动”框架。

经过若干年的实践于反思，笔者认为这一框架基本上是成立的，但是依然存在有不足的地方，主要问题在于：

（1）在需求衡量方面存在缺陷。经济增长和通货膨胀只衡量的是实体经济中的融资需求，对于其他“变异性”的融资需求衡量效果有限，即可以出现融资需求扩张和经济基本面低迷并存的局面。

（2）没有考虑供给层面因素。利率作为价格是供需双因素决定的，融资需求是一个方面，还要取决于资金供应。

鉴于上述两个缺陷的存在，笔者试图在原有框架的基础上进行补充完善，形成了“三因素供需分析框架”，以此框架来理解利率变化的方向，且在此基础上，还利用了“利差分布变化论”框架大致定位利率在某一方向上的变化幅度，且特别对于货币政策稳定状态下（即短期利率稳定）的长期利率波动范围进行了历史经验总结。

利率品研究的两个主要问题，即对于利率方向的研究和对于利率在某一方向上的幅度变化研究，大体可用“三因素供需分析框架”和“利差分布变化论”框架进行大致描述。

其中笔者尤其关注的是“三因素供需分析框架的内容”，从运用角度来看，其需要关注三个宏观经济变量的变化，即经济增长率（特别是以工业为代表的重资本行业经济变化率）、通货膨胀率以及广义货币供应量（或社会融资总量）的变化，主要用此三者因素来衡量社会中的融资总需求变化。

在该框架中，笔者建立了两条供需曲线来分析理解利率变化方向的决定力量，分别是融资需求曲线和资金供应意愿曲线。

融资需求事实上可以划分为正常的社会融资需求和“变异性”的融资需求。前者主要反映在经济体名义增长率的变化中，可以用经济增长率和通货膨胀率叠加描述。后者的融资需求具有变异性，包括了无效融资需求（即对于正常经济增长没有贡献的融资需求）、一些叠加在金融产品尴尬上的融资需求等，前者例如2013年的非标资产膨胀，后者例如2015年股票配资产品的膨胀。

其中经济增长率和通货膨胀率可以表达正常的融资需求，但是“变异性”的融资需求无法描述，只能用代表货币政策取向的资金供应意愿曲线来近似表达。

当融资总需求基本都是正常融资需求时，资金供应意愿曲线与经济体的名义增长率（即正常融资需求曲线）形成泰勒规则式的反向变化关系；当融资总需求中含有不合意的“变异性”融资需求时，资金供应意愿曲线可能会为抑制这种无效债务杠杆的攀升而出现异常变化，这种变化用泰勒规则无法解释。即货币政策取向不仅仅受到经济增长率、通货膨胀率影响，还会受到广义货币供应量（或社会融资总量）的影响，因为后者在一定程度上代表了社会债务杠杆率的变化。

这样一来，融资需求曲线和资金供应意愿曲线的相对位置变化决定了利率变化的方向，而导致融资需求曲线和资金供应意愿曲线变化的宏观因素主要是经济增长率、通货膨胀率以及广义货币供应量三者。

上述就是“三因素供需分析框架”的主体思想，这个分析框架是在原有“双轮（经济增长+通货膨胀）驱动”模式下的拓展，而且从供需两个角度来衡量利率方向的变化，比单一用融资需求因素来界定利率方向变化更全面形象。

此外，这个分析框架也是一个开放的框架，笔者曾一度设想过是否将人民币汇率因素置入分析框架中，但是最终被自我否定。伴随后期各种新的影响因素出现，也可以将其扩展，但是笔者提示的是，越多分析元素的模式在运用中的难度越大，因此需要尽量简化分析标的物，更要避免自相关因素的引入。

利用“三因素分析框架”进行债券市场利率方向的解释是较为有效的，但是更重要的工作在于利用该框架进行未来利率方向的把握和判断。这就要求较为准确地把握好经济增长率和通货膨胀率的变化方向和变化节奏，同时需要密切关注金融货币数据是否存在异常变化，前两个宏观因素作为主要判断依据，而金融货币数据则作为货币政策变化的另一风险点来补充把握。

由此可见，利率分析框架的运用和使用无法脱离开对于宏观经济变化的分析和把握。因此从本质来说，“三因素供需分析框架”本质上是一种基本面为内核的分析框架，其主体思想如图5-1-1所示。

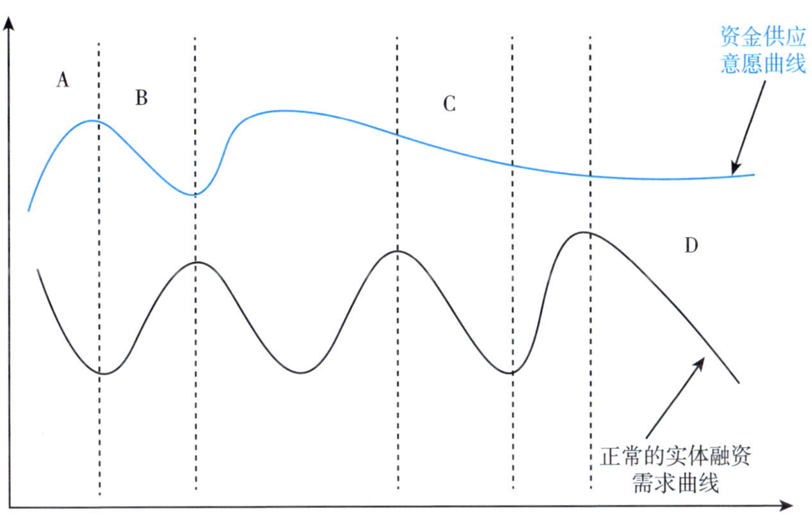

图5-1-1　“三因素供需分析框架”模式下的利率变化驱动

第二章

“货币＋信用”组合分析模式

相比植根于传统基本面分析的“三因素供需分析框架”，“货币＋信用”组合分析模式似乎更易于被理解。

笔者首先定义了货币的概念和信用的概念，前者是指货币政策的目标取向，后者是指信用派生的实际状况。

货币政策目标和现实之间的差异构成了“货币目标＋信用现实”的各类不同组合，可以划分为“宽货币＋宽信用”、“宽货币＋紧信用”、“紧货币＋宽信用”以及“紧货币＋紧信用”。

货币政策意图或目标的松紧定义笔者是采用了货币政策工具的变化为界定点，主要参考公开市场操作利率、法定准备金率以及存贷款利率的变化为划分点。

信用派生现实情况的定义笔者是采用了广义货币供应量增速（或社会融资总量增速）的变化为界定点。

2002～2015年时期，按照货币政策意图或目标变化分类，可以划分为9个政策意愿变化的历史时期，按照广义货币供应量（社会融资总量）的折点变化节奏可以划分为12个信用现实松紧切换的时期。9个货币松紧目标切换时期和12个信用现实松紧切换时期，合计构成了17个“货币＋信用”的组合时期。

对于上述17个组合时期的债券市场观察来看，形成了以下基本统计结果，如表5－2－1所示。

表5－2－1　“货币＋信用”组合下债券市场的各种变化一览

组合模式	出现概率	市场方向	出现概率（2002～2015年）	曲线平陡
“宽货币＋宽信用”	18.50%	牛市	12.9%	形态不确定。一般价格型宽松信号为主，曲线增陡；数量型宽松信号为主，曲线变平
		熊市	22.6%	
		平衡市	64.6%	

续表

组合模式	出现概率	市场方向	出现概率（2002～2015年）	曲线平陡
“宽货币+紧信用”	24.50%	牛市	100.0%	形态不确定。一般价格型宽松信号为主，曲线增陡（历史均为此）；数量型宽松信号为主，曲线变平（该情况历史未出现过）
“紧货币+宽信用”	25.20%	熊市	100.0%	形态不确定。一般价格型宽松信号为主，曲线增陡；数量型宽松信号为主，曲线变平
“紧货币+紧信用”	31.80%	牛市	13.1%	形态不确定。一般价格型宽松信号为主，曲线增陡；数量型宽松信号为主，曲线变平
		熊市	52.9%	
		平衡市	34.0%	

从历史统计经验中，可以看出不同的组合状态对应了不同的债券市场变化，在实际运用与使用中，货币政策松紧意图目标是较为容易判断的，在重要的政策工具没有发生变化时，政策意图保持不变。在此基础上如果能够较为精确地预期判断未来时期的信用派生变化状态，则对于把握债券市场的大方向运行具有重要的指引作用。

更进一步分析，对于“宽货币+宽信用”以及“紧货币+紧信用”模式下，有可能存在的牛熊分化问题，则需要分析信用派生变化与经济名义增速变化是否存在背离性。

多数时期，信用增速的变化和经济名义增速的变化是同向的，但是当两者出现背离时，利率变化的方向以同期的经济名义增速为主导。这是基本面内容对于“货币+信用”组合分析的细节补充。

“货币+信用”组合分析模式的运用难点在于如何精确地把握信用派生状况的变化方向和变化节奏，即如何准确地预测广义货币供应量（或社会融资总量）增速的变化方向和节奏。

第三章

利差分布变化论

当投资者确定了利率变化方向后，其次而来的问题就是希望了解在这一方向上，利率特别是长期利率会变化多少幅度。

对于某一方向上利率变化幅度的预测始终是利率定价中一个非常棘手的问题。现实中投资分析者会采用以下一些方法进行：

（1）试图通过各类宏观经济数据的变化去拟合其与利率的线性或非线性关系，并根据对未来宏观情况的分析，近似定位未来时期利率的合理定位。

（2）试图通过两类资产之间的比价效应去确定利率的“合理”定位。

（3）通过比较不同经济主体的利差关系来衡量本国利率的合理定位。

无论采用什么方法，现实都告诉我们不要过于高估结论的效果。如果追溯模型定价，可能最值得关注的则是泰勒规则定价短期政策利率目标，其效应类似于上述方法之一。笔者不排斥泰勒规则的有效性和合理性，但是想强调的是这是对于短期政策利率定位的一种模式，如果非要推广运用到长期利率定位中，则存在着很大的不确定性。

从运用便利性角度出发，如果考察周期在3~6个月时间范围内，笔者倾向于推荐采用“利差分布变化论”的模式来对长期利率的变化幅度进行定位，以供投资交易参考。

事实上，“利差分布变化”很难找到一个合适的理论来解释，特别是对于利差分布变化的极限位置测量。

利差分布变化论主要阐述的是两个层面内容：

第一，影响利差曲线分布的因素是什么？主要由两个因素构成：一是货币政策周期，即短期利率的变化；二是名义经济增长率预期。

其中货币政策周期的影响居于主导，只有在货币政策周期居于稳定不变化时期，经济增长预期才会发挥作用，影响收益率曲线的平陡。

上述内容是具有理论上的可解释性的，即利差曲线上下的驱动因素。

第二，笔者主要试图分析的是在货币政策周期稳定、不变化时期，经济增长预期会如何的、在什么样的幅度上影响利率曲线的平陡性。即在短期利率不变化的情况下，曲线最平、最陡以及中性平坦度都会在什么样的水平上？

针对上述第二点笔者考察了历史上短期利率稳定时期（这里的短期利率主要指货币市场7天回购利率）利差曲线的变化。可供参考的时期有以下几个：一是2009年上半年时期；二是2012年1~3月份时期；三是2014年6~7月份时期；四是2015年下半年以来时期。

这四个时期中，短期利率（货币市场7天回购利率）都非常稳定，曲线的平陡完全依赖于长期利率的波动变化来实现。

上述四个时期中，除了2009年经济强势V型大复苏外，其他的时期的基本面因素变化相对稳定且具有往复波动性，因此形成了利率曲线平陡极限的经验认知数据，并形成了如图5－3－1所示。

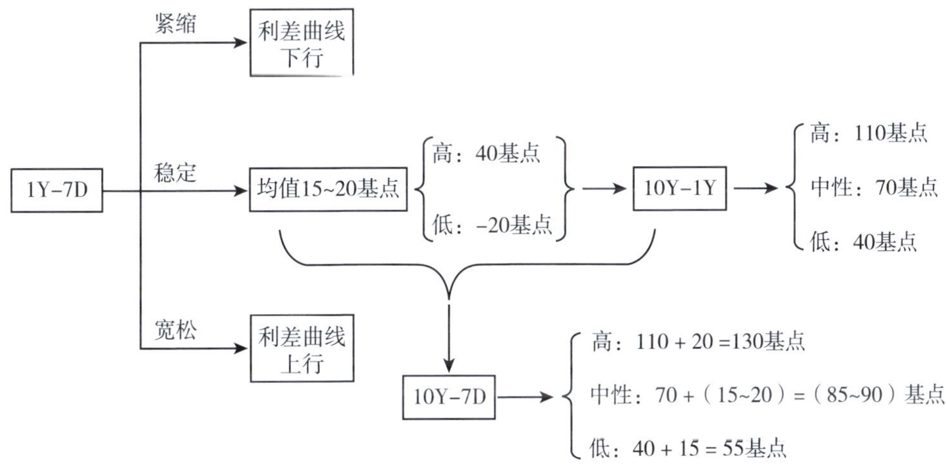

图5－3－1　“利差分布变化论”

需要指出的是，上述数据是一种经验性认知，笔者找不到更为合理的理论来解释上述的利差水平，而且在历史上这种利差水平也曾被突破过，例如强势复苏的2009年。

但是这种经验认知在现实运用中依然不失为一种有效的方法手段，当然投资者可以在越来越多的实践中去修正这种经验认知，同样这是一个开放、包容的体系。

笔者只想说明的是，在短期利率稳定的情况下，市场投资者可以去思索长期利率“上有顶、下有底”的变化，并进而更好地寻找摸索长期利率的“顶”和“底”。

这种利差分布的思路，在一定程度上也可以解释《投资交易笔记——2002~2010年中国债券市场研究回眸》中所提及的一个词汇——长期利率的“高位钝化”现象，事实上笔者认为这种所谓的高位钝化现象本质上体现的就是利差分布所决定的长期利率“上有顶”的说法。

第四章

“三因素供需分析”框架与“货币+信用”组合分析框架的统一

“三因素供需分析”框架执著于从经济基本面角度来理解利率的变化，“货币+信用”组合分析模式则侧重于从货币金融角度来理解利率的变化，但是本质上两者是殊途同归的。

在“三因素供需分析”模式中，笔者借助了融资需求曲线和资金供应意愿曲线两条曲线位置的相对变化来理解利率的变化方向。事实上，这两条曲线的变化则暗合“货币+信用”组合模式中的相对变化。

如前所述，融资需求曲线可近似代表着信用派生状况的变化，而资金供应意愿曲线则取决于货币政策态度的变化，事实上符合于货币政策目标或意图的变化，因此货币政策目标或意图与资金供应意愿曲线相吻合。

如果从对应关系来看，可能会形成以下对应关系：

“宽货币+宽信用”等同于“融资需求曲线上行+资金供应意愿曲线上行”，这时债市牛熊未定；

“宽货币+紧信用”等同于“融资需求曲线下行+资金供应意愿曲线上行”，这时债市呈现牛市格局；

“紧货币+宽信用”等同于“融资需求曲线上行+资金供应意愿曲线下行”，这时债市呈现熊市格局；

“紧货币+紧信用”等同于“融资需求曲线下行+资金供应意愿曲线下行”，这时债券牛熊未定。

“货币”的宽与紧体现的是“资金供应意愿曲线”的上或下；“信用”的宽与紧体现的是“融资需求曲线”的上与下。

需要注意的则是，在一些时期中“信用”的宽与紧也未必一定对应着融资需求（特别是正常的经济名义增长率）的上或下，即“信用”所包含的融资需求范畴比正常的经济名义增长率（GDP+CPI）要广泛得多。当两者出现背离时，则利率的变化方向需要以经济名义增长率为主导，但是谨防货币目标意图发生变化，一个惨痛的教训则是2013年“钱荒”时期。

除去上述所提及的两个分析模式的对应关系外，读者还可以找寻到“货币+信用”组合模式利差曲线波动和“利差分布变化论”之间的关系。

例如，在“宽货币+宽信用”组合模式下，利差曲线的变化是不确定的，有很多是呈现平衡震荡模式，假如在短期利率稳定的背景下，长期利率会上下摆动，形成曲线的平陡。谨记住，宽货币未必一定意味着短期利率持续下行，也可能意味着在一定时期内，货币政策所决定的短期利率是稳定的，这样就可以强化“利差分布变化论”的参考性。

当然在信用派生过强的背景下，则有可能突破利差分布的经验极限。例如2009年广义货币供应量M2同比增速一路从15%附近上行到接近30%的状态下，即便短期利率稳定，长期利率也会持续上行，并突破利差极限。

从上述分析来看，“三因素供需分析”框架和“货币+信用”组合分析模式事实上是殊途同归的，只不过前者用GDP、CPI来反映正常的融资需求并考虑了“非正常”的融资需求，后者则用“信用派生的现状”来反映总融资需求。

此外，“货币+信用”组合模式中对于货币政策目标或意图的界定是较为清晰的，利用的是货币政策工具的变化来定义宽与紧，这相比于定性的定义资金供应意愿曲线上下，是具有进步性的。因此从彼此印证的角度来看，“三因素供需分析”框架中定性的描述资金供应意愿曲线，不如借鉴于考察货币政策工具的变化，来更形象地描述资金供应意愿曲线的变化。

第六篇

“货币+信用”组合框架下的大类资产价格变化

在第四篇第二章内容中，笔者针对债券市场运行构建了“货币＋信用”组合分析框架，并对货币宽紧与信用宽紧的进行了定义，总结出在不同组合下债券市场的变化。

在本篇内容中，笔者将上述内容拓展，延伸到各大类资产变化中，考察在不同的“货币＋信用”组合模式下，不同资产的变化，并最终构建一个不同金融货币条件下，大类资产的变化驱动线索。

这里所提及的大类资产变化仅针对债券、股票以及大宗商品，分别以债券收益率（10 年期国债）、上证综合指数以及南华工业品指数作为考察标的。

“货币+信用”组合模式下债券市场的变化

本部分内容主要详细阐述在第四篇第二章中，基本结论如表6-1-1所示，在此不再赘述。

表6-1-1　　“货币+信用”组合状态与债券市场变化关系

组合模式	出现概率	市场方向	出现概率（2002~2015年）	曲线平陡
宽货币+宽信用	18.50%	牛市	12.9%	形态不确定。一般价格型宽松信号为主，曲线增陡；数量型宽松信号为主，曲线变平
		熊市	22.6%	
		平衡市	64.6%	
宽货币+紧信用	24.50%	牛市	100.0%	形态不确定。一般价格型宽松信号为主，曲线增陡（历史均为此）；数量型宽松信号为主，曲线变平（该情况历史未出现过）
紧货币+宽信用	25.20%	熊市	100.0%	形态不确定。一般价格型宽松信号为主，曲线增陡；数量型宽松信号为主，曲线变平
紧货币+紧信用	31.80%	牛市	13.1%	形态不确定。一般价格型宽松信号为主，曲线增陡；数量型宽松信号为主，曲线变平
		熊市	52.9%	
		平衡市	34.0%	

第二章

“货币 + 信用”组合模式下股票市场的变化

以 2002 ~ 2015 年为统计周期，笔者统计了上证综合指数在此期间的变化，并按照“货币 + 信用”组合的不同阶段划分为 17 个统计周期。

在 17 个统计周期中，上证综合指数的变化如表 6 – 2 – 1 所示。

表 6 – 2 – 1　　17 个不同的“货币 + 信用”组合时期上证综合指数的变化

序号	统计周期	上证综合指数变化				“货币 + 信用”	股票市场定性
		开盘点	高点	低点	收盘点		
1	2002 – 1 至 2003 – 6	1500	1700	1300	1500	宽货币 + 宽信用	震荡市
2	2003 – 6 至 2004 – 11	1500	1800	1300	1300	紧货币 + 紧信用	小熊市
3	2004 – 11 至 2005 – 12	1300	1300	1000	1200	宽货币 + 紧信用	熊市
4	2005 – 12 至 2006 – 4	1200	1450	1200	1450	宽货币 + 宽信用	牛市
5	2006 – 4 至 2008 – 2	1450	6000	1450	4350	紧货币 + 宽信用	牛市
6	2008 – 2 至 2008 – 9	4350	4350	1900	2300	紧货币 + 紧信用	熊市
7	2008 – 9 至 2008 – 12	2300	2300	1700	1800	宽货币 + 紧信用	熊市
8	2008 – 12 至 2009 – 7	1800	3400	1800	3400	宽货币 + 宽信用	牛市
9	2009 – 7 至 2009 – 12	3400	3400	2700	3300	紧货币 + 宽信用	小熊市
10	2009 – 12 至 2010 – 7	3300	3300	2400	2600	紧货币 + 紧信用	熊市
11	2010 – 7 至 2010 – 12	2600	3200	2600	2800	紧货币 + 宽信用	牛市
12	2010 – 12 至 2011 – 11	2800	3000	2300	2300	紧货币 + 紧信用	熊市
13	2011 – 11 至 2012 – 7	2300	2450	2100	2100	宽货币 + 紧信用	熊市
14	2012 – 7 至 2013 – 5	2100	2450	2000	2300	紧货币 + 宽信用	牛市

续表

序号	统计周期	上证综合指数变化				“货币＋信用”	股票市场定性
		开盘点	高点	低点	收盘点		
15	2013－5 至 2014－4	2300	2300	2000	2000	紧货币＋紧信用	熊市
16	2014－4 至 2014－7	2000	2200	2000	2200	宽货币＋宽信用	牛市
17	2014－7 至 2015－12	2200	5200	2200	3500	宽货币＋紧信用	牛市

资料来源：WIND。

将上述时期进行归类研究，可以整合为以下组合，参见表 6－2－2。

表 6－2－2　　不同的“货币＋信用”组合时期上证综合指数的变化

统计周期	上证综合指数变化				“货币＋信用”	股票市场定性
	开盘点	高点	低点	收盘点		
2005－12 至 2006－4	1200	1450	1200	1450	宽货币＋宽信用	牛市
2008－12 至 2009－7	1800	3400	1800	3400	宽货币＋宽信用	牛市
2014－4 至 2014－7	2000	2200	2000	2200	宽货币＋宽信用	牛市
2003－6 至 2004－11	1500	1800	1300	1300	紧货币＋紧信用	小熊市
2008－2 至 2008－9	4350	4350	1900	2300	紧货币＋紧信用	熊市
2009－12 至 2010－7	3300	3300	2400	2600	紧货币＋紧信用	熊市
2010－12 至 2011－11	2800	3000	2300	2300	紧货币＋紧信用	熊市
2013－5 至 2014－4	2300	2300	2000	2000	紧货币＋紧信用	熊市
2004－11 至 2005－12	1300	1300	1000	1200	宽货币＋紧信用	熊市
2008－9 至 2008－12	2300	2300	1700	1800	宽货币＋紧信用	熊市
2011－11 至 2012－7	2300	2450	2100	2100	宽货币＋紧信用	熊市
2014－7 至 2015－12	2200	5200	2200	3500	宽货币＋紧信用	牛市
2006－4 至 2008－2	1450	6000	1450	4350	紧货币＋宽信用	牛市
2009－7 至 2009－12	3400	3400	2700	3300	紧货币＋宽信用	小熊市
2010－7 至 2010－12	2600	3200	2600	2800	紧货币＋宽信用	牛市
2012－7 至 2013－5	2100	2450	2000	2300	紧货币＋宽信用	牛市

资料来源：WIND。

笔者进一步统计了 2002～2015 年时期，各个组合状态、各状态下股票市场各类变化的出现概率，统计结果如表 6－2－3 所示。

表6-2-3　　“货币+信用”组合状态与股票市场变化关系

金融货币组合状态	组合状态在历史中出现概率	上证综指变化	出现概率（2002～2015年）	备注（特殊时期）
宽货币+宽信用	18.50%	牛市	100.00%	2002-1至2003-6
紧货币+紧信用	31.80%	熊市	100.00%	
宽货币+紧信用	24.50%	牛市	41.50%	2014-7至2015-12
		熊市	58.50%	
紧货币+宽信用	25.20%	牛市	88.00%	
		熊市	12.00%	2009-7至2009-12

其中值得注意的是备注栏目中的时期，例如在“宽货币+紧信用”组合下，股票市场出现牛市的概率是41.5%，但是这个时期只是体现在2014年7月至2015年12月时期，而该时期股票市场的大幅度震荡也让投资者冷暖自知。

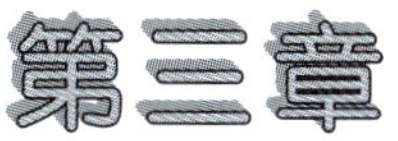

“货币 + 信用”组合模式下大宗商品市场的变化

同样按照如上思路，笔者将大宗商品市场中的代表指数—南华工业品指数进行了同样的归纳整理，需要注意的是，由于南华工业品指数的最初发布是从 2004 年 6 月份开始的，因此这里的统计周期只是 2004 年 6 月至 2015 年 12 月。

在 16 个统计周期中，南华工业品指数的变化如表 6 – 3 – 1 所示。

表 6 – 3 – 1　16 个不同的“货币 + 信用”组合时期南华工业品指数的变化

序号	统计周期	南华工业品指数变化				“货币 + 信用”	大宗商品市场定性
		开盘点	高点	低点	收盘点		
1	2004 – 6 至 2004 – 11	1000	1100	950	1070	紧货币 + 紧信用	震荡市
2	2004 – 11 至 2005 – 12	1070	1650	1050	1650	宽货币 + 紧信用	牛市
3	2005 – 12 至 2006 – 4	1650	2280	1650	2280	宽货币 + 宽信用	牛市
4	2006 – 4 至 2008 – 2	2280	2700	1850	2300	紧货币 + 宽信用	震荡市
5	2008 – 2 至 2008 – 9	2300	2450	2050	2050	紧货币 + 紧信用	熊市
6	2008 – 9 至 2008 – 12	2050	2050	1130	1260	宽货币 + 紧信用	熊市
7	2008 – 12 至 2009 – 7	1260	2020	1260	2020	宽货币 + 宽信用	牛市
8	2009 – 7 至 2009 – 12	2020	1910	2460	2460	紧货币 + 宽信用	牛市
9	2009 – 12 至 2010 – 7	2460	2500	1970	2140	紧货币 + 紧信用	熊市
10	2010 – 7 至 2010 – 12	2140	2570	2140	2570	紧货币 + 宽信用	牛市
11	2010 – 12 至 2011 – 11	2570	2570	1950	2030	紧货币 + 紧信用	熊市
12	2011 – 11 至 2012 – 7	2030	2240	1920	1970	宽货币 + 紧信用	震荡市
13	2012 – 7 至 2013 – 5	1970	2250	1850	1850	紧货币 + 宽信用	震荡市
14	2013 – 5 至 2014 – 4	1850	1950	1550	1580	紧货币 + 紧信用	熊市
15	2014 – 4 至 2014 – 7	1580	1620	1560	1580	宽货币 + 宽信用	震荡市
16	2014 – 7 至 2015 – 12	1580	1580	1080	1150	宽货币 + 紧信用	熊市

资料来源：WIND。

将上述时期进行归类研究，可以整合为以下组合，参见表6-3-2。

表6-3-2　不同的“货币+信用”组合时期南华工业品指数的变化

统计周期	南华工业品指数变化				“货币+信用”	大宗商品市场定性
	开盘点	高点	低点	收盘点		
2005-12至2006-4	1650	2280	1650	2280	宽货币+宽信用	牛市
2008-12至2009-7	1260	2020	1260	2020	宽货币+宽信用	牛市
2014-4至2014-7	1580	1620	1560	1580	宽货币+宽信用	震荡市
2004-6至2004-11	1000	1100	950	1070	紧货币+紧信用	震荡市
2008-2至2008-9	2300	2450	2050	2050	紧货币+紧信用	熊市
2009-12至2010-7	2460	2500	1970	2140	紧货币+紧信用	熊市
2010-12至2011-11	2570	2570	1950	2030	紧货币+紧信用	熊市
2013-5至2014-4	1850	1950	1550	1580	紧货币+紧信用	熊市
2004-11至2005-12	1070	1650	1050	1650	宽货币+紧信用	牛市
2008-9至2008-12	2050	2050	1130	1260	宽货币+紧信用	熊市
2011-11至2012-7	2030	2240	1920	1970	宽货币+紧信用	震荡市
2014-7至2015-12	1580	1580	1080	1150	宽货币+紧信用	熊市
2006-4至2008-2	2280	2700	1850	2300	紧货币+宽信用	震荡市
2009-7至2009-12	2020	1910	2460	2460	紧货币+宽信用	牛市
2010-7至2010-12	2140	2570	2140	2570	紧货币+宽信用	牛市
2012-7至2013-5	1970	2250	1850	1850	紧货币+宽信用	震荡市

资料来源：WIND。

笔者进一步统计了2002~2015年时期，各个组合状态、各状态下大宗商品市场各类变化的出现概率，统计结果如表6-3-3所示。

表6-3-3　“货币+信用”组合状态与大宗商品市场变化关系

金融货币组合状态	组合状态在历史中出现概率	南华工业品指数变化	出现概率（2002~2015年）	备注（特殊时期）
宽货币+宽信用	18.50%	牛市	78.50%	
		震荡市	21.50%	2014-4至2014-7
紧货币+紧信用	31.80%	熊市	87.70%	
		震荡市	12.30%	2004-6至2004-11

续表

金融货币组合状态	组合状态在历史中出现概率	南华工业品指数变化	出现概率（2002～2015年）	备注（特殊时期）
宽货币＋紧信用	24.50%	牛市	31.60%	
		熊市	48.80%	
		震荡市	19.60%	2011－11至2012－7
紧货币＋宽信用	25.20%	牛市	23.90%	
		震荡市	76.10%	

第四章

“货币+信用”组合模式下大类资产价格关系一览

在以上三章内容的总结下，可以发现在不同的“货币+信用”组合模式下，债券市场、股票市场以及大宗商品市场均会呈现出不同的变化特征，大致可以划分为牛市、熊市、震荡市三种状态，而每种状态出现的概率各不相同，如果将其整合在一起观察，则可参考图6-4-1所示。

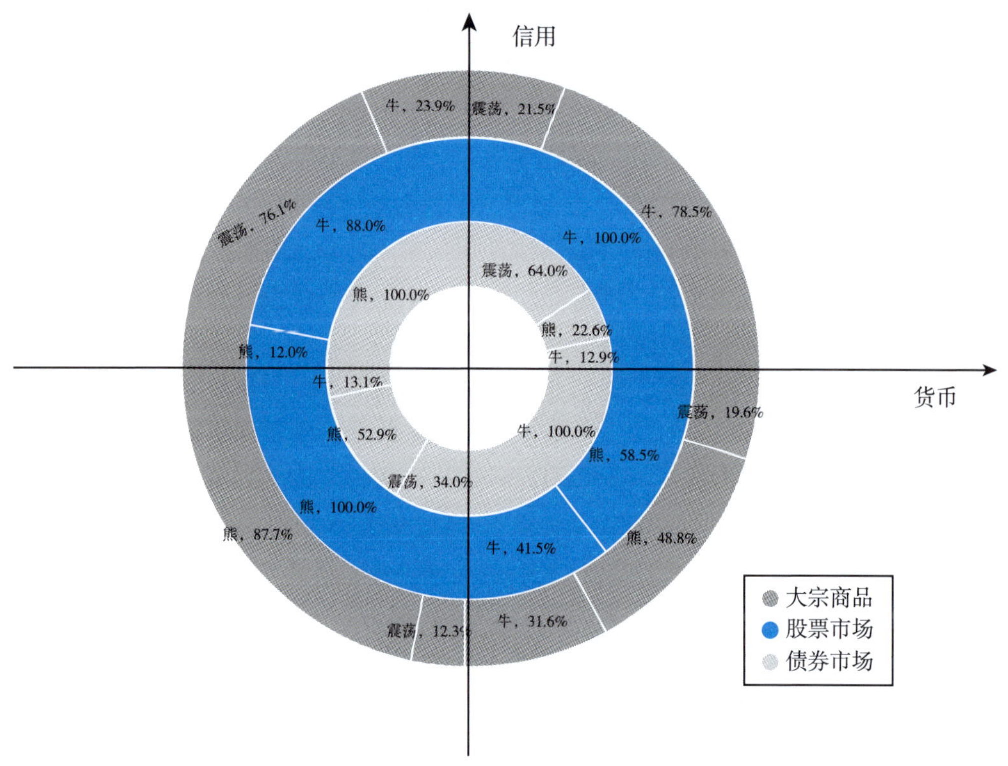

图6-4-1　“货币+信用”组合状态与大类资产价格变化关系一览①

① 该统计周期是2002~2015年。

2002~2015年期间，三大市场（债券市场、股票市场以及大宗商品市场）在不同的“货币+信用”组合模式下各自呈现牛市、熊市、震荡市三种状态，而在每一个不同组合模式下出现的市场变化概率各不相同。笔者用圈状图的方式将其整理在图6-4-1中展现。

其中横轴代表货币（目标或意图）的宽紧状况，正为宽，负为紧。纵轴代表信用（现实）的宽紧状况，正为宽，负为紧。而三种颜色的环由内到外分别代表了债券市场、股票市场、大宗商品市场的变化，每个市场牛、熊、震荡特征出现的概率都列示于图6-4-1中。

第七篇

信用品分析思路初探

2008 ~ 2009 年以来，中国债券市场中的信用品出现了突飞猛进般的增长，截至目前信用债券已经成为中国债券市场中的一个极其重要的构成部分。而且可以预期，伴随着中国金融市场直接融资模式向间接融资模式的不断转换，信用债券将有望成为债券市场的第一大主体，将越发成为机构投资者配置组合中的重要组成部分。

笔者对于信用债券的关注并不是很多，但是在多年的观察中，也初步形成了一些对于信用债券的分析思路，由于信用债券走势所历经的周期并不久远，因此分析思路的成色还有待于市场变化去检验。

首先从笔者的认知来看，可以将中国债券市场的品种大致划分为三类：

（1）利率品：主要以国债、政策性金融债券为主导，这类品种不含有信用风险成分。

（2）可投资级的信用品：这包含了目前市场中信用债券的大部分。从成熟国家经验来看，BBB 级以上的信用债券可以称为可投资级别，但是由于我国的信用评级体系和海外市场并不存在一一对应的关系，因此很难用现实的评级来定义是否属于真正意义上的可投资级。

（3）高收益债券品种：这类债券也可称为垃圾债券。从名称来看，可以看出该类品种蕴含着巨大的信用风险，从驱动该类品种总价格变化的因素属性来看，其与常规的债券市场分析逻辑存在较大差异，应该说其特征更接近于股权类品种。从目前的市场存量来看，属于该类品种的市场规模非常有限，但是从发展的角度来看，伴随着中国的信用体系越发完善，高收益债券市场是一个新兴可期待的方向和趋势。

对于信用品的分析思路大致可以分为两大类：

第一类是封闭体系内的趋势研究，即单纯研究可投资级信用债券上涨或下跌的驱动因素，在一定程度上看，这类研究是自上而下的研究方法，具有宏观性特征。

第二类则属于跨体系间的研究，主要研究不同级别债券之间的迁移问题，例如某只债券的信用级别下移或上迁问题，从方法论上来看，这类研究是自下而上的研究方法，具有微观性特征。

考虑到笔者自身的经历和能力以及不同品种市场存量的规模大小，在本篇内容中笔者主要以可投资级的信用债券作为研究主体，沿着自上而下的研究方式进行宏观层面驱动因素的分析，并不涉及微观上信用级别迁移问题的研究，供读者参考。

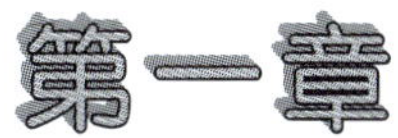

信用债策略分析框架之一：要素分解法

从传统理解来看，信用债是指有违约风险的债券，通常可以把信用债收益率划分为基准利率和信用利差两部分。按照各个不同部分对应的驱动因素，将信用债券收益率水平分解为如图 7－1－1 所示。

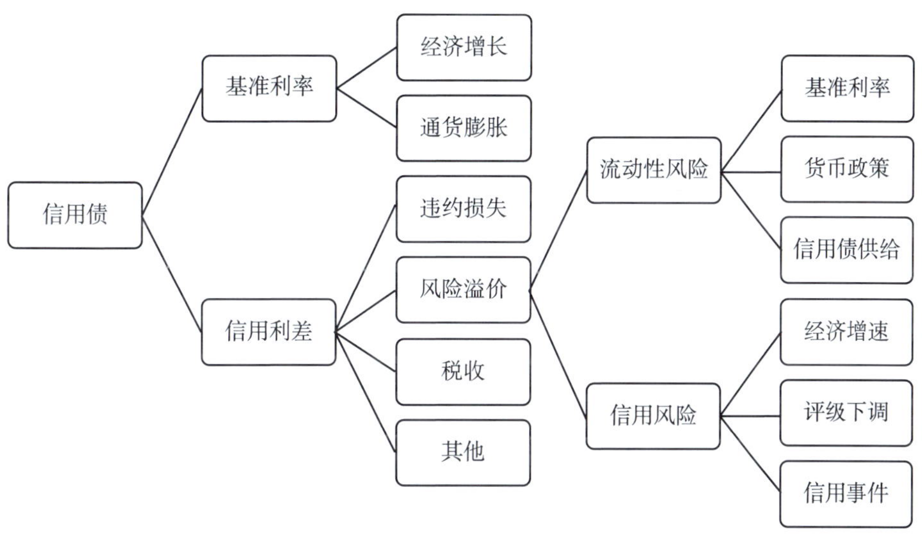

图 7－1－1　信用债券收益率分解

单独分析信用利差部分。可以将信用利差分解为四个部分，分别是：违约损失、风险溢价、税收和其他。其中风险溢价进一步划分为信用风险和流动性风险。违约损失和信用风险具有顺经济周期属性，流动性风险具有逆周期属性，也即跟国债收益率正相关。

如果违约损失和信用风险是我国投资级信用债信用利差变动的主要组成部分，那么信用利差应该呈现出和国债利率相反的走势，反之，则正向。

从 2009 年以来的历史变化比较来看，可以看出以下一些基本结论：

一、投资级以上信用债和利率债的走势方向上基本一致

从方便考察角度出发，笔者暂以主体评级AA及以上品种（以AA+级别中期票据为代表）代表投资级以上的信用债标的，比较其与同期国债的利率走势，如图7-1-2所示。

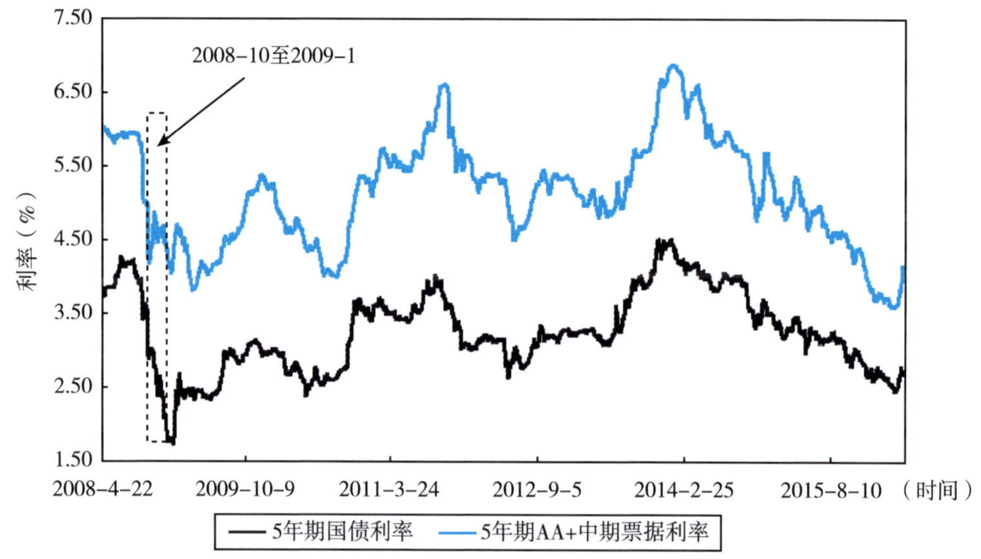

图7-1-2　信用债券利率与国债利率趋势相关性比较

资料来源：WIND中央国债登记结算有限公司。

从比较的结果来看，AA+中期票据利率与同期国债利率的变化几乎亦步亦趋。严格意义上看，只有在2008年10月到2009年1月之间出现过稍许背离，当时5年国债利率快速下行，但是同期的AA+中期票据利率则居高震荡，形成了债券牛市中信用利差放大的局面，从根本原因来推测，这与当时经历的美国次贷金融危机有关，在一定时期内，信用债券呈现出“被质疑”的状态。

除此之外，其他也有一些时期出现了国债利率平衡震荡、同期信用债券利率上下的局面，但是这种一平（国债利率）一变（信用利率）的局面与上述结论并不背离。这样的时期可参见图7-1-3所示。

二、相对于利率债，投资级以上信用债表现是：“牛市越牛，熊市越熊”

信用利差的变化周期与信用债利率和国债利率基本一致，唯一的异常是2008年10月至2009年3月，此期间信用利差走势与基准国债利率的走势恰好相反。

造成这种差异的表象原因是因为当时信用债收益率基本稳定，而国债先快速下行，然后再反弹，国债利率的快速大幅变化主导了信用利差的变化，从深层原因来

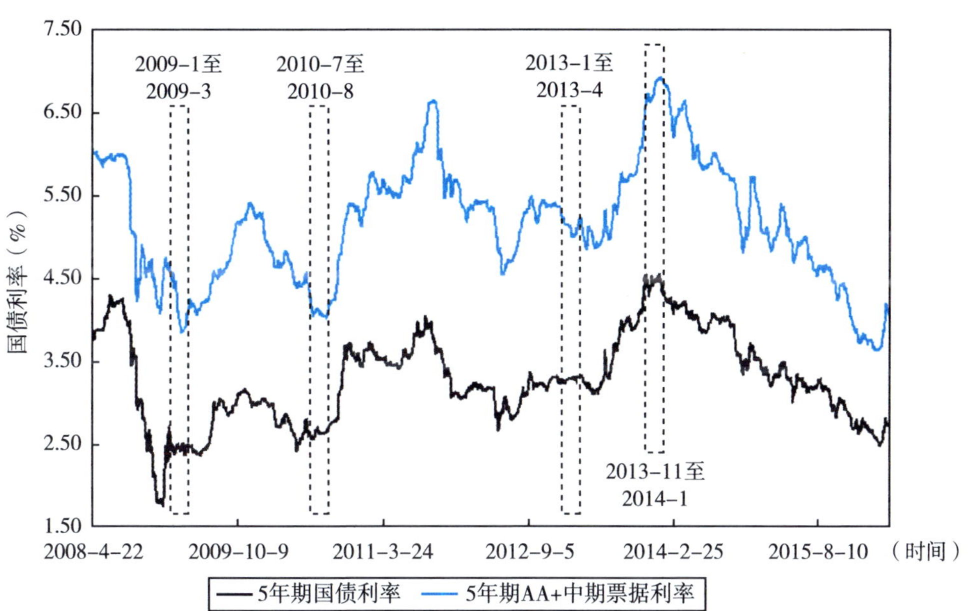

图 7－1－3 信用债券利率与国债利率趋势相关，短暂时期内出现过背离

资料来源：WIND 中央国债登记结算有限公司。

看，可以把这个异常归因于当时是一个非常特殊的时期—全球金融危机时期。如图 7－1－4 所示。

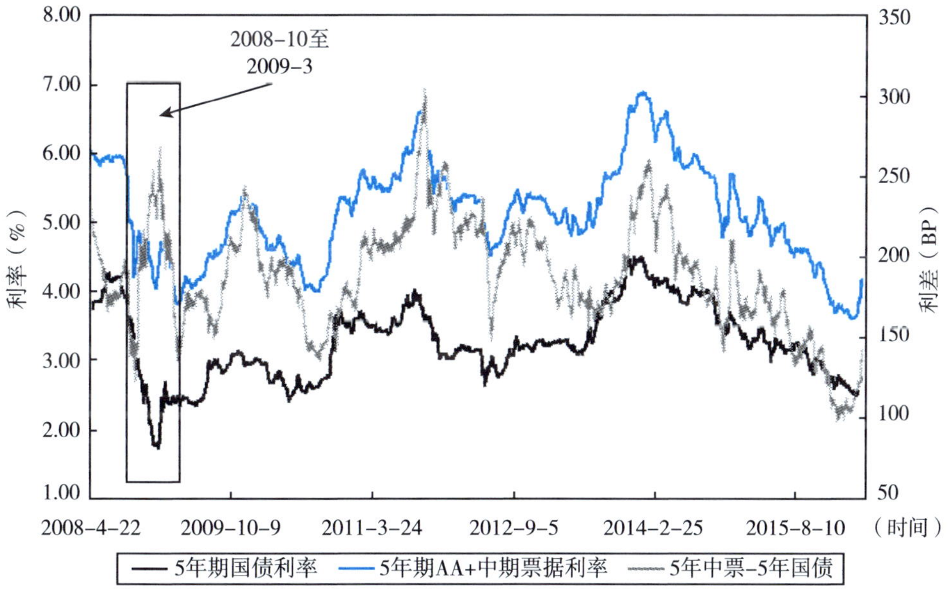

图 7－1－4 金融危机时期出现过信用利差与国债利率走势的背离差异

资料来源：WIND 中央国债登记结算有限公司。

三、低等级信用债券的信用利差弹性最强

各等级信用利差走势基本一致，但中低等级波幅更明显，弹性最强。在整体债券市场处于牛市格局中，越低等级的信用债券信用利差被压缩最多，在整体债券市场处于熊市中，越低等级的信用债券信用利差被拉阔最大。如图7－1－5所示。

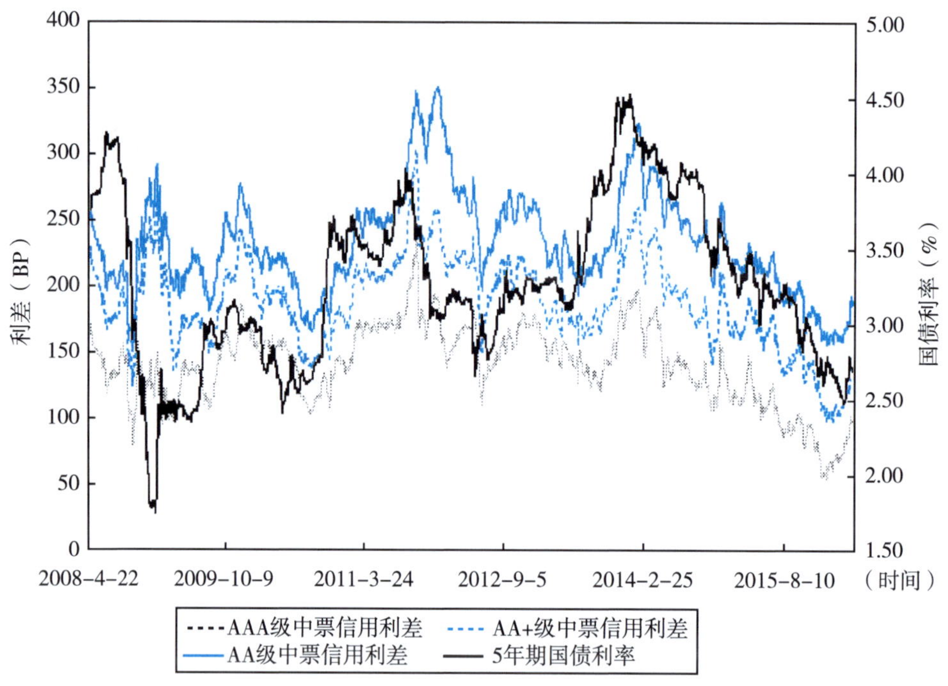

图7－1－5 各等级信用债券的利差弹性比较

资料来源：WIND中央国债登记结算有限公司。

四、基本结论：风险溢价是可投资级信用利差波动的主要驱动力

从以上定性分析来看，违约损失和信用风险并不是我国投资级以上信用利差波动的主要决定因素。而由于目前我国债券市场没有违约率的历史数据，所以也无法定量的来分析我国信用利差各因素的占比情况，不过美国投资级债券信用利差各因素占比情况仍具有一些参考意义。

表7－1－1是阿玛托（Amato，J. D.）和雷莫洛纳（E. M. Remolona）用1997年1月至2003年8月美国公司债收益率数据计算的各等级信用利差和预期违约损失平均数。数据显示：

（1）信用等级越高，信用利差越小。

（2）不同的信用等级，利率期限结构不一样。BBB以上品种为正向的利率曲线，

表示期限越长，信用利差越大；BBB级为凸形利率曲线，5～7年期品种信用利差最高；BB及以下，利率期限结构是负向的，期限越长，信用利差越小。

（3）BBB以上品种，预期损失占信用利差比重非常小，而且等级越高，占比越小，期限越长，占比越高。

表7-1-1　　信用利差和预期违约损失比较

信用利差和预期违约损失比较												
信用	1-3年			3-5年			5-7年			7-10年		
级别	信用利差	预期损失	占比（预期损失/信用利差）	信用利差	预期损失	占比（预期损失/信用利差）	信用利差	预期损失	占比（预期损失/信用利差）	信用利差	预期损失	占比（预期损失/信用利差）
AAA	49.5	0.06	0.12	63.86	0.18	0.28	70.47	0.33	0.47	73.95	0.61	0.82
AA	58.97	1.24	2.1	71.22	1.44	2.02	82.36	1.86	2.26	88.57	2.7	3.05
A	88.82	1.12	1.26	102.91	2.78	2.7	110.71	4.71	4.25	117.52	7.32	6.23
BBB	168.99	12.48	7.39	170.89	20.12	11.77	185.34	27.17	14.66	179.63	34.56	19.24
BB	421.2	103.09	24.48	364.55	126.74	34.77	345.37	140.52	40.69	322.32	148.05	45.93
B	760.84	426.16	56.01	691.81	400.52	57.89	571.94	368.38	64.41	512.43	329.4	64.28

资料来源：Amato, J. D. and E. M. Remolona (2004). The credit spread puzzle [J]. BIS Quarterly Review, 5, 51-63.

表7-1-2是约翰·赫尔（John Hull），米雷拉·普雷代斯库（Mirela Predescu）和艾伦·怀特（Alan White）对信用利差进行的分解，他们得出类似的结论，Baa以上信用债，违约损失的占比较小。而且他们提出，风险溢价是高等级债券信用利差的重要组成成分。

表7-1-2　　企业债券相对于国债的预期超额收益比较

企业债相对国债的预期超额收益				
信用级别	信用价差	无风险收益价差	违约损失补偿	风险溢价
Aaa	83（100%）	43（51.8%）	2（2.4%）	38（45.8%）
Aa	90（100%）	43（47.8%）	4（4.4%）	43（47.8%）
A	120（100%）	43（35.8%）	8（6.7%）	69（57.5%）
Baa	186（100%）	43（23.1%）	28（15.1%）	115（61.8%）
Ba	347（100%）	43（12.4%）	144（41.5%）	160（46.1%）
B	585（100%）	43（7.3%）	449（76.8%）	93（15.9%）
Caa及以下	1321（100%）	43（3.3%）	1014（76.8%）	264（19.9%）

资料来源：John Hull, Mirela Predescu and Alan White (2004). Bond prices, default probabilities and risk premiums [J]. Journal of Credit Risk, 1, (2).

结合美国的相关研究，合理推测，在我国主体评级AA级以上的信用债，违约损失的占比也不大，风险溢价是信用利差及波动的主要驱动力，特别是流动性风险，即债券市场的大环境是决定风险溢价的关键因素。当债券市场处于牛市时，投资者交投热情较高，市场成交活跃，投资者此时所需要的流动性风险溢价较低。反之，当债券走熊市时，流动性风险溢价会明显提高。

做个相对形象的比喻，国债和可投资级信用债券的关系，类似于股票主板和创业板的关系。国债强，则可投资级信用债券更强；国债弱，则可投资级信用债券更弱。

第二章

信用债策略分析框架之二：成本收益比较

“回购养券”是目前债券市场投资的典型模式。而在“回购养券”中，收益是信用债的票息和资本利得，成本是借入资金的利率和难易程度。当成本抬升时，投资者通常“去杠杆”；当收益上升时，投资者又会“加杠杆”。

笔者考察了信用债和7天回购利率（移动平均）和1年期央票的关系。2008年以来，1年期央票与信用债收益率走势相关度非常高，与回购利率相关度略低。

理论上，回购利率是“回购养券”的直接成本，回购利率在本分析框架中相关性应该更高。回顾R007与1年期央票的走势，大部分时候二者趋势上一致。其中，当公开市场发行1年期央票时，二级市场1年期央票走势跟随一级市场，R007走势和与央票有些偏离，典型的比如2008年上半年；而当1年期央票暂停发行时，比如2009年初、2012年以来，二级市场央票利率逐渐向回购利率靠拢。因此，央票与信用债走势相关度更高可以从两个方面解释，一是回购利率波动频繁；二是央票与回购利率相比，在公开市场发行时，更反映货币政策意图，对投资者预期影响更明显。

总体来看，对于信用债券，特别是可投资级别信用债券的分析中，大致有两种信用债策略分析框架可供参考，一是传统的要素分解法，信用债＝基准利率＋信用利差；二是成本收益比较法。

在第一个分析框架中，可以把信用利差分解为四个部分，分别是违约损失、风险溢价、税收和其他。其中风险溢价分为信用风险和流动性风险。考察国内现实并参考国内外文献梳理，大致可以总结出以下结论：

（1）投资级信用债信用利差中，违约损失占比非常小。

（2）风险溢价，特别是流动性风险溢价可能是信用利差的主要组成部分。

（3）在金融危机期间，信用风险溢价会明显放大。

（4）债券市场的大环境是决定风险溢价的关键因素，所以信用利差大趋势往往与国债走势一致。

第二个分析框架中，资金成本是信用债走势的决定因素。从指标来看，1年期央票和7天回购移动平均与信用债走势相关度均非常高。

第八篇

经济基本面分析拾遗

笔者始终信奉的原则是“基本面分析是利率分析的基石”。一个债券市场投资者、交易者和研究分析者一定是一个宏观经济分析者。只有在宏观经济分析的基础上，结合市场经验、市场规律才可能形成有效的投资、交易策略。

因此经济基本面分析是债券投资者的“安身立命”之本，在《投资交易笔记——2002～2010年中国债券市场研究回眸》中笔者也曾介绍过一些常用的经济增长类指标和通货膨胀类指标，在本书中笔者不再对于这些具体指标进行描述，只希望从如何看和如何预测角度来阐述一些看法和心得。

第一章

经济增长问题拾遗

经济增长类指标包含着非常庞杂的门类，债券投资者与交易者首先需要学会识别经济指标所代表的宏观经济意义，即学会看经济指标，而对于债券研究分析者而言，则不仅要对已知、已发布的经济增长数据进行描述剖析，更重要的则是对于未来的经济增长数据的走势变化进行预期判断。

第一节　如何看待经济增长：三位一体的经济增长判别模式

经济增长数据的衡量一般包括三个层面：一是宏观层面数据：以 GDP、工业增加值、PMI 等为代表；二是中观层面数据：一般以行业数据为代表，典型关注的诸如发电量、水泥价格与产量、钢铁价格与产量，总体来说，是以工业品价格或产量为典型代表；三是微观层面数据：主要涉及个体微观企业的经营业绩等。

一、宏观、中观数据的背离现象

从市场数据可得性与观察方便程度来看，前两者（宏观数据与中观数据）是重点，对于经济状况的分析，理论上需要做到不同层面数据的相互印证，方可大概率对于经济增长状况做出相对准确的评估。

但是在现实操作中常常会出现这样一种状况："似乎"出现了宏观、中观数据的背离，这种背离如何理解，也常常令研究者与投资者产生困惑。

例如，在现实的市场交易研究中，PMI 数据可以作为宏观经济增长的代表性指标之一，而发电量数据则可以作为重要的中观经济增长指标代表。从常理来看，两者所描述的经济增长状况是"殊途同归"，但是在显示中却经常产生背离。

以图8－1－1为例，2009年以来，汇丰PMI所代表的经济增长状况和发电量同比增速所代表的宏观经济增长状况却出现了五次背离的现象，显示出截然相反的运行方向。

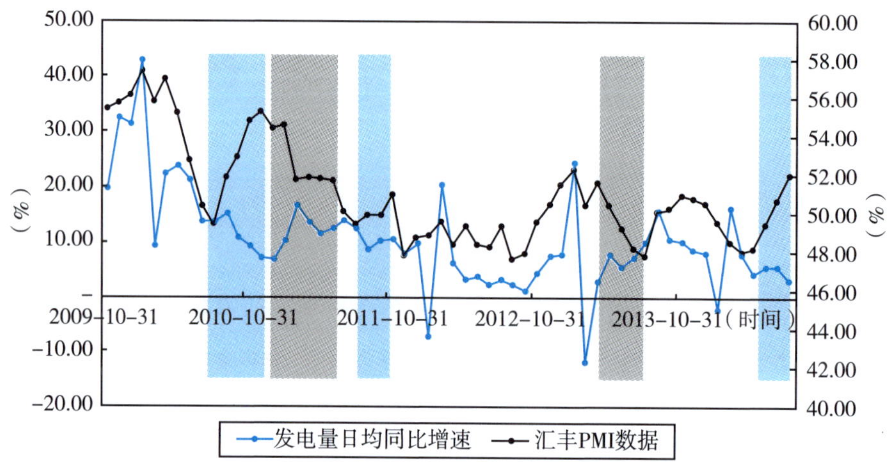

图8－1－1　宏观与中观的背离——电力数据与PMI数据经常呈现背离

资料来源：WIND。

当然如果仅仅针对PMI数据和发电量增速的背离差异是较为容易找到解释原因的，其背离的主要原因可能是基于以下两个：

（1）如果用汇丰PMI作为宏观数据的代表，那么这个数据的内涵需要澄清。从PMI数据的构成内涵来看，其表达的是一个环比概念，描述“本期相对于上期的好或坏”，因此只要经济增长不是持续、长期无反复的下降或上行（事实上，哪怕在一个下行或上行大周期中，也不能排除小周期波动的存在），那么环比变化就是可反复的。那么PMI数据的变化理论上是一个有顶有底的箱体运动状态。这种内涵属性遭遇到趋势性上行或下行的经济状态时，会表现出数据的背离性。

（2）中观数据的覆盖代表性值得商榷。市场比较关注、也相对容易获得的中观数据有限，例如上面的电量数据，但是这些单一行业的生产数据是否能够全面的覆盖经济运行领域，完整的反映经济状况，是值得商榷的。

二、客观反映经济增长状况的指标选择：宏观、中观以及货币

为了避免PMI数据环比意义所产生的误解，笔者倾向于选择三类指标来更好的衡量宏观经济增长走向。分别是：工业增加值增速（用IP代表）、100种工业品价格扩

散指数 BCI[①] 和广义货币供应量指标 M2。

上述三个指标分别代表经济增长的宏观指标、中观指标以及金融货币类指标，注意笔者在经济增长因素判断中，始终将 M2 作为判别经济的辅助性工具和手段。

理论上看，三者（IP、BCI、M2）对于实体经济运行的描述都应该是一致的，但是不可否认的是现实中确实存在一定的差异现象。

（一）工业增加值增速（IP）与 100 种工业品价格扩散指数（BCI）的相应变化

从总体趋势来看，宏观层面数据 IP 与中观层面数据 BCI 吻合性较好，如果更细致考察，可能会发现有三个时期中，两者出现过阶段性背离，分别为图 8－1－2 中所示的三个时期，也就是说，在这三个时期中，市场应该对于整体经济增长的描述出现过分歧判断。

其中对于笔者而言，印象最深刻的是 2012 年三季度时期，当时在整体宏观层面数据走软的情况下，管理层提出了“我国经济正处于下行趋稳”的判断，现在回顾来看，确实有一定的道理。

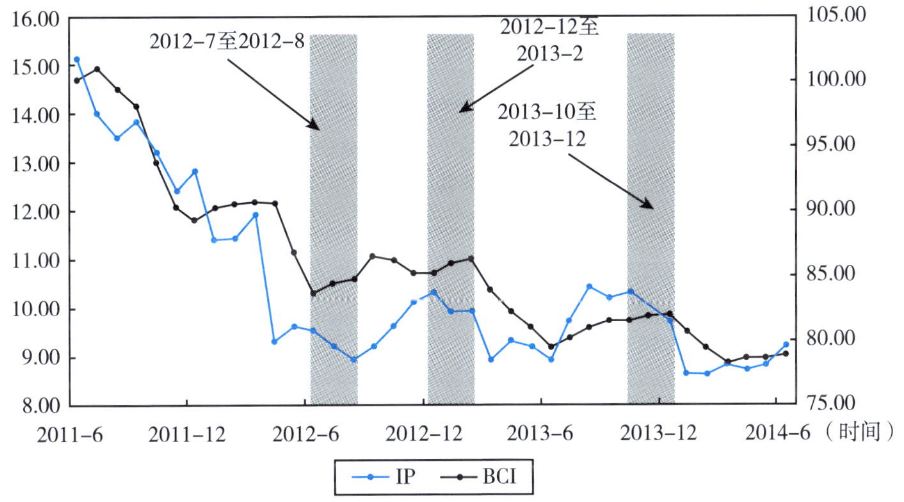

图 8－1－2 宏观与中观——工业增加值与 BCI 指数的相关性

资料来源：WIND 生意社 www.100ppi.com。

如果处于当期境地，面对宏、中观数据的背离，投资者多少会出现茫然的感觉，究竟经济增长状况如何变化了呢？因为宏观指标和中观指标揭示的方向是相反的。

在这种情况，笔者倾向于引入第三个金融货币类指标—广义货币供应量（M2）来进行辅助验证。

① BCI 指数（英文全称 Bulk Commodity Index）是生意社创建的大宗商品供需指数，是反映制造业经济趋势的定性指数。

（二）IP、BCI以及M2的“三位一体”模式判定经济增长现状：三者取其二

在宏、中观数据层面之外，再引入一个金融数据变量，构成“三位一体”的框架来描述经济状况，可能看得就会更加清晰。如图8-1-3所示。

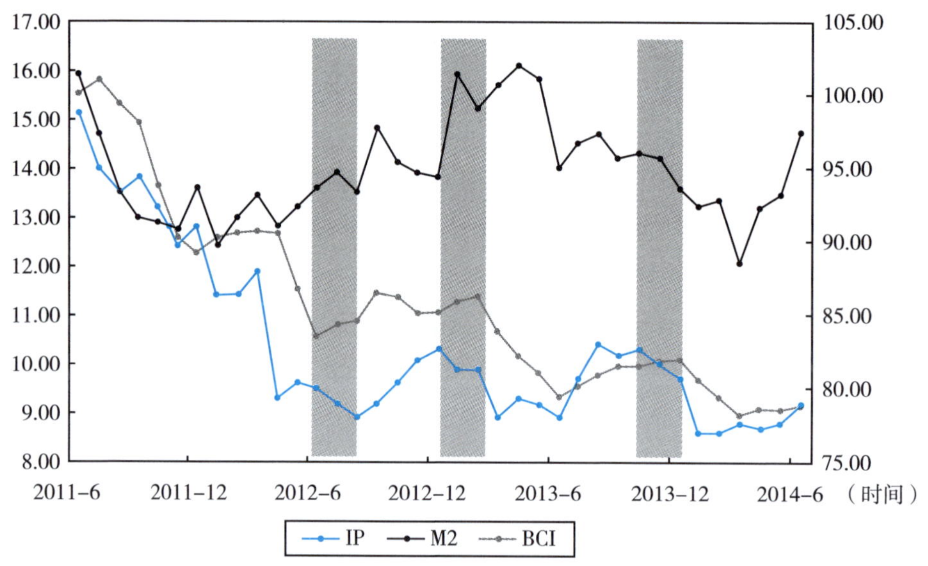

图8-1-3　宏观、金融、中观数据的相关性一览

资料来源：国家统计局　中国人民银行　生意社 www. 100ppi. com。

同样是上述的三个时期，分别举例说明：

（1）2012年三季度时期：总体表现为“宏观数据（IP）弱、中观数据（BCI）改善”，两者发出了“背离”的信号，但是结合M2数据，在此时期呈现出回升态势。

可以根据“三者方向取其二，断定现有经济状况”的原则，对于2012年三季度时期的经济状况做出趋于稳定改善的判断（这和单纯利用工业增加值得出的判断结论并不一致）。而事实上仔细回忆，当时的中央政府管理层也较为前瞻性地做出了“缓中趋稳”的宏观经济走势判断①。

（2）2013年四季度时期：总体表现为“宏观数据（IP）弱、中观数据（BCI）强”，两者背离，但是同期的广义货币供应量指标出现了持续下行。根据“三者方向取其二，断定现有经济状况”的原则，对于2013年四季度时期的经济状况应该做出趋于回落的判断。

① 2012年夏季达沃斯9月11~13日在天津举行，会议主题为“塑造未来经济”。温家宝总理在2012年新领军者年会欢迎致辞暨开幕全会上表示，从宏观经济各项指标的组合看，我国经济社会发展形势是好的，经济增速仍然保持在年初确定的预期目标区间以内，并已经呈现出缓中趋稳的态势，随着近期密集出台的政策措施落实到位发挥作用，中国经济有望进一步趋稳。

（三）“三位一体”模式预判经济增长未来前景：金融货币指标做前瞻

在“三位一体”模式中，虽然金融货币指标 M2 被当做鉴别经济现状的辅助性工具，但是考虑到金融信贷类指标对于经济增长具有一定的前瞻性意义，因此可将金融货币指标当做指示未来的经济变化方向的前瞻指标来对待。如图 8－1－4 所示。

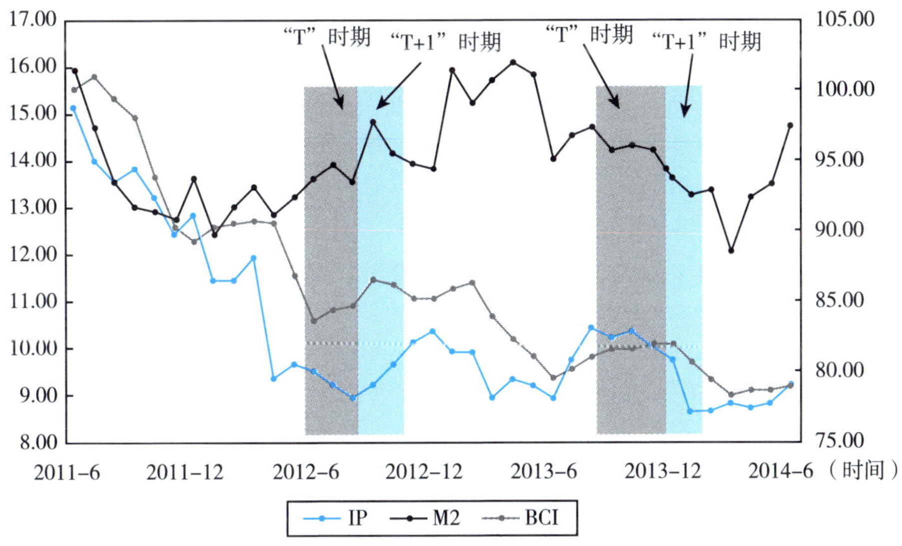

图 8－1－4 宏观、金融、中观数据的时滞关系一览

资料来源：国家统计局 中国人民银行 生意社 www. 100ppi. com。

同样是 2012 年三季度时期，综合表现为“宏观指标（IP）弱＋中观指标（BCI）改善＋金融货币类指标（M2）改善”，当前阶段可被判断为经济“缓中趋稳，出现积极信号”。

考虑到 M2 指标出现了回升，因此可前瞻认为当前表现相对偏弱的宏观指标（IP）在未来存在改善可能，果然后期的 IP 出现了回升。

同样，2013 年四季度时期，综合表现为“宏观指标（IP）偏弱”＋“中观指标（BCI）改善走强＋金融货币类指标（M2）下行”，当前阶段被判断为经济“触顶回落”。同时，考虑到 M2 指标出现了回落，因此可前瞻的认为当前表现偏强的中观指标（BCI）出现回落，果然后期的 BCI 指标出现了回落。

总体来看，T 时期无论宏观指标和中观指标如何背离，T＋1 时期的总体表现都基本服从于 T 时期广义货币供应量方向的变化。

总体来看，判断经济增长的现状如何，可以采用 IP、CPI 以及 M2“三位一体”的判别模式，同时还可以根据 M2 在 T 时期的变化方向预期判断 T＋1 时期的宏、中观数据变化方向。

第二节 更全面地认识经济增长因素——第三产业增长

在经济增长指标中，最全面的衡量指标无疑是国内生产总值（GDP），其全面反映了经济增长的全貌。之所以在债券分析中经常会采用工业增加值指标作为经济增长指标的替代，原因有两个：一是对于资金需求量最大的产业是第二产业，特别是工业，因此其变化反映了最重要的融资需求部分的变化；二是GDP指标虽然全面，但是由于其公布频率过低（一个季度公布一次），远不及工业增加值的公布频率高（一个月一次），且工业增加值在GDP中的占比依然居于相对高位。

但是2012年以来伴随中国经济的转型展开，中国经济增长构成发生了显著的变化。转型的根本在于第一、二、三产业的结构调整，即强化发展以第三产业为支撑的国内经济发展格局，逐渐地降低中国GDP对于第二产业（包括工业和建筑业）的依赖，转而更倚重于第三产业（服务业）的发展。

这一发展变化从2012年以来取得了长足发展，第三产业占据GDP的比重已经取代了第二产业。截至2015年底，中国第三产业对于GDP的贡献率已经达到了58%，远超越了第二产业37%的贡献率水平，如图8－1－5所示。

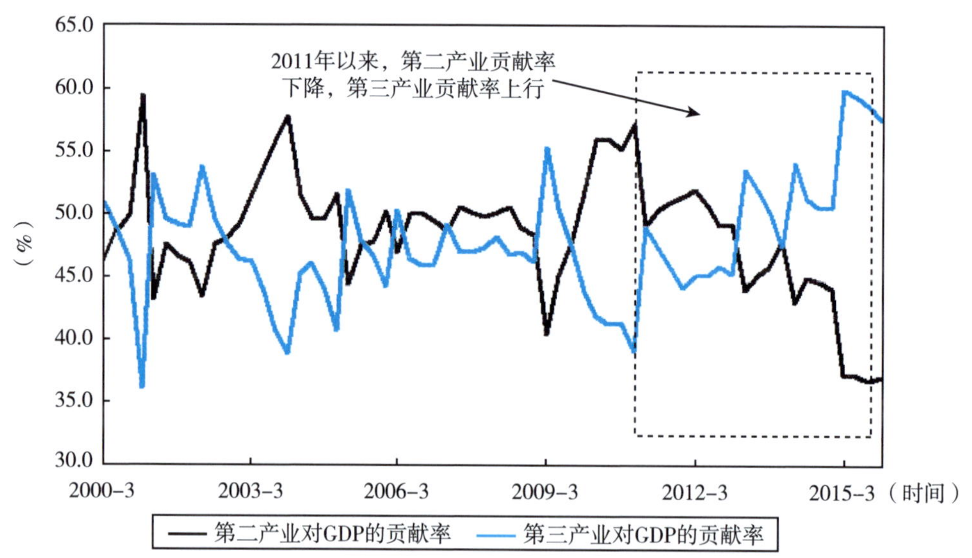

图8－1－5 第二、三产业对GDP的贡献率历史变化

资料来源：国家统计局。

在以往第二产业（特别是工业）占比GDP半壁江山时期，市场中有一个由工业增加值速度推测GDP速度的简洁公式，即：GDP＝工业增加值增速×50%＋(2～3)个百分点。

这一假设就是在工业占半壁江山的背景下推导而出的，而且在以往也基本符合中国实际情况。但是从 2012 年中国进入调整经济结构、转型以来，这个关系被彻底颠覆了，在现实中我国的 GDP 增速和传统的工业增加值增速也出现了显著的“剪刀差”扩大局面。如图 8－1－6 所示。

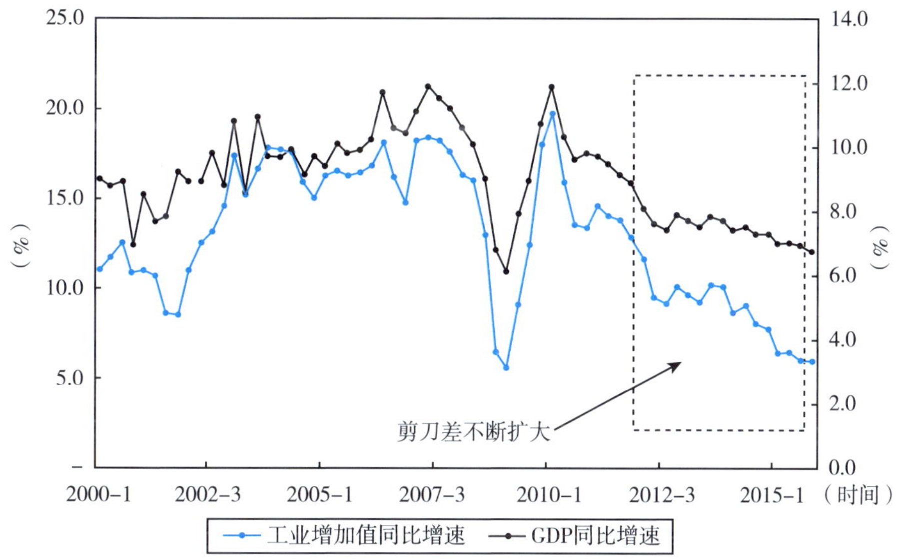

图 8－1－6　工业增加值与 GDP 的相关性弱化

资料来源：国家统计局。

这说明在衡量中国经济全局时，单纯的依赖于传统意义上的工业数据进行预期判断存在着很大的偏差。虽然工业为主要代表的第二产业居于 GDP 增长的重要地位，但是伴随着中国经济的转型进程不断深化，第二产业占据 GDP 的比重越发降低下来，取而代之的是第三产业（服务业）的支撑效应越发增强，这导致了 GDP 增长和工业增长两者之间的“剪刀差”不断扩大。因此在衡量 GDP 增长时，有必要对于第三产业进行详细的分析与判断。

当然，在分析过程中也很难将第二产业的增速与第三产业割裂开来对待。因为从逻辑意义上看，第二产业创造价值，而第三产业分配价值，这两者很难出现持续背离，只有在 2015 年期间受到股票杠杆牛市的影响，而出现过短暂的增速背离。

一般情况下，第二产业增速和第三产业增速两者是方向变化同步的，只不过在变化幅度上存在着差异。从 2011 年以来，也正是第三产业增速回落幅度远小于第二产业增速，导致了 GDP 增速没有出现传统预期中的快速下坠现象，这从一个侧面也反映出中国的经济结构转型正在进行中。如图 8－1－7 所示的是这些年来，两者增速的变化差异。

一、第三产业（服务业）重要性增强的内在原因

从国际经验可以发现，随着经济的发展，一国服务业占 GDP 的比重会不断上升。

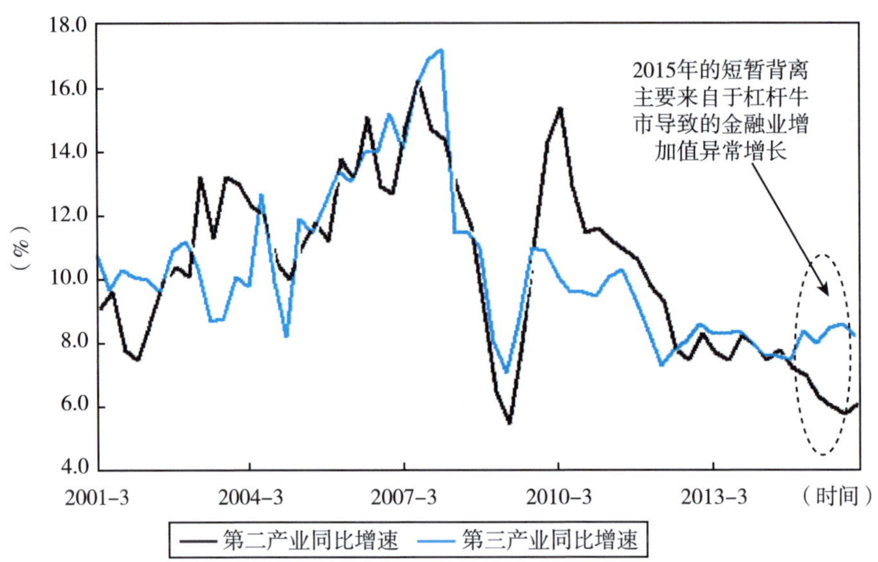

图 8-1-7　2015 年第二、三产业增速出现罕见的背离

资料来源：国家统计局。

如散点图 8-1-8（2013 年）中的横轴是一国人均 GDP（取对数处理），纵轴是第三产业占 GDP 比重，每一个散点代表一个国家。从中可以清晰地发现，服务业占 GDP 的比重随人均收入水平的上升而不断提高，这符合经济发展的一般规律。

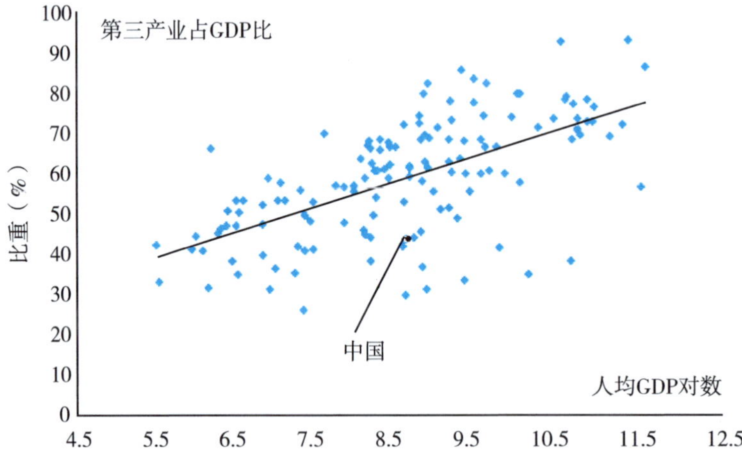

图 8-1-8　服务业占 GDP 的比重随人均收入水平的上升而不断提高

资料来源：国家统计局 BLOOMBERG。

二、第三产业（服务业）的构成

第三产业经济数据中，最重要的是国家统计局 GDP 核算中的第三产业数据，该数据是以季度为发布频率。

GDP 核算数据中，第三产业除总量增长数据外，还包括了交通运输、仓储和邮政业、批发和零售业、住宿和餐饮业、金融业、房地产业、其他服务业等分行业增长数据。

以 2014 年国家统计局发布的统计数据为例，如表 8－1－1 所示。

表 8－1－1　三大产业在 GDP 中的构成一览

项　　目	绝对额（亿元）	比上年同期增长（%）
GDP	636463	7.4
第一产业	58332	4.1
农林牧渔业	60151	4.2
第二产业	271392	7.3
工业	227991	7
建筑业	44725	8.9
第三产业	306739	8.1
批发和零售业	62216	9.5
交通运输、仓储和邮政业	28750	7
住宿和餐饮业	11199	6.2
金融业	46954	10.2
房地产业	38167	2.3
其他服务业	116311	8.8

资料来源：国家统计局。

从行业的产值比重来看，第三产业 GDP 统计中产值占比最大的是“其他服务业”。2014 年底，“其他服务业”占第三产业产值比重已经达到 37.9%。如图 8－1－9（2014 年为例）所示。

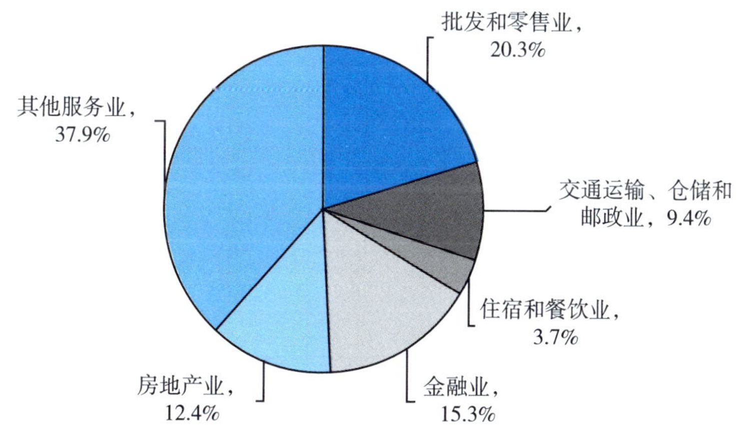

图 8－1－9　第三产业六大子项目构成一览

资料来源：国家统计局。

在年度统计数据中，可以找到“其他服务业”的明细分类。“其他服务业”具体包含：①信息传输、计算机服务和软件业；②租赁和商务服务业；③科学研究、技术服务和地质勘查业；④水利、环境和公共设施管理业；⑤居民服务和其他服务业；⑥教育；⑦卫生、社会保障和社会福利业；⑧文化、体育和娱乐业；⑨公共管理与社会组织9个门类行业。

但需要注意的是，9个门类的数据只有在年度数据中才能看到，而且滞后时间较长，目前能看到的最新数据是在《中国统计年鉴2014》中，统计的数据还是2012年的，如表8－1－2所示。

表8－1－2　　分行业增加值统计数据一览

年　　份	2011		2012	
行　　业	增加值（亿元）	占GDP比重	增加值（亿元）	占GDP比重
总　计	473104.00	100.00%	519470.10	100.00%
第一产业	47486.20	10.00%	52373.60	10.10%
农林牧渔业	47486.20	10.00%	52373.60	10.10%
第二产业	220412.80	46.60%	235162.00	45.30%
工业	188470.20	39.80%	199670.70	38.40%
采矿业	27225.60	5.80%	27081.80	5.20%
制造业	150597.20	31.80%	161326.10	31.10%
电力、燃气及水的生产和供应业	10647.40	2.30%	11262.70	2.20%
建筑业	31942.70	6.80%	35491.30	6.80%
第三产业	205205.00	43.40%	231934.50	44.60%
交通运输、仓储和邮政业	22432.80	4.70%	24660.00	4.70%
批发和零售业	43445.20	9.20%	49394.40	9.50%
住宿和餐饮业	9172.80	1.90%	10464.20	2.00%
金融业	24958.30	5.30%	28722.70	5.50%
房地产业	26783.90	5.70%	29359.70	5.70%
信息传输、计算机服务和软件业	9780.30	2.10%	10974.10	2.10%
租赁和商务服务业	9407.10	2.00%	10837.70	2.10%
科学研究、技术服务和地质勘查业	6965.80	1.50%	8241.10	1.60%
水利、环境和公共设施管理业	2039.50	0.40%	2405.30	0.50%
居民服务和其他服务业	7280.50	1.50%	8039.60	1.50%
教育	14429.40	3.00%	16282.70	3.10%
卫生、社会保障和社会福利业	7495.90	1.60%	8989.70	1.70%
文化、体育和娱乐业	3007.10	0.60%	3446.60	0.70%
公共管理和社会组织	18006.40	3.80%	20116.50	3.90%

资料来源：《中国统计年鉴2014》。

注：加粗的行业是“其他服务业”中所包含的行业。

由于“其他服务业”包含的内容非常繁杂，而其分行业的明细数据在目前的统计口径中又只有年度数据，且公布时间滞后，这导致了研究分析中很难对“其他服务业”的情况进行快速的跟踪和把握。

不过虽然“其他服务业”在第三产业中产值占比最大，但其增速的波动率却是最小的，这在一定程度上提供给分析者线性趋势外推的可能。

三、第三产业增长速度统计方法简述

目前我国 GDP 核算中，第一产业和第二产业采用生产法核算，第三产业采用收入法核算。无论是生产法和收入法，原理都是首先统计增加值，然后再推算增加值的增速。

但需要注意的是，这里的生产法和收入法都特指年度核算。在季度 GDP 核算中，一般是采用首先核算增速，然后再通过上年同期的不变价增加值来计算当期的不变价增加值，即：

$$当期(行业)不变价增加值 = 上年同期(行业)不变价增加值 \times (1 + 当期(行业)不变价增加值增长速度)$$

所以，季度 GDP 核算关注的重点是增速而非增加值本身，而行业的增速则是根据对应统计指标的换算和加权平均得到。

以金融业为例来说明金融业增速是如何根据对应统计指标的换算和加权平均得到。

金融业季度核算中，统计口径是银行业、证券业和保险业这三个细分子行业，对应统计指标分别是：存贷款余额增速、营业税增速（银行业）；股票成交金额增速（证券业）；保费收入增速（保险业）。

这几个对应统计指标的增速本质上是一种实物增速，而并非 GDP 核算中的增加值增速。将实物增速换算成 GDP 增加值增速的过程是乘上一个“国家换算系数”。所谓国家换算系数，即服务行业发展速度换算系数，是国家统一规定的各地区在季度核算中使用在服务行业增加值核算过程中的调整系数。

换言之，将一个实物指标增速乘上国家换算系数之后就可以得到一个细分子行业的 GDP 增加值增速。例如，将股票成交金额增速乘以国家换算系数后得到的是证券业 GDP 核算增加值增速。

根据规定，各服务行业的发展速度换算系数，由统计局核算司根据上年年度国家核算数据与相关专业和部门统计资料统一计算，并于第一季度前反馈各地区，用于当年各季度服务行业增加值核算。

经过换算之后，得到的是一个细分子行业的 GDP 核算增速，第二步就是将不同细分子行业的 GDP 核算增速进行加权平均，得到一个行业的增速。对金融业而言，这意味着将上述指标乘以国家换算系数后我们得到了银行、证券、保险业各自的 GDP

增速，再加权平均就可以得到整个金融业GDP增速。

同理，对于服务业的六大项行业而言，季度服务业GDP核算就是将一系列对应统计指标进行换算和加权平均的过程。即（假设只有A，B，C三个对应统计指标）：

行业GDP增速 = 统计指标A增速 × 国家换算系数A × 权重A + 统计指标B增速 × 国家换算系数B × 权重B + 统计指标C增速 × 国家换算系数C × 权重C

对于市场分析者而言，公式里的国家换算系数和权重都是不可知的。因此，上述公式本质上等同于：

行业GDP增速 = 统计指标A增速 × 参数A + 统计指标B增速 × 参数B + 统计指标C增速 × 参数C

上述公式说明了构建服务业预测指标有两个关键性问题：一是能够找到对应统计指标A，B，C；二是通过一定的方法估计出未知参数A，B，C。相比于未知参数的估计，对应统计指标的数据可得性更为重要，它是影响预测指标精准性的主要因素。

四、第三产业中五大项目（除“其他服务业”外）的对标高频指标与敏感系数

（一）交通运输、仓储和邮政业

按照交通运输、仓储和邮政业占第三产业比重9.5%，以及第三产业占GDP比重50%，估算交通运输、仓储和邮政业中各指标增速对应GDP增速大致关系如下：

旅客周转量增速（同比）每增加5.5%，GDP提高0.1%；货物周转量增速（同比）每增加22%，GDP提高0.1%；邮政业务总量增速（同比）每增加22%，GDP提高0.1%。

（二）批发和零售业

按照批发和零售业占第三产业比重20%，以及第三产业占GDP比重50%，估算批发和零售业中各指标增速对应GDP增速大致关系如下：

社会消费品零售总额（商品零售）增速（同比）每增加1.25%，GDP提高0.1%。

（三）住宿和餐饮业

按照住宿和餐饮业占第三产业比重4%，以及第三产业占GDP比重50%，估算住宿和餐饮业中各指标增速对应GDP增速大致关系如下：

社会消费品零售总额（餐饮收入）增速（同比）每增加7.5%，GDP提高0.1%。

（四）房地产业

按照房地产业占第三产业比重12.5%，以及第三产业占GDP比重50%，估算房地产业中各指标增速对应GDP增速大致关系如下：

商品房销售面积增速同比（同比）每增加9.5%，GDP提高0.1%。

（五）金融业

按照金融业占第三产业比重4%，以及第三产业占GDP比重50%，估算金融业中各指标增速对应GDP增速大致关系如下：

存贷款余额增速（同比）每增加2%，GDP提高0.1%；股票成交金额增速（同比）每增加40%，GDP提高0.1%；保费增速（同比）每增加45%，GDP提高0.1%。

五、经济增长率的另一替代指标：就业率

传统的债券投资分析框架中主要侧重于对于第二产业的分析，特别是对于工业的分析，主要原因不外乎如下：

（1）在整体经济构成中第二产业是一个非常重要的部分。虽然伴随着中国的经济转型，工业在整体GDP中的占比权重在下降，但是依然是非常重要的一个组成部分，特别对于利率分析来看，由于工业生产代表着整体社会中融资需求最大的一个构成部分，其变化对于社会融资需求曲线的影响是最关键的。

（2）从数据的发布频率和发布质量来看，工业增加值数据由于采用月度发布模式，且是滤除了价格因素后的实际增长率指标，因此在日常的交易、投资过程中更被市场所关注。

虽然伴随着经济转型以及第三产业的崛起，GDP的分析范畴更加广泛，似乎工业生产问题变得更加淡化一些，但是笔者始终觉得针对工业增加值状况和GDP全局的分析各有不同的目的性。

关注跟踪工业生产状况的目的在于衡量把握社会融资需求状况的变化，因为工业一般代表着社会重资本行业的变化状况，其对于总的融资需求具有重要的影响。

关注解析整体GDP状况（特别是引入了第三产业分析）更多的目的是希望预测把握资金供应意愿曲线的变化。因为当整体GDP接近当年目标计划的下限时，往往会引发货币、财政等政策的变化，而这极易引发资金供应意愿曲线的变化，即全面衡量的GDP变化对于预测政策变化触发点是有帮助的。

利率是在供、需两条曲线相对位移变化中所确定的，因此关注工业生产和关注GDP并不重叠重复。

需要注意的是，伴随中国经济转型展开，从预测把握政策变化触发点角度出发，

事实上更好的指标并不是GDP，而是失业率。

以美国债券市场为例，代表其经济增长状况的最典型指标是失业率指标，因为政府真正关注的是经济增长所能带来的居民就业变化状况。当就业水平出现问题时往往更代表着政策变化的可能性在加大（相应，资金供应意愿曲线发生变化）。

笔者认为这种思维模式日后也必然成为中国市场的主流模式。即政策目标将会越来越聚焦于社会就业状况，而不再是单一的GDP增长速度。虽然GDP增长速度在一定程度上会代表着社会就业吸纳的能力，但是伴随一个经济体人口结构的变化（例如劳动力人口递减）、产业结构的变化（例如三产业对于就业的吸附能力更强）等，GDP增速与就业率之间的关系可能发生着某种变化。例如以往必须由10%GDP增速所能支撑的就业状况，目前可能只需要由6%～7%的GDP增速即可支撑。

就业率的数据将会备受金融市场投资者关注，但是在现阶段的中国尚存在一定的困难，因为中国的就业数据的发布尚没有形成相应制度和规律。

目前官方口径发布的就业数据有两类。一类是人社部每季度发布的城镇人口登记失业率，金融市场投资者对于该数据并不关注，另一类则是官方始终在酝酿、计划定期发布，但是事实上总是零星发布的城市调查失业率。

上述两个数据都是官方发布，但是数据序列要么质量不高，要么周期过短，在现实的投资者交易中很难被重点分析关注。

除此之外，与中国就业状况相关的数据还可以参考两个指标：

（1）PMI中的从业人员指数。中国物流与采购联合会与国家统计局企调队联合发布的中国采购经理指数（PMI）子项目构成中有从业人员指数，但是由于该指数表征的是方向趋势类意义，很难定量化描述中国就业情况。

从指标意义上来看，GDP的增速和PMI就业人员的含义都表达了对于就业状况的影响，两者在趋势方向意义上是一致的，但是这都是从岗位供应角度来描述的，缺乏了就业人员供应角度的描述，对于衡量就业问题存在缺陷。如图8－1－10所示。

（2）求人倍率（岗位空缺与求职人员比率）。中国人力资源市场信息监测中心[①]每季度对于百余城市的公共就业服务机构市场供求信息进行统计分析。其中有两个指标值得关注：求人倍率和岗位需求数同比增速。

求人倍率表示的是岗位空缺数和求职人员数的比率，其不仅考虑了岗位供给情况，还考虑了求职人员的数量，从供需两个角度来衡量就业情况，是较为理想的衡量指标，缺陷在于只是每季度发布一次。如图8－1－11所示。

从求人倍率和GDP的关系来看，2011年前两者具有较好的正相关性，但是2011年之后，两者呈现出显著的负相关性，虽然GDP一路下行，但是求人倍率却明显上行，显示就业状况良好。

---

① 中国就业网www.chinajob.gov.cn

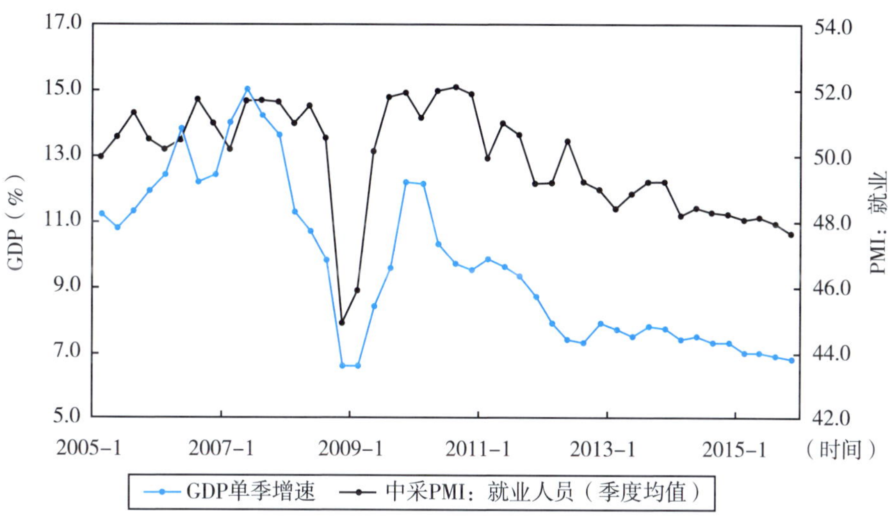

图 8-1-10　GDP 增速与 PMI 就业人员的关系

资料来源：国家统计局。

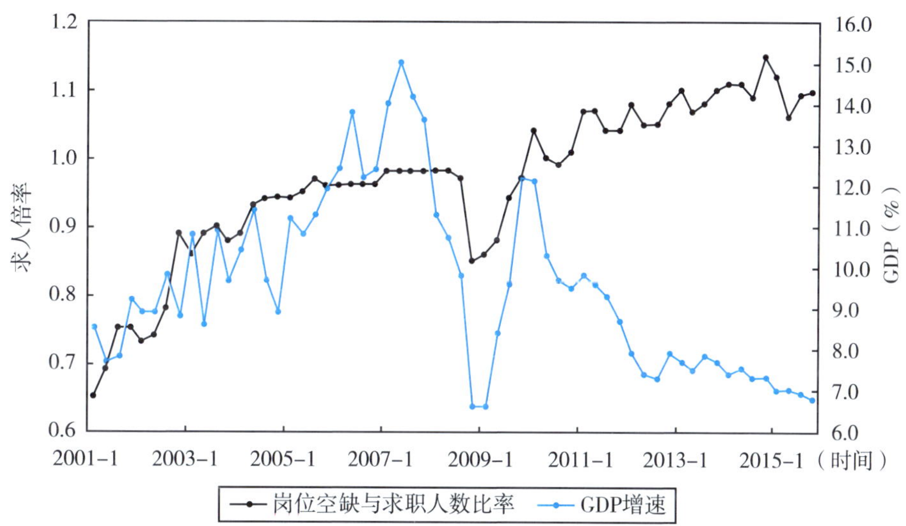

图 8-1-11　GDP 增速与求人倍率关系一览

资料来源：国家统计局　中国就业网。

这种分化可能是有两个原因造成：一是伴随经济转型，当前阶段一单位 GDP 的增长吸纳就业人数的能力在扩大；二是伴随人口结构的变化，求职人数的总量出现了萎缩，虽然岗位供应有所减少，但是依然呈现出良好的就业状况。

岗位需求数同比增速衡量的是百余城市公共服务机构所提供的岗位数量的变化，从逻辑传导关系来看，经济增长状况和企业提供给社会的岗位数量是一致的，因此 GDP 增速与岗位需求数之间具有紧密的联系。但是其缺陷是只衡量岗位数量，难以衡量求职人数的变化，这在人口结构变化的过程中对于就业状况的衡量缺乏支撑。如图

8-1-12所示。

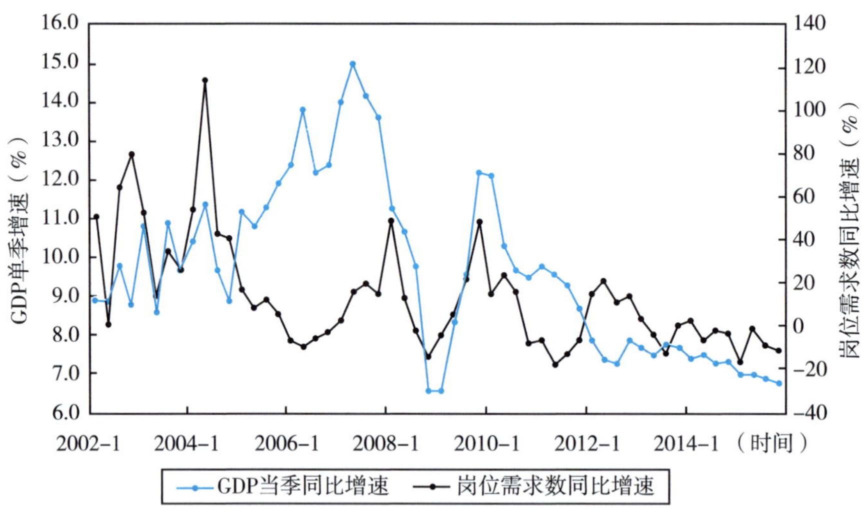

图8-1-12　GDP增速与岗位需求数增速比较

资料来源：国家统计局　中国就业网。

总体来看，根据美国经验，伴随经济转型的不断深化，传统意义上衡量经济增长状况的指标都开始值得商榷，这时候就业状况则成为经济增长状况的最具代表性指标。

例如在美国金融市场中，失业率与就业人数是典型的经济增长指标，对于整体货币政策起到非常重要的指示意义，相信伴随中国经济结构转型深化以及中国统计制度日趋完善，就业数据在基本面分析中的重要程度会越来越大。

第三节　如何看待经济增长的同比指标与环比指标

经济增长率一直是金融市场投资者的关注指标，其中特别以GDP增速和工业增加值增速为关注焦点。在如何理解每期数据上，投资者也存在一定的分歧认识，特别是体现在如何解读同比增长和环比增长（季节调整后）的问题上。

从中国的实际情况来看，对于GDP和工业增加值数据通常以公布同比增速为主，直至2011年开始，国家统计局才开始逐渐公布两者季节调整后的环比增长速度。但是由于中国存在着春节等假期因素的干扰以及季节调整方法不透明等因素，市场投资者对于经济数据季节调整后的环比增速存在一定的质疑。

从环比与同比的变化速度来看，确实存在着环比变量比同比变量敏感的特征。特别是在大周期拐点时期，环比变量往往能够领先与同比变量展现出经济增长新的变化方向，其中最为典型的时期莫过于2008~2009年时期。如图8-1-13所示。

例如，2007年2季度、2009年1季度，GDP的环比增速出现拐头回落（回升），

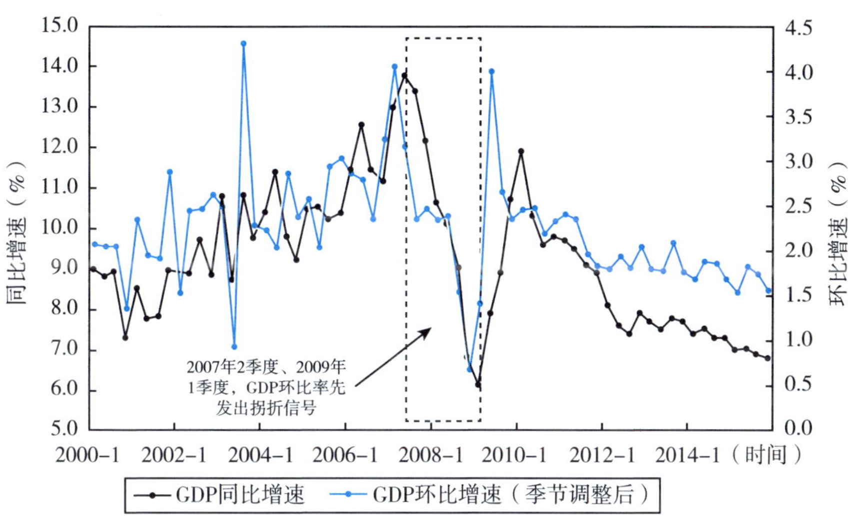

图 8-1-13 GDP 同比增速与 GDP 环比增速（季节调整后）

资料来源：国家统计局。

而同期的 GDP 同比增速则依然在上行或下降过程中。

如果从更高频、细致的工业增加值月度变化来看，可以更清晰地看出在 2008 年 11 月份时点，中国的经济增速（特别是工业）已经到达了一个相对低点，如图 8-1-14 所示。

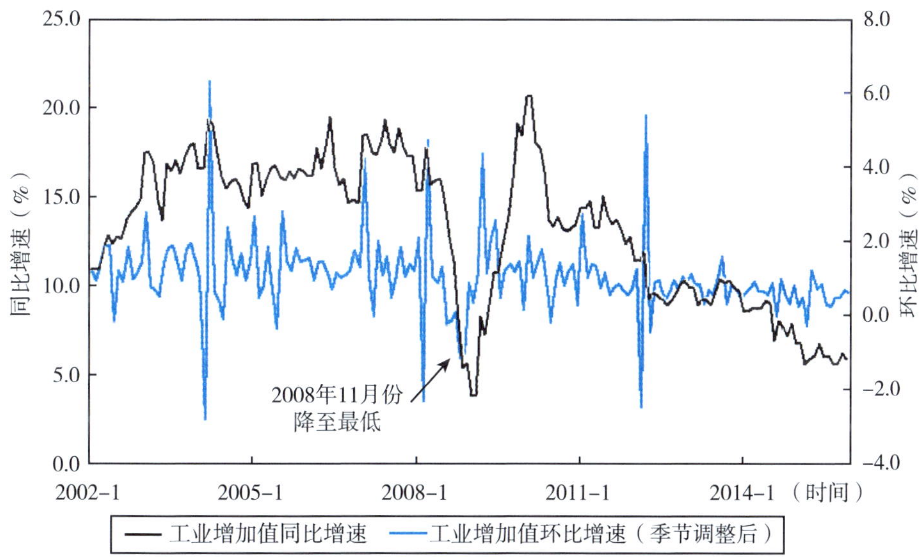

图 8-1-14 工业增加值同比增速与工业增加值环比增速（经过 PBC-X12-ARIMA 方法季节调整）

资料来源：国家统计局、中国人民银行。

从上面例子能看出，在一定时期中经济增长速度的环比增速（季节调整后）确实会比同比数据率先发出拐点信号。在这些时期中，金融市场的变化也基本会“抛弃”同比变化信号，而跟随环比变化信号做出反映。

但是这种领先性并非是时时可出现的，只有在相比于前一个稳定的增长平台（环比意义），当前的环比增速出现了快速、显著下跌或上升时期，这种环比领先性（对金融市场具有强指导意义）才真正有效。

以工业增加值的环比增速（季节调整后）为例子，笔者利用环比增速的12个月移动平均数来反映其趋势变化，可以发现2002年以来，工业增加值的增长动量（环比增速）大致经历了以下几个变化节奏，如图8－1－15所示。

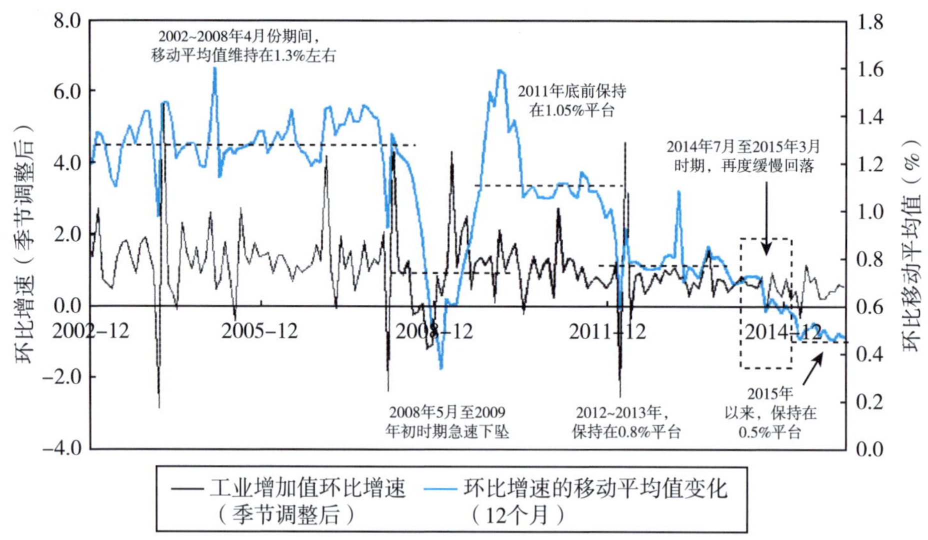

图8－1－15　工业增加值环比增速（经过PBC－X12－ARIMA方法季节调整）的平台下移过程

资料来源：国家统计局、中国人民银行。

2002年至2008年4月份时期，我国工业增加值环比增速的移动平均水平在1.3%附近，折合工业增加值同比增速大致在$(1+1.3\%)^{12}-1\approx16\%\sim17\%$水平；

2008年5月份开始出现急速下坠，2008年11月份开始出现快速的触底回升，在此期间，环比信号的领先意义较为强烈，主要原因在于前期的下坠属于急速下坠，而后期的回升又较为有力强劲；

2011年期间，我国工业增加值环比增速的移动平均水平在1.05%附近，折合工业增加值同比增速大致在$(1+1.05\%)^{12}-1\approx13\%$附近的平台水平；

该平台从2011年四季度开始再度出现急速下坠，回落到0.8%平台位置，并贯穿2012~2013年时期，该期间工业增加值的同比增速大致保持在$(1+0.8\%)^{12}-1\approx10\%$附近；

2014年7月至2015年3月份时期，工业增加值的环比增速（季节调整后）从0.8%位置进一步缓步下行（不同于前几次的急速下坠），回落到0.5%平台位置，并弱平衡保持在该位置，折合工业增加值同比增速在 $(1+0.5\%)^{12}-1\approx6\%$ 平台位置。

可以发现历史上以来，环比指标相比于上一个平台时期，只有出现了急速下坠，而后再度出现强势、有力的回升，这时的环比数据领先意义才强于同比数据，但是可惜这种情况只在 2008～2009 年时期发生过一次。

在环比增长指标没有出现强势、持续的回升过程中，同比指标对于经济的指示意义已经足够了，而且同比指标由于其趋势稳定，更受到投资者的关注。

第二章

通货膨胀问题拾遗

通货膨胀问题从来都是债券市场的关注焦点，债券投资者对于其关注热度以及对其的把握精确度要远超经济增长问题。

对于通货膨胀的问题研究一般涉及三个层面的研究，笔者在《投资交易笔记——2002～2010年中国债券市场研究回眸》中都有所涉猎，分别是：

（1）针对于通货膨胀代表性指标——CPI的定量化测算：一般是依据其翘尾因素和新涨价因素进行未来的定量模拟，其焦点内容集中在对新涨价因素的估算，多采用历史同期平均水平进行估算。其中投资者又对于季节性、趋势性很强的猪价、蔬菜价格显著关注。

（2）对于通货膨胀代表性指标——CPI的拐点趋势测算：一般是采用货币理论，利用M1或（M2－M1）指标进行拐点推测。

（3）对于通货膨胀代表性指标——CPI的预期内容研究：一般采用货币增量、中央银行物价预期调查指标、房价、生产缺口等指标进行定性化说明。

对于CPI指标的各类测算方式笔者不再做更多描述，细读《投资交易笔记——2002～2010年中国债券市场研究回眸》相信会对投资者有一定的帮助。本篇内容中，笔者主要试图补充在CPI研究中的其他几个内容。

第一节　通货膨胀的全局性特征

众所周知，通货膨胀是一种全局性质的物价上涨，而并非某几类商品价格的上涨。在以往的经济时期中也经常会听到这样一种描述：结构性物价上涨。这指的是某几类商品的价格出现了明显上涨。但是可惜的是，所谓的结构性物价上涨最终被证明是一种全局性的物价上涨，这种情况在2006年、2010年都曾出现过。

之所以在起初被称为是结构性的物价上涨，其实市场的关注焦点主要集中在几类价格波动较大的商品身上，特别是猪肉价格和蔬菜价格。

但是仔细研究历史情况，可以清晰地发现这种所谓的“结构性物价上涨”从一开始就是不存在的，即从中国所经历的有限几轮通货膨胀历史来看，从通货膨胀起步之时就不存在真正意义的“结构性物价上涨”，而是从一起步就具有全局性特征。

以 2011 年的通货膨胀时期为例。该轮通货膨胀起步于 2010 年时期，起初引发投资者的关注也是来自蔬菜价格的异常和猪肉价格的上涨，特别是蔬菜价格。

在 2010 年 6 月份时期蔬菜价格没有如季节性般跌落。也就是从此时期开始，CPI 增速也一举跃上 3% 位置，开启了一轮通货膨胀走势。如图 8－2－1 所示。

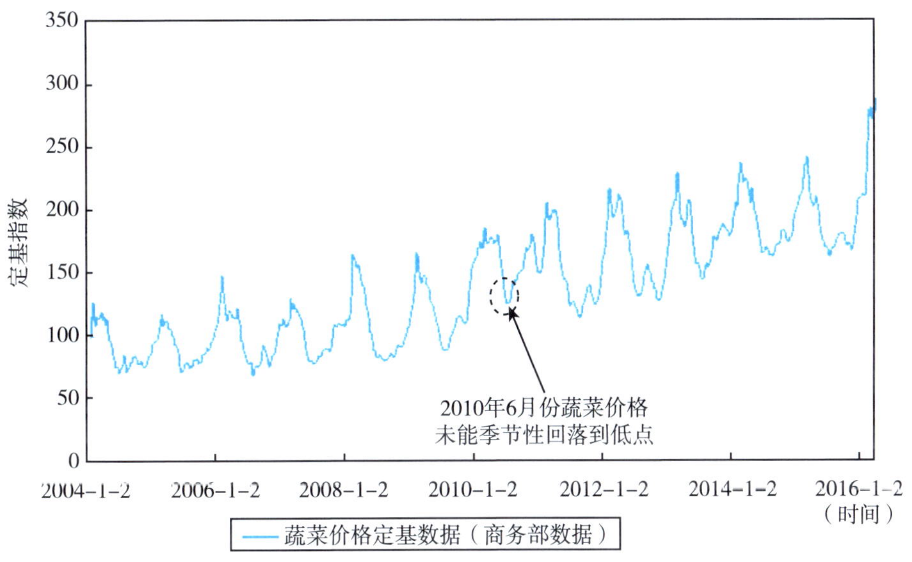

图 8－2－1　30 种蔬菜价格定基指数变化

资料来源：国家商务部　商务预报 www.cif.mofcom.gov.cn。

当时的关注焦点多集中在蔬菜价格的异常和猪肉价格的异常，“结构性物价上涨”的概念也开始出现，尚没有形成全局性通货膨胀的预期。

但是事实上，从当时开始已经开始展现出了全局性通货膨胀的苗头。从 2010 年 6 月份开始，各类商品的价格环比增长率都开始超越其本该有的季节性变化幅度，不只蔬菜、肉价出现异常，其他各个子项目（特别是食品类项目）都出现了异常变化的态势。而且从变化来看，伴随时间的推移，各类商品价格环比变化超越季节性的范围在不断扩大，如表 8－2－1 所示，单纯考察 CPI 中的食品项目的环比变化：

表 8-2-1　　通货膨胀时期各类子项目价格变化

2010～2011年通货膨胀时期	2010年6月	2010年7月	2011年2月
食品项目	季节性是指前5年环比平均增速		
粮食	高于季节性	高于季节性	高于季节性
淀粉	高于季节性	高于季节性	高于季节性
干豆类及豆制品	低于季节性	低于季节性	高于季节性
油脂	低于季节性	低于季节性	高于季节性
肉禽及制品	低于季节性	高于季节性	高于季节性
蛋	低于季节性	高于季节性	高于季节性
水产品	高于季节性	高于季节性	高于季节性
菜	低于季节性	高于季节性	高于季节性
调制品	低于季节性	高于季节性	高于季节性
糖	高于季节性	高于季节性	高于季节性
干鲜瓜果	高于季节性	高于季节性	等于季节性
糕点饼干	高于季节性	等于季节性	等于季节性
液体乳及乳制品	高于季节性	高于季节性	高于季节性
其他食品	低于季节性	低于季节性	高于季节性

资料来源：国家统计局。

因此在每次CPI回升过程中，需要格外注意各类商品价格上涨的普遍性与系统性，这是定义通货膨胀中的关键性环节之一。

第二节　通货膨胀的世界性特征

2002年以来中国所经历的三轮通货膨胀中毫无例外都具有世界性通货膨胀的影子在其中。以最典型的食品价格变化为例，中国CPI中食品因素的环比变化与当期的世界范围内食品价格（采用联合国粮农组织食品价格环比指数代表）的环比变化高度相关。

2004年、2007年、2011年三个时期中，联合国粮农组织的食品价格环比指数都出现了明显上扬，同时也伴随了中国CPI中的食品因素出现了较为明显的环比上涨。

从原理来看，中国的食品因素多以自身供给所满足，按理而言，中国的食品价格上涨未必伴随着世界食品价格的上涨，但是事实上两者几乎是同步出现了。这在一定意义上说明通货膨胀因素具有世界同步性特征，而且从变化幅度上看，联合国粮农组织的食品价格环比变化幅度要大于中国食品价格环比变化幅度。如

图 8 -2 -2 所示。

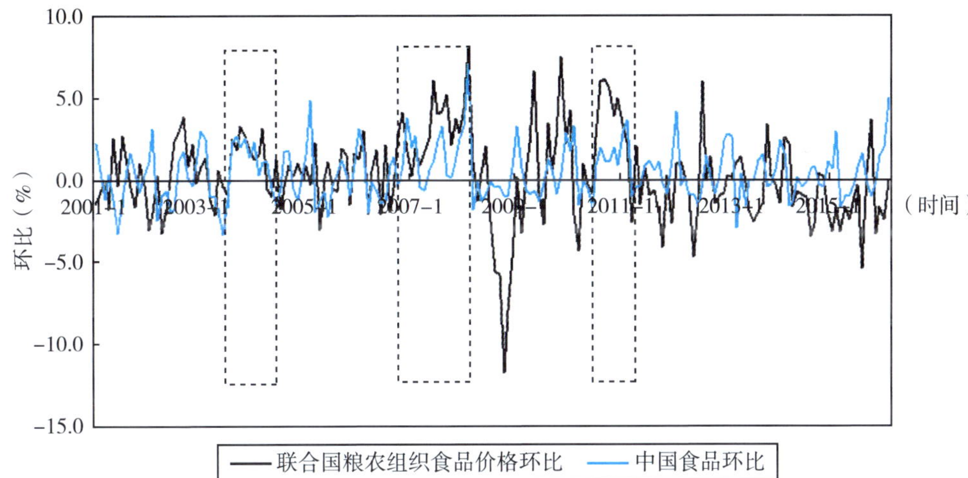

图 8 -2 -2 中国食品价格环比与联合国粮农组织食品价格环比比较

资料来源：国家统计局 WIND。

在第一、二节内容中，笔者强调的是关注通货膨胀概念不仅要关注价格变化的全局性和价格上涨的普遍性，还需要关注价格变化的全球性特征，一般的通货膨胀周期起步都具有全局性和全球性特征。

只有在缺乏了全局性特征和全球性特征的条件下，方可揣度“结构性物价上涨”。

第三节 CPI 中的非食品项目高频跟踪指数

在 CPI 的定量预测中，投资者经常需要跟踪各种高频价格指数来预测当期 CPI 中的食品因素的价格环比波动，可参考的高频价格指数主要集中在三类上：一是商务部 36 城市食品价格指数（频率：周）；二是统计局 50 城市食品价格（频率：旬）；三是农业部菜篮子和食用农产品价格指数（频率：日）。

关于食品价格的高频指数种类较为齐全，周期频率也较为高频，因此在实践使用中问题不大。唯一需要注意的焦点是需要建立 CPI 中食品环比与各个高频指数的环比变化序列，以观察两者在历史上的相关波动情况。这点特别在 2016 年 CPI 食品统计口径被改变后，尤其重要，投资者需要构建出 CPI 新口径食品项目的环比历史数据序列。

对于 CPI 中的食品项目高频跟踪问题投资者已经较为熟悉，本篇内容中不做过多的阐述。而对于 CPI 中的非食品要素，以往的简单处理方式多集中在取历史同期平均环比的方式，这主要是基于 CPI 中的非食品要素价格环比也具有强季节波动性，且很多非食品因素的价格依然处于官方管制范围内。

但是伴随着行政化定价不断被打破，使用历史均值法预测非食品环比越来越无法满足市场对CPI预测精度越来越高的要求。因此可以考虑参考食品因素的处理方式建立一个与CPI非食品部分密切相关的高频跟踪指数，以期待更好地把握非食品因素的环比变化幅度。

以2011～2015年时期为例，非食品因素大致可分为七类，且各类的分项权重为：

（1）烟酒及其用品：权重为5.82%。CPI非食品的烟酒及用品项主要有两个细分项：烟草、酒。烟草、酒权重取60%、40%，拟合效果较好。

烟草价格的波动很小，酒价格的波动较大。选取旬度发布的四川白酒批发价格总指数作为观察酒类价格走势的高频指标效果较好。

（2）衣着：权重为12.45%。CPI非食品的衣着项主要有两个细分项：服装、鞋袜帽。服装、鞋袜帽权重分别取70%、30%，拟合效果很好。

选取周度发布的中国大朗毛织价格指数作为观察服装价格走势的高频指标效果相对较好。大朗毛织指数与衣着、服装、鞋袜帽的环比走势基本一致，但大朗毛织总指数序列太短，目前还无法很好地运用于预测。

（3）家庭设备用品及维修服务：权重为8.51%。CPI非食品的家庭设备用品及维修服务项主要有四个细分项：耐用消费品、床上用品、家庭日用杂品、家庭服务及加工维修服务。

耐用消费品、床上用品、家庭日用杂品、家庭服务及加工维修服务权重分别取50%、10%、30%、10%，拟合效果较好。

选取大朗毛织总指数作为观察床上用品价格走势的高频指标。

选取中国寿光蔬菜价格指数中的茄果类指数作为观察家庭服务加工维修服务价格走势的高频指标。

国内劳动力价格的跟踪一直是个大难题，但由于国内存在大量农民工春节前返乡，春节后才返回城市的现象，因此，在当年12月以及次年1～3月，原本割裂开来的城市劳动力市场与农村劳动力市场出现较充分的混合，二者价格走势趋于一致。另外，蔬菜种植成本中大部分是人工成本，蔬菜价格的走势很大程度上能代表劳动力价格的走势，因此选取中国寿光蔬菜价格指数中的茄果类指数作为观察家庭服务加工维修服务价格走势的高频指标。

（4）医疗保健和个人用品：权重为13.18%。CPI非食品的医疗保健和个人用品项主要有两个细分项：医疗保健、个人用品及服务。医疗保健、个人用品及服务的权重取70%、30%，拟合效果较好。

细分医疗保健分项、个人用品及服务分项：医疗保健分项中，中药材及中成药季节性波动较大，其余细项波动较小；个人用品及服务分项中，个人饰品季节性波动较大，个人服务在每年的1～2月波动性较大。

选取中国成都中药材价格指数作为观察中药材及中成药价格走势的高频指标。选取饰品店的黄金价格作为观察个人饰品价格走势的高频指标。

（5）交通和通信：权重为13.48%。CPI非食品的交通和通信项主要有两个细分项：交通、通信。交通、通信的权重取50%、50%，拟合效果较好。

细分交通项、通信项，交通分项中，车用燃料及零配件、城市间交通费季节性波动较大，其余细项波动较小；通信分项中，通信工具季节性波动较大，通信服务很稳定。

选取柴油出厂含税价（按发改委调整油价日期占当月总天数比例加权平均）作为观察车用燃料及零配件价格走势的高频指标。选取中关村电子产品价格指数作为观察通信工具价格走势的高频指标。

（6）娱乐教育文化用品及服务：权重为20.62%。CPI非食品的娱乐教育文化用品及服务项主要有四个细分项：文娱用耐用消费品及服务、教育、文化娱乐类、旅游。

文娱用耐用消费品及服务、教育、文化娱乐类、旅游的权重分别取20%、50%、15%、15%，拟合效果较好。

娱乐教育文化用品及服务项各分项中，教育、旅游两项较不稳定，其余细项较为稳定。目前还未找到恰当的跟踪教育、旅游两细项的高频指标。

（7）居住：权重为25.97%。CPI非食品的居住项主要有四个细分项：建房及装修材料、租房、自有住房、水电燃料。建房及装修材料、租房、自有住房、水电燃料的权重分别取30%、10%、20%、40%，拟合效果很好。

选取中国玻璃价格指数、全国水泥价格指数、鱼珠价格指数（环比按20%、40%、40%的权重拟合成建材高频环比）作为观察建房及装修材料价格走势的高频指标。选取柴油出厂含税价（按发改委调整油价日期占当月总天数比例加权平均）作为观察水电燃料价格走势的高频指标。

如此一来，可以将构成CPI非食品因素的7个子项目进行更高频跟踪指标的划分，建立一个非食品因素的跟踪指标数据跟踪体系，跟踪当月的非食品因素价格环比波动状况，并结合CPI非食品项目的历史同期环比平均值来进一步确定当期的非食品项目环比变化幅度。

建立CPI中的食品以及非食品因素的高频跟踪指数本身是一个开放的体系，伴随着可得数据越来越多，跟踪指标体系会越发完善发展，对于CPI各个项目的预估与模拟也会越发精确起来。

第三章

基础货币、货币与广义信贷资产

货币概念在债券市场投资中具有重要的一席之地，其重要程度甚至可攀比经济增长概念和通货膨胀概念。对于货币的研究一般可分为两个层面，第一是对于基础货币的研究；第二是针对广义货币供应量的研究。

首先对于基础货币的研究，笔者在《投资交易笔记——2002～2010年中国债券市场研究回眸》中有过详细描述，其核心内容在于对银行体系超额准备金的研究，可以说超额准备金是基础货币的内核。

但是对于基础货币的理解方面，笔者需要勘误一个概念：基础货币、货币乘数本身是一个理论定义中的概念，在实践中的使用意义并不是很大。

众所周知，外汇占款的变化、中央银行资产的变化（例如中央银行票据、正逆回购的发行与到期）都可以形成基础货币的数量发生变化，也会引发货币乘数发生变化。而准备金率的升降则不会引发基础货币发生变化。

但是假如将法定存款准备金视为一种利息率为1.62%（法定准备金利率）的证券类资产（类中央银行票据），则可以发现，法定存款准备金率的上调与下调和中央银行的票据发行与到期是一个性质，事实上也可以引发“广义基础货币”的规模发生变化。

从这个意义上来看，教科书中定义的基础货币的变化并非什么重要的事情，在现实中经常会出现这样的疑问：外汇占款缺乏的情况下，单纯的降准并不改变基础货币的存量，又有什么用处呢？这个疑问非常具有市场普遍性，但是在现实中确实没什么实际用处的，如果将准备金视为票息为1.62%的“中央银行票据”来理解，则现实结论则往往是不同的。

此外，针对货币乘数概念，不少投资者将其视为一种经济活动强弱的表现指标，潜意识的认为当货币乘数走高时，表示经济活动在增强，货币乘数降低时经济活动在弱化（在《投资交易笔记——2002～2010年中国债券市场研究回眸》中笔者一度也有如此的误解），而事实上这个指标的变化和经济活动强弱之间的关联性并没有那么密切。

“基础货币×货币乘数=广义货币供应量”，这个是众所周知的公式，在保持一定货币供应量的条件下，基础货币的变化或货币乘数的变化只代表这样一种关系：究竟是外汇占款带来了广义货币供应量的稳定？还是降准等工具带来了广义货币供应量的稳定？

特别是近些年以来，由于外汇占款系统性缺乏，中央银行只能依赖于不断的降准操作来保持货币供应量的稳定。这代表，保持广义货币供应量稳定的政策工具主要是来源于法定准备金率操作，从而促使货币乘数提高，而此时货币乘数的提高和经济活跃度关系不大。

在下面的三小节内容中，笔者试图利用货币当局资产负债表、存款性公司资产负债表以及其他存款性公司资产负债表三张表格给读者描述基础货币、广义货币供应量以及广义信贷资产的构成与关系。

第一节 基础货币的决定渠道

无论是“四因素确定基础货币”还是“五因素确定超额准备金率”，这些事关基础货币层面的研究已经较为多见，且在《投资交易笔记——2002～2010年中国债券市场研究回眸》中有不少描述，笔者在此不再赘述。仅仅利用货币当局资产负债表简单描述构成基础货币的资产项目构成，如表8－3－1所示。

表8－3－1 货币当局资产负债表结构一览

资产项目	负债项目
国外资产 Foreign Assets	储备货币 Reserve Money
外汇 Foreign Exchange	货币发行 Currency Issue
货币黄金 Monetary Gold	其他存款性公司存款 Deposits of Other Depository Corporations
其他国外资产 Other Foreign Assets	不计入储备货币的金融性公司存款 Deposits of financial corporations excluded from Reserve Money
对政府债权 Claims on Govemment	发行债券 Bond Issue
其中：中央政府 Of which Central Govemment	国外负债 Foreign Liabilities
对其他存款性公司债权 Claims on Other Depository Corporations	政府存款 Deposits of Govemment
对其他金融性公司债权 Claims on Other Financial Corporations	自有资金 Own Capital

续表

资产项目	负债项目
对非金融性部门债权 Claims on Non-financial Sector	其他负债 Other Liabilities
其他资产 Other Assets	
总资产 Total Assets	总负债 Total Liabilities

资料来源：中国人民银行。

可以看出如下勾稽关系：

储备货币（基础货币）= 国外资产 + 对政府债权 + 对其他存款性公司债权 + 对其他金融性公司债权 + 对非金融性部门债权 + 其他资产 -（发行债券 + 国外负债 + 政府存款 + 自有资金 + 其他负债）=（国外资产 - 国外负债）+（对政府债权 - 政府存款）+（对其他存款性公司债权 - 发行债券）+（对其他金融兴公司债券 + 对非金融性部门债权）+（其他资产 - 其他负债 - 自有资金）。

即可以看出基础货币的变化和外汇占款、财政性存款、公开市场操作等因素的变化有关。

第二节　广义货币供应量的决定：资产创设负债

在微观行为中，时常听到的概念是商业银行秉承“存款立行”的宗旨，但是从宏观理论角度而言，真相却是“资产创设负债”。

以经常使用的广义货币供应量指标——M2为例，其本质是负债概念，其产生根源则来自于资产项目的扩张派生。

正如在分析基础货币（分析超额准备金）时，需要采用“货币当局资产负债表”为工具进行，在分析广义货币供应量时，则需要采用“存款性公司资产负债表”为工具。

以中央银行定期月度公开发布的“存款性公司资产负债表”为例（存款性公司可以狭义理解为中央银行 + 商业银行等），其各个资产负债项目形成的勾稽关系如表8-3-2所示。

表8-3-2　存款性公司资产负债表结构一览

资产项目	负债项目
国外净资产 Net Foreign Assets	货币和准货币 Money & Quasi Money
国内信贷 Domestic Credits	货币 Money
对政府债权（净）Claims on Covemmcnt (net)	流通中货币 Currency in Circulation

续表

资产项目	负债项目
对非金融部门债权 Claims on Non-financial Sectors	单位活期存款 Coporate Demand Deposits
对其他金融部门债权 Claims on Other Financial Sectors	准货币 Quasi Money
	单位定期存款 Coporate Time Deposits
	个人存款 Personal Deposits
	其他存款 Other Deposits
	不纳入广义货币的存款 Deposits Excluded from Broad Money
	债券 Bonds
	实收资本 Paid-in Capital
	其他（净）Other Items（net）

资料来源：中国人民银行。

负债项目中的“货币与准货币”则是广义货币供应量 M2，这个勾稽关系表则显示出：

M2 = 国外净资产 + 国内信贷 - 不纳入广义货币的存款 - 债券 - 实收资本 - 其他(净)

上述关系等式描述了货币供应量与外汇占款、财政性存款、债券以及其他因素的关系，也表征了资产创设负债的关系。

部分名词解释如下：

国外净资产：指存款性公司以人民币计价的对非居民的净债权，主要包括了购买有价证券、国外存款和库存外币现金。

对政府债权（净）：指存款性公司持有的国家债券；

对非金融机构的债权：指存款性公司对非金融机构发放的各种贷款、持有的各类债券或进行的各类投资；

对其他金融部门债权：指存款性公司存放和拆放给其他金融机构的款项及持有这些机构发行的债券。例如，其中可能包括了银行给予非银金融机构的拆借(放)、回购，也可能包含了银行给予信托、基金子公司或证券公司的资金池资金(其底层穿透后多对应非标类资产)，也可能包括了商业银行给予证金公司的救市资金投放等。

债券：指出存款性公司为筹措资金而发行的债券。

实收资本：指存款性公司的资本金。

第三节　广义信贷资产与MPA

在此篇内容中，笔者想结合2016年新近实施的中央银行MPA监管法则，对于广义信贷资产进行一些初步介绍。

2015年12月29日晚，中国人民银行宣布从2016年起建立宏观审慎评估体系（MPA）①，所谓MPA，英文全称是Macro Prudential Assessment，称为宏观审慎评估体系。

MPA的考核围绕①资本和杠杆情况；②资产负债情况；③流动性；④定价行为；⑤资产质量；⑥外债风险；⑦信贷政策执行七个方面有一套完整的评估指标。

其中，在资产负债方面，从以往盯住狭义贷款转为对广义信贷（包括贷款、证券及投资、回购等）实施宏观审慎管理。

对于广义信贷的引入背景也是在我国商业银行资产多元化的背景下产生的。以往商业银行的信贷类资产是构成广义货币供应量变化的主体资产，但是伴随商业银行债券投资、买入返售、股权及其他投资等资产的膨胀变化，依照合意信贷规模来控制M2的变化已经变得越发困难起来。

事实上，广义信贷的扩张是中央银行和商业银行机构共同促成的结果。一般由中央银行负责于基础货币的提供，而商业银行则通过资产派生，导致M2被大量创设。传统意义上的中央银行只需要负责基础货币的管理即可，但是由于商业银行的资产派生行为无法有效控制，因此中央银行会通过信贷额度管控或合意信贷规模管理的模式，企图通过控制信贷资产的膨胀而管理广义货币供应量。但是伴随着商业银行资产多元化，除了传统信贷派生货币外，买入返售、债券投资以及股权及其他投资行为都可以扩张广义货币供应量。因此中央银行针对资产多元化问题引入了MPA宏观审慎管理模式，从广义信贷资产入手意图控制广义货币供应量的无序扩张。

广义信贷的定义为：①央行人民币信贷收支表中的各项贷款；②债券投资；③股权及其他投资；④买入返售资产；⑤存放非存款类金融机构款项合计。

上述各个科目都会体现在商业银行的资产负债表中，但是却未必能体现在宏观金融报表中，上述各个资产项目的增速变化可以从其他存款性公司资产负债表中综合体现出来。如表8-3-3所示。

---

① 2016年开始，中国人民银行将2011年以来实施的差别准备金动态调整和合意贷款管理机制调整为宏观审慎评估体系（Macro Prudential Assessment，MPA），以全面有效地管理金融部门多元复杂的资产端，加强货币政策的逆周期调整作用，进一步完善宏观审慎政策框架，防范系统性风险，保障金融体系的稳定性。

表 8-3-3 其他存款性公司资产负债表结构一览

资产项目	负债项目
国外资产 Foreign Assets	对非金融机构及住户负债 Liabilities to Non-financial Institutions & Households
储备资产 Reserve Assets	纳入广义货币的存款 Deposits Included in Broad Money
准备金存款 Deposits with Central Bank	单位活期存款 Coporate Demand Deposits
库存现金 Cash in Vault	单位定期存款 Coporate Time Deposits
对政府债权 Claims on Govemment	个人存款 Personal Deposits
其中：中央政府 Of which: Central Govemment	不纳入广义货币的存款 Deposits Excluded from Broad Money
对中央银行债权 Claims on Central Bank	可转让存款 Transferable Deposits
对其他存款性公司债权 Claims on Other Depository Corporations	其他存款 Other Deposits
对其他金融机构债权 Claims on Other Financial Institutions	其他负债 Other Liabilities
对非金融机构债权 Claims on Non-financial Institutions	对中央银行负债 Liabilities to Central Bank
对其他居民部门债权 Claims on Other resident Sectors	对其他存款性公司负债 Liabilities to Other Depository Corporations
其他资产 Other Assets	对其他金融性公司负债 Liabilities to Other Financial Corporations
	其中：计入广义货币的存款 Of which: Deposits Included in Broad Money
	国外负债 Foreign Liabilities
	债券发行 Bond Issue
	实收资本 Paid-in Capital
	其他负债 Other Liabilities
总资产 Total Assets	总负债 Total Liabilities

资料来源：中国人民银行。

MPA 口径中所定义的广义信贷资产主要会反映在其他存款性公司资产负债表的资产科目中。特别需要关注的是“对其他金融机构债权”、“对非金融机构债权”和“对其他居民部门债权”三个项目中。

其中“对非金融机构债权”主要包括商业银行对企业的贷款和商业银行投资持

有的信用债券；“对其他居民部门债权”主要包含了商业银行对于居民部门的贷款投放。

“对其他金融机构债权”相对而言内容繁杂，包括了商业银行对非银类金融机构（券商、保险、基金等）的回购融出、拆借融出、同业存款、持有的非银机构债券、买入返售以及对证金公司借款等。此外合理猜测，该科目中还包括了商业银行投资于 SPV 的份额，该 SPV 包括银行理财、券商资管、基金专户、基金子公司资管、保险资管、期货资管、备案的私募基金等机构。事实上这种投资中，SPV 机构所承担的无非是一个通道，按照穿透原则，SPV 机构的资金池中所对接的资产多为非标资产。

需要注意的是，截至 2015 年底，“对其他金融机构债权”的余额大致为 18 万亿元，但是其中商业银行以回购模式融出的资产规模占据少数。根据待购回债券余额的规模估计，在这 18 万亿元对其他金融机构债权构成中，商业银行对于非银类金融机构的回购融出规模大致在 4.4 万亿元（2015 年底余额，且该余额中包括了银行对于银行的回购融出，因此是银行对非银机构回购融出的上限）。

因此以 2015 年底各科目余额为例，构成广义信贷资产的情况大致如图 8－3－1 所示。

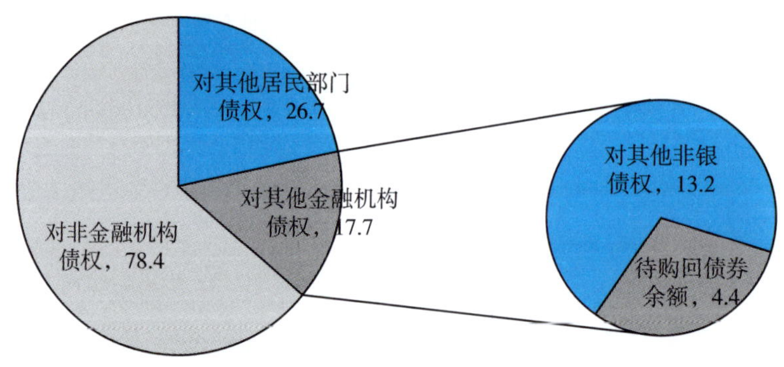

图 8－3－1　广义信贷资产分类一览

资料来源：中国人民银行 WIND。

“对非金融机构债权”、“对其他居民部门债权”和“对其他金融机构债权”的增速变化如图 8－3－2 所示。

可以发现，最近几年以来，“对非金融机构债权”和“对其他居民部门债权”两项的增速大致保持在 14%～17%，与广义货币供应量的目标增速基本相仿。但是“对其他金融机构债权”的余额增速则保持在 60% 附近的增速规模上，远远超过了广义货币供应量增速。其规模虽然小（18 万亿元附近），但是其高增长态势（增速在 60% 附近）值得关注警惕，这也体现出最近几年中商业银行的主要资产扩张渠道都来自于此。

“对其他金融机构债权”的构成中包含了不超过 4.4 万亿元银行机构对于非银机

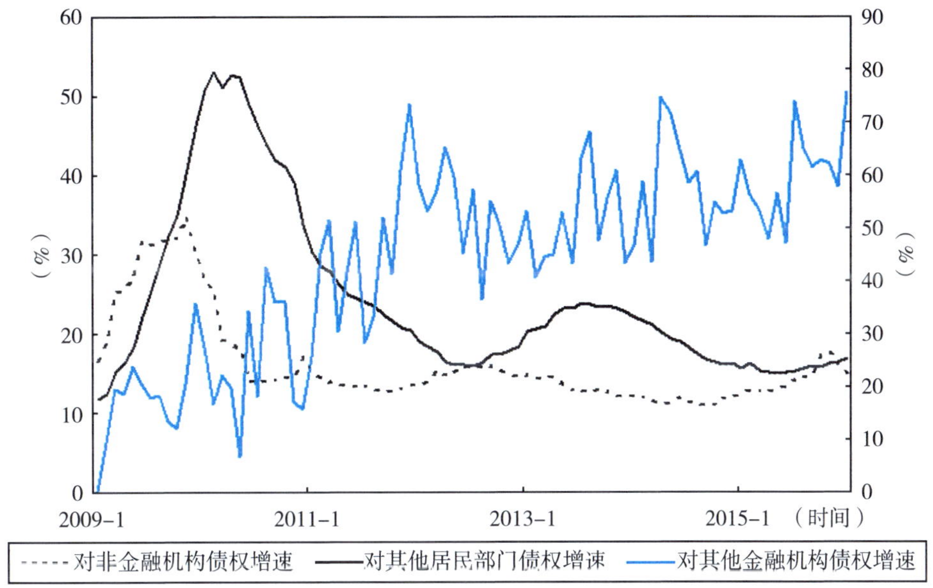

图 8-3-2　广义信贷资产分项目增速变化一览

资料来源：中国人民银行 WIND。

构的回购融出资产以及大致 13 万亿元的其他类型资产，而这 13 万亿元的其他类型资产多多少少都与近些年以来的非标资产相对应，正是需要审慎监管的部分。

为什么要关注广义信贷中的不同资产膨胀？在第三篇内容中笔者介绍过影响利率的三个基本要素，分别是经济增长、通货膨胀和债务杠杆率情况，其中债务杠杆率可以近似用 M2 或社会融资总量来衡量。

事实上，广义货币供应量 M2 只是一个结果，其本质的推手来自于各类广义信贷资产的扩张。通过其他存款性公司资产负债表科目，可以清晰地将推动 M2 的广义信贷类资产划分为三类："对非金融机构债权"、"对其他居民部门债权" 和 "对其他金融机构债权"。而通过对 "其他金融机构债权" 的再度细分（利用待购回债券余额），进一步可以将广义信贷资产拆分，通过比较各个组成部分不同的增长速度，把握哪里资产膨胀最需要警惕，对于理解宏观债务杠杆率水平具有重要的指导意义。

第四章

有关债券市场分析中所关注的指标一览图

在长期的摸索中，笔者试图整理了一套在债券市场分析研究中所需要关注的各类指标。包括了基本面角度、政策面角度、货币资金面角度和一些类似于技术分析角度的内容（关于技术分析的一些指标在《投资交易笔记——2002～2010年中国债券市场研究回眸》中有所涉猎），整体框架构成见图8－4－1。

作为债券市场的投资交易者或研究分析者，对于上述指标的变化或其代表的含义都应该有所熟悉，笔者认为这是债券投资交易的基础。

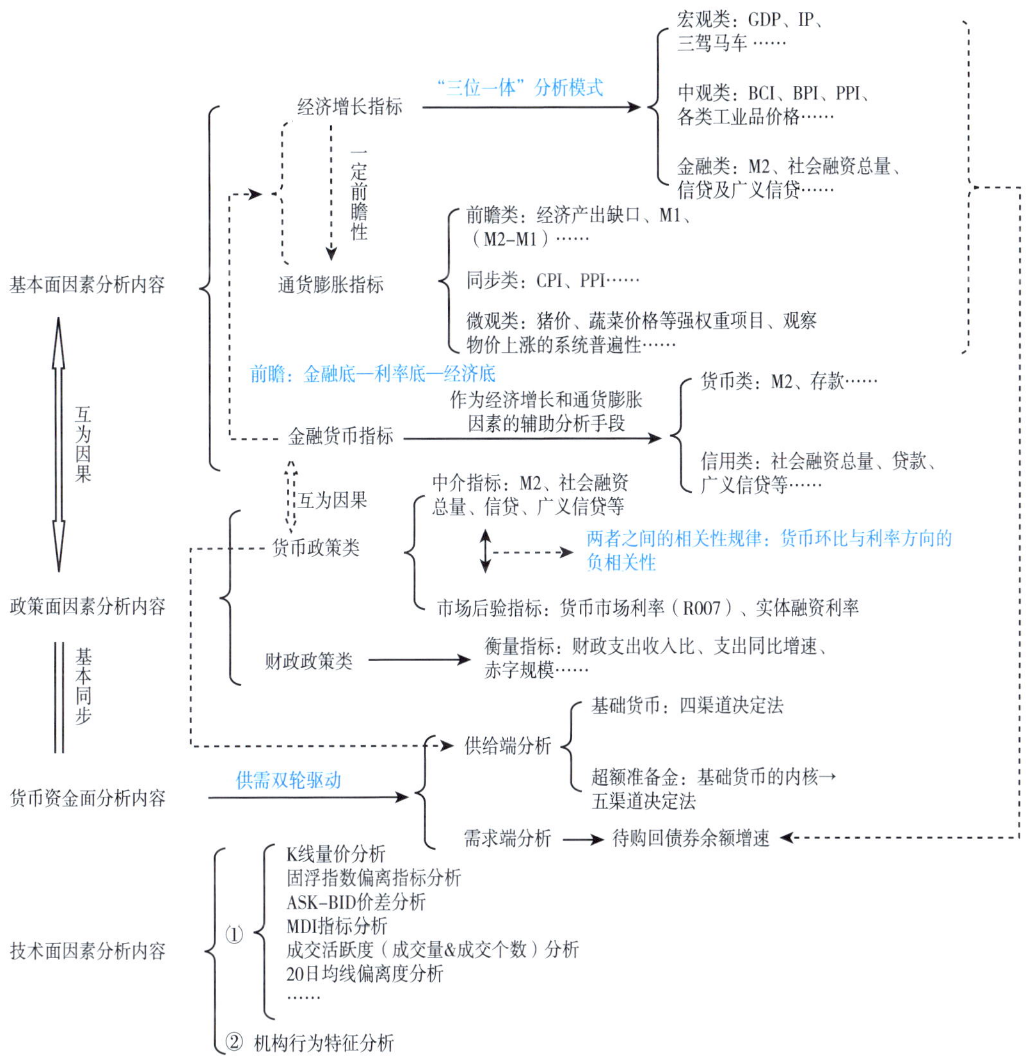

图 8-4-1 债券市场分析研究中所需要关注的各类指标

第九篇

漫谈与随笔

第一章

关于利率的波动性

波动率是各类金融资产的一个重要特征，投资者需要大致衡量每类资产的波动率特征。这有助于投资者把握风险。

在现实的债券市场交易中，经常会碰到这样的局面，一旦上涨，会发现交易者兴奋激动，而一旦下跌，又发现悲观异常。暂不说投资交易心态问题，笔者想探讨的是，究竟多大幅度的涨跌变化是值得关注的，除去异常幅度的涨跌变化外，利率市场正常的波动幅度应该是多大？

对于正常波动幅度的衡量，笔者认为脱离不开各资产比较的模式。

股票市场是大众最为熟悉的一个市场，对于股票市场的涨跌幅度大众是具有较为熟悉的感知度的。例如当单日股票指数上涨或下跌达到4%时，往往会被投资者冠以剧烈上涨或剧烈下跌的名义。当单日股票指数在正负2%以内波动时，从投资者感觉上往往是一种正常波动范畴。上述所提的4%和2%的波动幅度虽然可以理解为市场感觉，但是从统计概念上来说，确实和历史出现的概率密切相关，因此具有坚实的统计内涵。

以股票市场变化为例，笔者取样了2005～2015年10年时期统计。以上证股票指数为例，将样本中股票资产的单日收益率排序后展现总体分位数，以表现整体收益率的分布情况，发现股票指数单日的波动幅度呈现以下特征：

对于股票指数来说，单日2%以内的涨跌幅正常波动（在10%和90%分位之间），出现频率是80%以上。极端情况下（1%和99%分位之外），股票指数单日变动达到4.3%以上，这个幅度变化出现的概率要低于2%。

这一来自历史数据的统计概率也基本上和投资者的市场感觉相吻合，即如果股票指数单日涨跌在2%以内，属于正常波动范围。如果股票指数的单日涨跌超过4%幅度，则属于较为剧烈的变化。

笔者相信更多的读者会对于股票市场的涨跌变化幅度更有感觉。那么当针对债券市场变化时，又该如何定义“正常”的波动范畴和“剧烈波动”

的波动范畴呢？即，什么样的收益率波动幅度大致可以对应于股票指数2%以内的波动和4%以上的波动幅度呢？

采用同样的方法，以10年期国债利率为分析对象，考察的时间区间选择2005～2015年时期，采用同样的统计分布方式，可以得出以下结论：

对于10年期国债利率来说，单日利率在4个基点以内的涨跌幅属于正常波动（在10%和90%分位之间），出现频率是80%以上。极端情况下（1%和99%分位之外），10年期国债利率的波动幅度超过10个基点，这个幅度变化出现的概率低于2%。

即，假如单日时间内10年期国债利率的波动幅度在4基点以内，则一般属于正常波动，单日时间内10年期国债的利率波动幅度超过10基点，则属于剧烈的变化。

采用同样的方法，还可以针对商品期货市场进行分析，以南华商品期货综合指数为分析标的，同样考察2005～2015年时期，可以得到以下结论：

对于南华商品期货综合指数来说，单日波动在1%以内的涨跌幅属于正常波动（在10%和90%分位之间），出现频率是80%以上。极端情况下（1%和99%分位之外），南华商品期货综合指数的波动幅度超过2.5%，这个幅度变化出现的概率低于2%。

如此一来，以2005～2015年为分析周期，选取上证股票指数、10年期国债利率和南华商品期货综合指数为分析对象，以单日波动幅度为分析目标，大致形成了以下的对应关系，如表9－1－1所示。

表9－1－1　　各类资产价格波动率一览

单日波动幅度	“正常”波动幅度	出现概率	“剧烈”波动幅度	出现概率
上证股票指数	2%以内	80%	超过4%	小于2%
10年期国债利率	4基点以内	80%	超过10基点	小于2%
南华商品期货综合指数	1%以内	80%	超过2.5%	小于2%

资料来源：WIND。

需要注意的是，上述分析只是以单日波动幅度为分析目标，有兴趣的读者还可以参考同样的方法，针对10日波动幅度、20日波动幅度等进行类似的分析。

依然以国债利率为主要分析对象，经过简单的历史概率统计，可以发现，如果单日的10年期国债利率波动幅度在4个基点以内的，基本属于正常的波动变化，如果单日利率波动幅度超过了10个基点，则属于剧烈的波动变化。

这个结论有什么用处呢？笔者认为用处可能有两个：

第一，对于交易员而言，需要建立起自身对于市场波动的耐受力。而这种对于波动幅度耐受力的建立过程和经验、经历有关。

一些没有经历过剧烈波动的交易员往往不容易形成这种耐受力，一旦波动幅度稍大，容易引发其过于悲观或过于乐观的情绪，这是很危险的事情。在经验历练不足的背景下，历史统计则会提供较好的弥补路径。从历史波动统计来看，单日利率波动幅度在 4 个基点以内的波动完全可以归于正常的市场波动，不必放大影响自身的情绪。

第二，对于市场分析者而言，正常的市场波幅下，不必过于苛求具体原因的解释，其往往是原有变化趋势的延续。但是当利率波动幅度达到了剧烈级别（即超越了 10 个基点的变化），则分析员需要格外注意究竟是什么样的具体原因引发了这种剧烈变化。这个原因是否会“实际”引发如此大幅的波动，或含有了情绪波动的因素，非常值得关注。

因为“实际造成的冲击影响”和“含有情绪冲击影响”的后果并不相同，后者可能意味着风险或机会。

这是一个非常简单的话题，但是笔者认为非常重要。因为在进入一个市场之前投资者需要摸清这个市场的脾气和品性，这样遇到变化时，才可能更为从容一些。

第二章

中债财富总指数的运用

债券是本质不同于股票的金融产品，可惜在市场交易操作中很少有人关注过这个特征。在现实的市场中，更多的人将债券等同于股票去对待，博弈其在短期内（泛指几个交易日内，甚至当天市场内的利率波动）的波动。这种做法基本上忽略了债券收益构成中的最重要组成部分—票息回报，而单纯地去博弈于资本利得。

此外，针对中长期的判断（泛指1年周期内），债券市场投资者还应该建立起一个综合的远期判断。对于未来年度的大、小年判断最好有个大致的预期，这有助于投资者建立一个理性合理的回报预期。

针对上述问题，选择债券指数进行相关分析判断是一个不错的选择。在此，笔者倾向于选择中央国债登记结算有限公司编制发布的中债财富总指数①进行运用。

笔者统计了2002～2015年以来（14个年度）中债财富总指数的回报变化，并将其总回报按照债券投资的属性划分为票息回报和资本利得回报两个部分，形成如表9－2－1所示。

表9－2－1　　历年中债财富总指数变化、构成因素一览

年份	指数总回报（%）	平均市值法久期	平均现金流法到期收益率（票息回报%）	资本利得（%）	10年国债年初水平	10年国债年末水平	10年国债年度变化幅度（基点）
2002	3.74	5.75	2.92	0.82	3.20%	3.18%	－2
2003	0.87	5.44	2.66	－1.79	3.18%	3.75%	57
2004	－2.42	4.66	2.86	－5.28	3.75%	4.93%	118

① 中债财富总指数是中央国债登记结算有限公司编制，以债券全价计算的指数值，考虑了付息日利息再投资因素，在样本券付息时利息再投资计入指数之中。

续表

年份	指数总回报（%）	平均市值法久期	平均现金流法到期收益率（票息回报%）	资本利得（%）	10 年国债年初水平	10 年国债年末水平	10 年国债年度变化幅度（基点）
2005	10. 55	3. 56	3. 61	6. 94	4. 93%	3. 16%	－177
2006	2. 62	3. 14	2. 35	0. 27	3. 16%	3. 07%	－9
2007	－1. 81	2. 86	2. 80	－4. 61	3. 07%	4. 46%	139
2008	14. 89	3. 01	4. 18	10. 71	4. 46%	2. 78%	－168
2009	－1. 24	3. 32	1. 98	－3. 22	2. 78%	3. 68%	90
2010	1. 92	3. 31	2. 80	－0. 88	3. 68%	3. 88%	20
2011	5. 72	3. 56	3. 84	1. 88	3. 88%	3. 42%	－46
2012	2. 51	4. 14	4. 07	－1. 56	3. 42%	3. 57%	15
2013	－2. 10	4. 05	4. 20	－6. 30	3. 57%	4. 55%	98
2014	11. 23	3. 73	5. 78	5. 45	4. 55%	3. 62%	－93
2015	8. 16	3. 75	4. 48	3. 68	3. 62%	2. 82%	－80

资料来源：中央国债登记结算有限公司。

以 2014 年为例，2014 年初中债财富总指数的篮子债券久期大致在 3. 73，年初该篮子债券的综合票息大致为 5. 78%，而在随后的一年时间中，债券市场由于走出了大牛市行情（例如 10 年期国债利率年初到年末回落了 93 基点），2014 年该篮子债券的资本利得回报高达 5. 45%，因此总体来看，2014 年的债券市场综合总回报为 5. 78% ＋5. 45% ＝11. 23%。

而 11. 23% 的综合总回报所对应的投资组合久期为 3. 73，在实际操作中，如果激进投资者采用收益增强的方式（如延长久期、加杠杆、下沉信用资质或精确的把握波段），则激进组合总回报会超越该水平。否则，将可能低于该回报水平。

因此在衡量未来一年债券市场总回报过程中，观察年初时点上的综合票息回报和久期构成成为很重要的一个环节。

平均现金流法到期收益率近似可以代表未来一年度中所对应的票息回报，这个收益是具有确定性的，而具有不确定性的则是未来一年中组合是否会带来资本利得还是会带来资本亏损，这部分内容将增厚或冲减票息回报部分，进而构成年度总回报水平。

自然，年初越高的票息回报意味着未来年度的投资安全边界越高，但是真正挑战的则是未来年度中资本利得或亏损的变化，这要求组合管理者对于未来年度的利率曲线变化进行分析判断，并建立牛熊的基本判断。

如果将 10 年期国债利率作为市场基准利率来看待，可以建立起 10 年国债利率变化与指数资本回报的变化关系示意图，从逻辑来看，两者应该具有近似于线性的对应关系，如图 9－2－1 所示。

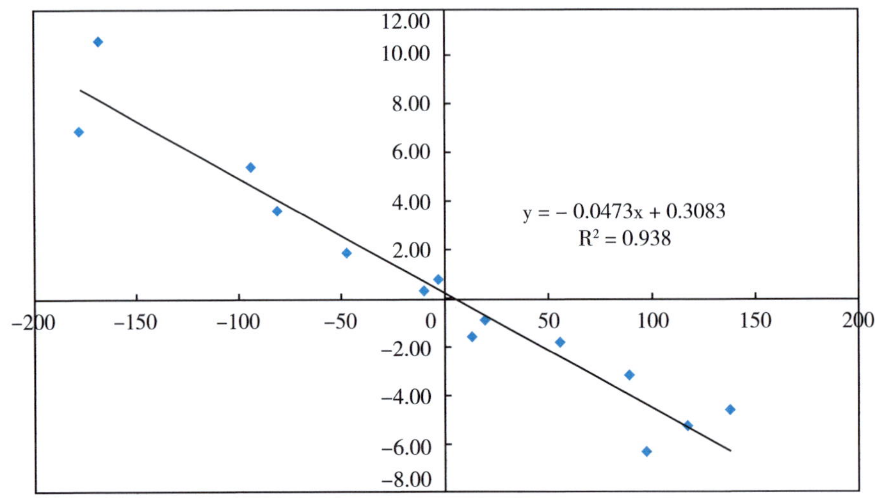

（10年国债利率变化幅度，指数资本回报变化）散点示意图

图 9－2－1　10 年期国债利率与中债财富总指数的关系

资料来源：中央国债登记结算有限公司。

按照上述拟合的结果，以 2016 年为例，2016 年初，中债财富总指数的久期大致在 3.8，票息回报为 3.2%，上述都是确定性的因素。

2016 年初 10 年期国债利率为 2.80% 附近，假如经过各种分析，认为 10 年期国债利率将在 2016 年回落 30 基点，年底至 2.50% 水平。则按照上述关系可大致预测，2016 年中债财富总指数的资本利得大致为 $-0.0473\times(-30)+0.3083=1.72\%$，则预期 2016 年度中债财富总指数的总回报为 $3.2\%+1.7\%=4.9\%$ 附近。

反之，如果预期 10 年期国债的利率将在年初 2.8% 的基础上到年底上 30 基点，至 3.10% 附近，则 2016 年的中债财富总指数的资本亏损大致为 $-0.0473\times 30+0.3083=-1.11\%$，则预期 2016 年度中债财富总指数的总回报为 $3.20\%-1.1\%=2.1\%$ 附近。

此外还可以计算出年度投资回报的盈亏平衡点，即标杆意义的 10 年期国债利率究竟上行多少幅度，全年的总回报为零？即：

$$3.2+(-0.0473x+0.3083)=0$$

可计算出 $x=75$，即假如 2016 年 10 年期国债利率能上行超过 75 基点附近（超过 $2.8\%+0.75\%=3.55\%$），则全年总回报小于零。

虽然笔者内心并不是非常青睐并相信精确的公式模型，但是在做远期愿景假设展望时，借助于此模式也是一种较为清晰的方法。

这是利用中债财富总指数对于中长期市场进行情景分析的一个很重要的用途。虽然未来的市场变化很可能颠覆先前的假设预期，但是投资者在每个年度初期都需要对于未来市场建立一个牛熊大小的假设概念，这特别对于管理组合的投资配置者而言具有重要的意义。

此外，根据经验和历史比较，笔者还倾向于将中国债券市场的总体变化划分为三类，分别是“大年、小年和熊年”。

需要事先说明的是，这种划分没有什么客观的标准，完全是按照对于历史经历的类比感觉来进行划分，也属于笔者自身的感受，仅供读者参考。

笔者倾向于将年度指数总回报超过5%的年份称为“大年”。在这种年度中，债券组合不仅全部享受到了票息回报，往往还有一些可观的资本利得回报。历史上这种年份有2005年、2008年、2011年、2014年和2015年，合计5个年份。

将年度指数总回报小于5%，但是超过0%的年份称为“小年”。在这种年度中，债券组合可能会出现资本亏损，但是资本亏损无法冲销全部的票息回报，总回报依然为正。历史上这种年份有2002年、2003年、2006年、2010年和2012年，合计5个年份。

将年度指数总回报小于0%的年份称为“熊年”。在这种年度中，债券组合出现资本亏损，且资本亏损额巨大，冲销了全部的票息回报，导致总回报为负。历史上这种年份有2004年、2007年、2009年和2013年，合计有4个年份。

债券与股票不同就在于此，由于票息因素的存在，很难将债券类似于股票那样按照指数盈亏单纯的划分为牛熊两种状态，其往往存在着第三种存在状态。

从投资配置者角度而言，非常重视指数总回报，而从交易者的角度而言，非常重视资本利得或资本亏损。因为后者的操作行为往往非常反复，企图去捕捉短时期内所可能产生的资本利得，这样往往会损害票息回报的获得。因此笔者上述所提及的“大、小、熊”三种状态往往是针对投资配置者而言的，对于交易者而言，更重视的是资本利得或亏损。

针对投资配置者和交易者不同的感受，2002～2015年这14年又可以进行以下的划分，如表9－2－2所示。

表9－2－2　历年中债财富总指数变化与债券市场投资者感受

年份	指数总回报（%）	配置者感受	资本变化（%）	交易者感受
2002	3.74	小年	0.82	利得
2003	0.87	小年	－1.79	亏损
2004	－2.42	熊年	－5.28	亏损
2005	10.55	大年	6.94	利得
2006	2.62	小年	0.27	利得
2007	－1.81	熊年	－4.61	亏损
2008	14.89	大年	10.71	利得
2009	－1.24	熊年	－3.22	亏损

续表

年份	指数总回报（%）	配置者感受	资本变化（%）	交易者感受
2010	1.92	小年	-0.88	亏损
2011	5.72	大年	1.88	利得
2012	2.51	小年	-1.56	亏损
2013	-2.10	熊年	-6.30	亏损
2014	11.23	大年	5.45	利得
2015	8.16	大年	3.68	利得

资料来源：中央国债登记结算有限公司。

因此对于大规模组合管理而言，一般是遵循以下分析步骤：

（1）通过种种的分析方式，判断基准利率（一般选择10年期国债利率作为基准标杆品）的变化幅度。

（2）衡量市场基准组合（一般指指数）的汇报预期。

（3）是否考虑在此分析愿景上增强收益？增强收益的方法主要有：延长组合久期、加杠杆、下沉信用资质、增强波段操作。

（4）是否考虑在此分析愿景上规避风险？规避风险的手段方法为：缩短组合久期、降低杠杆操作、增强高等级资质、强化波段操作。

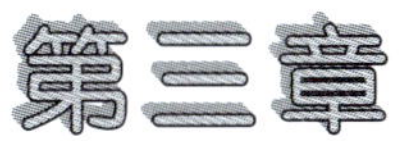

第三章

金融市场分析中的“微观成立与宏观不成立”

金融市场中有很多现象是比较有意思的，有些事情从微观者感受来看，是成立的，但是如果放眼在宏观层面来分析，往往并不成立。

微观角度成立的分析会让读者深感有理，因为个体读者是从自身感受角度出发来理解，但是由于宏观上并不成立，则事态实际的发展并不是微观描述的那样。可以说，微观成立的事物往往是影响市场投资者心态的，但是只要宏观角度不成立，这种分析则最终被证伪。

一、范例一：发行规模对利率趋势的影响

谈论“微观成立而宏观不成立”的案例，其中一个最典型的应该就是政策性金融债券的发行规模对债券市场的影响（或地方债券的发行对债券市场的影响）。

经常可以看到这样的分析描述，由于政策性金融债券的发行规模大，因此可能会对债券市场产生负面作用。

从微观个体角度来看，这种发行规模过大所导致的负面效应似乎是存在的。例如，一家投资机构当月只有固定的债券投资额度，当金融债券发行过大时，可能对其投资配置行为造成一定的影响，微观投资者会感受负面。

但是如果放眼宏观来看，政策性金融债券的发行所完成的不过是将资金从A银行转移到政策性银行的过程（假设银行是投资主体），整体资金规模并没有出现萎缩，只是从左口袋进入了右口袋。只要发行筹措的资金没有很快的形成信贷投放和有效投资，没有固化在“钢筋水泥”上，则不会形成有效的社会融资需求，就对于利率趋势不会产生影响。

因此从单一投资者角度来看，过大的发行规模似乎对自身的投资额度形成了负面影响，但是如果考虑到全部投资者的行为和资金转移状况，则发行

规模并不是影响利率趋势的因素。

同样的情况也发生在地方债券发行中，2015年地方置换债券发行中，一个常见的效应被称为“挤出效应”，即大量的地方置换债券发行挤出了银行本身的国债配置规模，会导致利率上行，这对于单体银行是可能发生的，特别是大型商业银行（承担了地方债券认购的主要任务），但是从宏观整体来看，如果地方债券的发行只是为了置换已经存在的融资形式（例如贷款、非标等），则全社会的融资规模并不提高，无法对利率趋势产生影响。微观的负面感觉和宏观的结论并不一致。

二、范例二：理财与存款之间互转所造成的存款流失

另一个典型案例是存款流失问题是否影响整体银行间市场的资金面。

在现实中经常会碰到商业银行存款流失问题。当这种存款降低并非是来自外汇占款因素时，例如，2011～2012年期间，由于理财资金与表内存款资金的互转，时常导致银行体系的存款规模大起大落，当单体银行遭遇这种存款流失时，确实会感觉到资金面捉襟见肘，这是微观感受的合理性。

但是如果放射到全部宏观整体，银行间市场资金面的因素只有超额存款准备金，而影响超额准备金起伏的因素只有五个：M0、法定存款准备金、外汇占款、公开市场操作以及财政性存款的吞吐。当银行理财账户与表内存款进行相互转换时，并没有影响上述五因素，因此从宏观角度而言，并不存在表内存款账户存款流失造成银行体系资金面紧张的现象。

三、范例三：负债成本影响资产收益

“负债成本会影响资产收益”这个论述对于微观经营主体来说是感觉合理的，当微观投资主体发现自己的资金成本在上升，而资产收益率在降低，后者无法覆盖前者时，一个想当然的想法就是降低对于资产的配置行为，以免成本与收益倒挂形成亏损。

上述是微观主体的合理感觉，但是从宏观角度而言，“资产收益率影响负债成本”才是真的。微观主体经营运作不仅要考虑是否亏损，更需要考虑的是如何亏的更少。以银行为例，当负债成本（资金来源成本）高于资产回报率时，虽然不进行资产配置是一个选择，但是这样会导致资金堆积在账户中，只能享受0.72%的超额准备金利率。虽然进行资产配置也会导致亏损，例如投资了一个2%附近的债券，但是亏的会少一些，这就是“两害相权取其轻”。读者不妨参考一下2016年3～4月份时期，日本银行间拆借市场利率为什么会变成负的。

因此“负债成本影响资产收益”在微观意义上似乎是合理的，但是在宏观角度而言，真理则是“资产收益率会影响负债成本”。

四、范例四：同业存单发行会导致利率上行

2013 年底，同业存单规模化发行，由于不少投资者将其等同于金融债券属性，因此也产生了债券供应加大，会推升债券市场利率上行的担忧。

从本质来看，这种担忧和范例一是一样的，虽然对于个体微观投资者而言，多了一个资产选择的标的，但是从宏观整体而言，无非是资金在不同银行间进行相互流转，不会改变资金的整体状况。这也属于典型的“微观似乎合理，宏观不成立”现象。

总体来看，金融市场分析中确实存在着很多“微观成立但是宏观不成立”的现象，这就是经济学中所说的局部均衡和一般均衡的关系。

分析角度如果只立足于微观感受，读者的感受度会比较好，但是如果不进行宏观的比较分析，则很容易得出伪逻辑。

第四章

最需要关注的是逻辑推导的前提假设和约束条件

在债券市场中，短期交易往往是凭借敏锐的市场感觉，而长期投资配置行为一方面要根据自身的流动性状况来决策，另一方面则需要借助于逻辑分析。

因此，在债券投资分析中，逻辑性是一个很重要的内容。但是需要注意的是任何一个逻辑框架、线条都有其假设和约束条件，在使用这些逻辑框架或线条进行决策时，必须非常关注该逻辑成立的前提和约束条件。

在这若干年的观察中，笔者认为一个逻辑线条一般是不容易出错的，其每一环推导应该都是具有合理依据支撑的，但是往往会出现这样的情形：逻辑严密，但是结论却与现实大相径庭。

出现这种情况的原因就是逻辑框架的前提假设错误了，当这个前提假设或约束条件出现错误后，无论后面的推导多么精密，数据多么翔实，结论总是错误的。

因此可以说，一个合格的研究分析者应该将更多的精力关注在跟踪、验证、观察逻辑的前提假设是否依然存在、有效，而不应该将更多的精力放在关注逻辑推理的严密性上，因为凡是经过一定程度经济学知识熏陶的人很难在推导环节上犯错误。

举一个现实中发生过的案例。2015 年初，整体金融市场对于美联储加息的预期高涨，认为美国将开启连续加息周期。从该事件而言，对于国债债券市场的影响，主流分析线条是：美国加息→美国国债利率上行→中美利差缩小→人民币贬值压力加大→国内流动性紧缩→中国利率水平上行。

这一传导链条看似合理，但是其中却可能存在两个明显的漏洞。第一个是“人民币贬值压力加大→国内流动性紧缩”这一环节未必一定出现。汇率贬值所引发的流动性紧缩是在中央银行无对冲情况下的静态分析，和实际情况未必相吻合。第二个是笔者想探讨的重点，即假设这一推导链条成立无

误，但是前提假设的“美国加息”环节真的那么确定性发生吗？

事实上，2015 年全年的市场被美国加息的预期笼罩，但是直到年底，美联储才象征意义的加了一次利率，客观而言，美联储加息并且是连续加息的假设预期被粉碎。

这个小小的案例说明了，逻辑线条的推理一般并不太容易出现错误，因为每一环节的推导都是基于最基本的经济学、金融学常识。但是往往最终导致结论错误的主要原因则是发生在假设预期部分（如上例中的美联储连续加息的假设预期）。

在现实中，人们特别容易把一个假设或主流预期当成是“公理”，似乎这个假设是想当然必须成立的事实。因此在这个假设下，进行一系列推理，把很多的精力放置在了依次环节的推导部分中，反而忘记了去验证、跟踪、思索前提假设或约束条件是否是正确的。

依然以上述例子展开，笔者非常不赞同这种分析模式，以当时的主流预期的政策事件或某一金融资产价格变化为假设前提，展开后续推导分析。诸如“美国连续加息→……→对中国国债的影响”、“股票上涨→……→对中国国债的影响”等类型。

这类的逻辑线条非常容易犯前提假设失效的错误，况且以一种金融资产去推导另一种金融资产价格的变化本身就是有问题的，除非你对第一种金融资产的理解判断要显著强于对另一种金融资产的理解。

当遇到这种推理线条时，笔者由衷的建议能否将假设条件再前置一下。例如不必以美联储加息与否为推导起点，可以以美国经济基本面的分析为推导起点，引申出加息与否的判断环节，进而再进行后续推导。总体来看，一切起步、发源于经济基本面的逻辑线条更为合理可信一些。

从若干年的观察来看，发生错误的逻辑往往有两类：①如笔者前面所提，推导环节很难出错，但是前提假设容易被颠覆；②是一些在推导环节就会出问题的逻辑，即伪命题，比如债券发行供应规模对于利率的影响等。

后一类逻辑是较为容易发现真伪的，前一类逻辑则具有很强的迷惑伤害性，因为这个前提假设往往在一段时期内是不容易被证实或证伪的。提请投资者的是，千万莫以“主流认知”的前提假设为“公理”，尽量将假设环节前移，最好从经济基本面因素角度出发。对于任何逻辑假设，都需要花费 90% 的精力放置在分辨前提假设真伪的环节上。

举另一个例子，在债券分析逻辑中有一个非常简洁的线条：“进行供给侧改革→以调整经济结构为主要任务→将压制社会中的无效融资需求→导致利率下行”。这个线条简洁、清晰，但是最关键的问题不是这个链条是否成立，关键的则是我国是否在坚定不移的进行供给侧改革，而不是借助于需求端刺激的模式。

这个前提假设如果被破坏了，则后续的结论一定会发生错误，因此需要投资者紧密的跟踪各种信号以验证调节经济结构始终在进行中。这些信号可能包括观察地方政府、平台企业是否依然存在各种无序、盲目扩张？银行信贷资产、非标资产是否还在无序、快速的扩张膨胀等。

同样类似的道理也发生在2013年四季度，年中的“钱荒”事件让市场明白了中央银行主要想处理解决的是银行体系的非标资产扩张问题，目标是明确的，但是过程是崎岖的。虽然非标资产的无序扩张一旦受到控制，则债券市场将迎来牛市，但是从“控制非标资产”的目标到“控制非标资产”的实效会经历多少波折则是摆在每位投资者面前的考验。

上述所探讨的一切都是在强调于逻辑假设前提的重要性，此外还需要关注的是逻辑框架适用的约束条件。例如在本书中笔者曾提出过一个“利差分布变化论”的思路框架，在假定了短期政策性利率稳定的前提下，10年期金融债券与短期政策性利率的利差最高值在130个基点附近。

在实际应用中，绝不可以机械的使用这最高130个基点的结论，因为在历史经历中，这也是曾经被颠覆过的（比如2009年）。

在使用这个框架结论时，投资者应该对当前经济基本面因素回升的力度和强度做一个历史主观性比较（依然是“以史为鉴”的思路）。如果认为当前经济回暖强度很强，超越2012年以来的历次复苏力度，甚至逼近2009年的复苏强度，则需要对130个基点的极限利差进行修正；如果并不如此认为，则可参考使用该结论。

这个简单的例子说明了任何框架结论都是有约束条件的，现实情况是否会突破或遵守本次规律，则取决于投资者对于经济基本面的主观性判断，并非是“放之四海而皆准”的不变真理。

零零散散谈了这么多内容，笔者无非是想告诉读者，在变幻无常的金融市场运行中，没有哪个逻辑是放之四海而皆准的。在使用逻辑线条或框架的过程中，首先是鉴别逻辑推导环节的真伪，去伪存真；其次对于逻辑推导正确的线条，需要花费90%的精力放置在研究前提假设可靠性上，因为逻辑推导出现错误的概率不大，但是一旦前提假设出现错误，则是严重的后果。

第五章

信息传播时代对金融市场投资者心理的影响

大概是从2014年以来，以微信、QQ为代表的通信工具成为金融交易市场中一个非常重要的角色。

不可否认，这类即时通信工具的发展对于金融信息的快捷化传播起到了不可磨灭的贡献，令多数市场投资者都站在了信息的同一起跑线上。

但是也同样不可否认的是，当过多的个人感慨、情感抒发、调侃与市场行情结合在一起时，也确实很容易放大市场情绪的波动。

笔者一直想研究一下在信息快速传递时代中投资者心理与情绪波动是否存在干扰增强的情况，但是苦于没有找到合适的方法，在这里只能定性的泛泛而谈自身的感受。

每当行情大好时，翻开微信朋友圈、QQ群，就可以看到各种乐观、得意、坚定的判断或调侃；每当行情低迷时，翻开微信朋友圈、QQ群，可以看到各种悲观、绝望、犹豫的声音和论点。

客观而言，发布于通信工具上的一些言论带有调侃或抒发情怀的意味在其中，既然带有抒情色彩，则必然带有夸张成分，当市场上涨时，容易放大乐观的情绪，当市场下跌时，则容易夸张悲观的氛围。

在市场变化中，交易者非常希望了解市场其他参与者的心态变化，在各种通信工具中所发布的一系列言论则很容易成为观察的对象和标的。这本是一个不错的观察角度，但是笔者提醒注意的则是，这种标的中所反映出来的实际情况则往往被放大夸张，观察者需要仔细甄别，切勿盲目追随情绪。

那么如何合理的比较、观察市场的情绪变化呢？从市场即时交流中确实可以大致摸索出脉动，但是在这种情绪观察中，还需要有一个更为客观的比较基准。笔者建议多从历史数据中进行比较，比较当前市场的变化和历史周期中的变化，回顾历史、以史为鉴，始终是市场参与者的必修途径。

总体来看，之所以用很简单的一段内容来阐述这个问题，笔者只是切身地感受到了，在信息工具丰富、信息传播渠道快捷的现今时代中，各种即时通信工具虽然起到了加快信息传播的功能，但是也客观上强化着情绪波动的效应，可称为“信息加杠杆”。

这种“加杠杆”的现象可能会在一定程度上放大市场参与者情绪的波动，对于市场现实波动也会产生影响。如何做到客观、中肯的评价、理解信息，是每一个投资者、交易者需要认真摸索的重要工作。

附录一　2011～2015年期间的8次“稳增长”情况及其影响一览

次数	时间点	稳增长信号	信号出现的背景	属性	可被观察到的具体政策措施	衡量效果的中间指标		衡量效果的最终指标	稳增长实效评估	对利率的影响
						货币指标	财政指标	工业增加值		
1	2011年11月份	2011年11月份货币政策转向，先后下调中央银行票据利率并实施了降准	2011年三季度以来，经济增长的代表性指标—工业增加值环比增速（经过季节调整后）从1.05%的平台快速回落到了0.8%的平台中	缺乏官方指示信号	只有11月份的下调中央银行票据发行利率和降准措施，其他无	随后3～4个月（11、12、1、2月）货币供应量、信贷等指标未见起色	随后3～4个月（11、12、1、2月）财政支出收入比、财政支出增速等指标有起色	随后3～4个月（11、12、1、2月）工业增加值增速依然一路下行	稳增长未见实效	利率主要还是在货币政策宽松影响下选择下行方向
2	2012年5月23日	2012年5月23日，总理温家宝召开国务院常务会议，系统部署了一揽子稳增长措施	2012年4月份工业增加值断崖式下坠，一季度中国GDP增速逼近8%	官方信号	以宽松货币政策开路，中央银行分别于2012年6月7日、2012年7月5日在短短不到一个月时间内两次降息	5～9五个月份货币供应量增速连续回升	5～7三个月财政支出增速依次提高	5～8四个月工业增速依然回落，9～12月份才开始连续回升	稳增长滞后见到实效	以7月11日为界，前期受到宽松货币政策的影响利率下行，随后展开回升

续表

次数	时间点	稳增长信号	信号出现的背景	属性	可被观察到的具体政策措施	衡量效果的中间指标		衡量效果的最终指标	稳增长实效评估	对利率的影响
						货币指标	财政指标	工业增加值		
3	2013年7月22日	国务院总理李克强先后主持召开部分省区经济形势座谈会和经济形势专家企业负责人座谈会，对当前经济形势进行研究和分析	经历了2013年6月份“钱荒”冲击后，中国经济增速在二季度回落到了7.5%水平，这是当年GDP增速目标的下限水平	官方信号	没有以宽松货币政策开路，而且市场刚刚经历了“620”钱荒冲击，货币政策始终处于偏紧态势中，因此市场没有观察到显性的稳增长政策措施	7～8两个月份货币供应量增速连续上行	7～10四个月份财政支出增速依次走高	7～10四个月工业增速依次回升	稳增长同步见到实效	缺乏了宽松货币政策开路的稳增长，推动利率一路走高
4	2014年3月27日	国务院总理李克强主持召开部分省市经济形势座谈会，强调“促改革、调结构、惠民生，使经济发展行稳致远”	2014年一季度工业增速再下台阶，GDP跌破7.5%底线	官方信号	以宽松货币政策开路，4月16日国务院宣布适当降低县域农商行存准率措施	3～6四个月份货币供应量增速依次回升	4～6三个月份财政支出增速依次走高	4～6三个月份工业增加值增速低位回升，依次走高	稳增长同步见到实效	利率先回落到6月19日，随后展开回升至9月5日，8月份工业断崖下坠，9月5日后，利率再度回落

续表

次数	时间点	稳增长信号	信号出现的背景	属性	可被观察到的具体政策措施	衡量效果的中间指标		衡量效果的最终指标	稳增长实效评估	对利率的影响
						货币指标	财政指标	工业增加值		
5	2015年1月份	2015年1月6日的REUTERS通讯社的一个报道：“消息人士周二（1月6日）透露称，中国国务院2014年底已批准总投资额逾10万亿元人民币的七大类基础设施项目，其中今年投资超过7万亿元”	无	市场臆测	无	广义货币供应在随后继续一路下行	未见扩张迹象	1~3月三个月份工业增加值增速依次走低	稳增长未见实效	被证伪的稳增长信号
6	2015年4月30日	中共中央政治局召开会议分析研究当前经济形势和经济工作，提出“高度重视应对经济下行压力”	工业增速一路下行，一季度GDP增速为7%，是当年计划的底线	官方信号	以宽松货币政策开路，5月10日中央银行宣布降息。（客观而言，这次降息很难被轻易定位于稳增长信号的开路政策，因为宽松的货币政策格局从2015年初以来就持续着）	4月份M2触底，5~11月份依次回升	5月份财政支出增速触底，6~11月份依次回升	4~6月三个月份工业增加值增速低位回升，依次走高	稳增长同步见到实效	5~6月份中，债券市场总体在经受着地方债券发行置换的恐慌冲击，利率虽然处于上行轨道，但是从微观市场感受来看，却似乎和当时的稳增长见效关联度有限相关

续表

次数	时间点	稳增长信号	信号出现的背景	属性	可被观察到的具体政策措施	衡量效果的中间指标		衡量效果的最终指标	稳增长实效评估	对利率的影响
						货币指标	财政指标	工业增加值		
7	2015年7月30日	中共中央政治局召开会议分析研究当前经济形势和经济工作，同样是“高度重视应对经济下行压力”的措辞	二季度GDP依然为7%，但是4～7月份显现一些好转迹象，继续强力稳增长的迫切性似乎不强	这次政治局会议是否传递了真正意义的稳增长信号，还是市场自我预期强化而导致的稳增长信号，非常值得商榷	虽然8月25日确实出现了中央银行降准降息的双降操作，但是很难直接联系于7月30日的政治局会议	M2依然在回升过程中	财政支出增速也依然在回升过程中	7～10月四个月份工业增速却依次回落	稳增长未见实效	利率下行，更多的是在股灾影响下
8	2015年10月中旬到11月份初	但是伴随专项金融债券的发行及9月份社会融资总量以及信贷数据的向好，市场投资者预期政府正在“默默地”进行稳增长的操作	三季度GDP跌破7%	市场臆测	无	M2依然在回升过程中	财政支出增速也依然在回升过程中	11～12月份工业增加值增速依次回落	稳增长未见实效	利率依然下行

附录二　2011 年以来历次中共中央政治局关于经济形势研究会议的相关内容及其对比

单位：%

序号	公告稿发布时间	会议名称	涉及经济问题论述	当期 GDP	GDP 目标	当期 CPI	CPI 目标	笔者推测的未来经济工作重点
1	2011 年 2 月 21 日	讨论政府工作报告和“十二五”规划纲要草案	要保持宏观经济政策的连续性、稳定性，提高针对性、灵活性、有效性，继续实施积极的财政政策和稳健的货币政策，处理好保持经济平稳较快发展、调整经济结构、管理通胀预期的关系，防止经济出现大的波动。要保持物价总水平基本稳定，进一步扩大内需特别是居民消费需求，巩固和加强农业基础地位，加快推进经济结构战略性调整，大力实施科教兴国战略……	10.2	8	4.9	4	防通胀
2	2011 年 12 月 10 日	分析研究 2012 年经济工作	要更加有预见性地加强和改善宏观调控，准确把握好调控的力度、节奏、重点，并根据形势的变化及时作出预调、微调，解决经济运行中的突出矛盾，提高发展质量和效益。要着力扩大内需特别是消费需求，完善促进消费的政策，努力提高居民消费能力，增加中低收入者收入；进一步优化投资结构，保障在建续建项目建设，有序推进“十二五”规划确定的重大项目，加强对企业投资的引导和规范。要进一步夯实农业基础……	8.7	8	4.1	4	稳增长

续表

序号	公告稿发布时间	会议名称	涉及经济问题论述	当期 GDP	GDP 目标	当期 CPI	CPI 目标	笔者推测的未来经济工作重点
3	2012 年 7 月 31 日	讨论研究当前经济形势和经济工作	把稳增长放在更加重要的位置；要加强和改善宏观调控，继续实施积极的财政政策和稳健的货币政策，加大结构性减税政策力度，保持货币信贷平稳适度增长；着力扩大国内需求，改善居民消费能力和环境，积极促进绿色产品和服务消费，在优化投资结构的同时扩大有效投资，落实促进民间投资的政策措施，加大对国家重大项目建设的支持；加快推进经济结构调整……	7.5	7.5	2.2	4	稳增长
4	2013 年 7 月 30 日	讨论研究当前经济形势和下半年经济工作	坚持宏观政策要稳、微观政策要活、社会政策要托底……；根据经济形势变化，适时适度进行预调和微调，稳中有为。要统筹稳增长、调结构、促改革，积极扩大有效需求，着力推进转型升级，不断深化改革开放，着力保障和改善民生，确保完成全年经济社会发展主要任务……；要把握好宏观调控的方向、力度、节奏，使经济运行处于合理区间。继续实施积极的财政政策和稳健的货币政策，盘活存量、优化增量、着力提高财政资金使用效益，加大金融支持实体经济的力度，把钱用在刀刃上；积极释放有效需求，推动居民消费升级，保持合理投资增长，积极稳妥推进以人为核心的新型城镇化，促进房地产市场平稳健康发展……	7.5	7.5	2.6	3.5	稳增长

续表

序号	公告稿发布时间	会议名称	涉及经济问题论述	当期 GDP	GDP 目标	当期 CPI	CPI 目标	笔者推测的未来经济工作重点
5	2013 年 12 月 4 日	分析研究 2014 年经济工作听取第二次全国土地调查情况汇报	要用改革的精神、思路、办法改善宏观调控，科学把握宏观调控政策框架，保持政策连续性和稳定性。要抓好对中央改革总体部署的落实，积极推进重点领域改革，着力增强发展内生动力。要坚持扩大内需战略，加快培育消费新增长点，着力优化消费环境，促进投资合理增长和结构优化，改善投资管理和服务。要实施互利共……	7.6	7.5	2.5	3.5	调结构
6	2014 年 4 月 26 日	研究当前经济形势和经济工作	统筹处理好稳增长、促改革、调结构、惠民生、防风险的关系，保持宏观政策的连续性和稳定性，财政政策和货币政策都要坚持现有政策基调，创造良好发展预期和透明宏观政策环境。要坚持宏观政策要稳、微观政策要活、社会政策要托底的基本思路，根据形势变化适时调整其内涵，努力实现全年经济社会发展各项预期目标……；会议提出，要加大对实体经济的支持力度，夯实经济发展基础，完善小麦、稻谷等最低收购价和玉米、油菜籽临时收储政策，加快下达拨付中央转移支付资金，合理调节流动性水平，加大对小微企业、“三农”和社会事业等领域的支持力度。要进一步简政放权，着力营造公平竞争市场环境，继续取消和……	7.3	7.5	1.8	3.5	稳增长

续表

序号	公告稿发布时间	会议名称	涉及经济问题论述	当期 GDP	GDP 目标	当期 CPI	CPI 目标	笔者推测的未来经济工作重点
7	2014 年 7 月 30 日	决定召开十八届四中全会，讨论研究当前经济形势和下半年经济工作	做好下半年经济工作，要全面贯彻落实党的十八大和十八届三中全会精神，全面落实中央经济工作会议决策部署，准确把握改革发展稳定的平衡点，准确把握近期目标和长期发展的平衡点，准确把握经济社会发展和人民生活改善的结合点，坚持稳中求进工作总基调，坚持宏观政策要稳、微观政策要活、社会政策要托底的基本思路，保持宏观政策连续性和稳定性，针对经济运行中的突出问题，更加注重定向调控，有效实施一些兼顾当前和长远的政策措施……；正确看待经济增长速度，对做好经济工作至关重要，对做好各方面工作影响很大……；会议要求，坚持把改革放在重中之重位置，坚持问题导向，围绕稳增长、调结构、惠民生、防风险，加快推进改革，激发市场内在动力和活力……；会议要求，要发挥好财政金融资源效力，加大对实体经济支持力度，优化财政金融资源配置，提高财经资金使用效益，积极拓宽实体经济融资渠道。要积极扩大有效投资，发挥好投资的关键作用，进一步释放民间投资潜力，着力提高投资质量和效益。要努力扩大消费需求，发挥好消费的……	7. 4	7. 5	2. 3	3. 5	调结构

续表

序号	公告稿发布时间	会议名称	涉及经济问题论述	当期 GDP	GDP 目标	当期 CPI	CPI 目标	笔者推测的未来经济工作重点
8	2014 年 12 月 6 日	分析研究2015年经济工作	保持经济运行在合理区间，把转方式调结构放到更加重要位置，狠抓改革攻坚，突出创新驱动，强化风险防控，加强民生保障，促进经济持续健康发展和社会和谐稳定……；会议强调，要保持稳增长和调结构平衡，坚持宏观政策要稳、微观政策要活、社会政策要托底的总体思路，保持宏观政策连续性和稳定性，继续实施积极的财政政策和稳健的货币政策。要推进新型工业化、信息化、城镇化、农业现代化同步……	7.2	7.5	1.5	3.5	调结构
9	2015 年 5 月 1 日	分析研究当前经济形势和经济工作　审议《中国共产党统一战线工作条例（试行）》、《京津冀协同发展规划纲要》	会议指出，做好当前经济工作，要全面贯彻党的十八大和十八届三中、四中全会精神，按照中央经济工作会议部署，坚持稳中求进工作总基调，主动适应经济发展新常态，保持经济运行在合理区间。坚持以提高经济发展质量和效益为中心，坚持宏观政策要稳、微观政策要活、社会政策要托底的总体思路，保持宏观政策连续性和稳定性，加大定向调控力度，及时进行预调微调，高度重视应对经济下行压力，加快改革开放步伐，保持稳增长、促改革、调结构、惠民生、防风险综合平衡，调动各方积极性，狠抓工作落实，促进经济持续健康发展和社会大局稳定……；会议认为，积极的财政政策要增加公共支出，加大降税清费力度。稳健的货币政策要把握好度，注意疏通货币政策向实体经济的传导渠道。要注重发挥投资的关键作用，认真选择好投资项目，做到有市场，有长期……	7	7	1.4	3	稳增长

续表

序号	公告稿发布时间	会议名称	涉及经济问题论述	当期 GDP	GDP 目标	当期 CPI	CPI 目标	笔者推测的未来经济工作重点
10	2015年7月31日	分析研究当前经济形势和经济工作 研究进一步推进西藏经济社会发展和长治久安工作	坚持宏观政策要稳、微观政策要活、社会政策要托底的总体思路，保持宏观政策连续性和稳定性，在区间调控基础上加大定向调控力度，及时进行预调微调，高度重视应对经济下行压力，高度重视防范和化解系统性风险，大力推进改革开放，保持稳增长、促改革、调结构、惠民生、防风险综合平衡，调动各方面积极性，狠抓工作落实，保持经济运行在合理区间，促进经济持续健康发展和社会大局稳定……；会议强调，要坚持以经济建设为中心，保持宏观政策连续性和稳定性，坚持积极的财政政策不变调，保持公共支出力度，继续减轻企业负担，引导和撬动更多民间资金增加投入。稳健的货币政策要松紧适度，保持合理的流动性，提高服务实体经济能力和水平。采取务实有效的办法，引导消费、投资……	7	7	1.7	3	稳增长
11	2015年12月15日	分析研究2016年经济工作	适应经济发展新常态，坚持改革开放，坚持稳中求进总基调，坚持稳增长、调结构、惠民生、防风险，实行宏观政策要稳、产业政策要准、微观政策要活、改革政策要实、社会政策要托底的总体思路，保持经济运行在合理区间，着力加强结构性改革，在适度扩大总需求的同时，提高供给体系质量和效率，提高投资有效性，加快培育新的发展动能，改造提升传统比较……；会议强调，2016年经济社会发展要抓住关键点、打好歼灭战。要深入实施创新	6.8	7	1.6	3	稳增长

续表

序号	公告稿发布时间	会议名称	涉及经济问题论述	当期 GDP	GDP 目标	当期 CPI	CPI 目标	笔者推测的未来经济工作重点
11	2015 年 12 月 15 日	分析研究 2016 年经济工作	驱动战略，推进大众创业、万众创新，增强发展动力和活力。要积极稳妥推进企业优胜劣汰，通过兼并重组、破产清算，实现市场出清。要帮助企业降低成本，包括降低制度性交易成本、企业税费负担、社会保险费、财务成本、电力价格、物流成本等，打出一套“组合拳”。要化解房地产库存，通过加快农民工市民化，推进以满足新市民为出发点的住房制度改革，扩大有效需求，稳定房地产市场。要扩大有效供给，保持有效投资力度，着力补齐短板。要防范化解……	6.8	7	1.6	3	稳增长
12	2016 年 2 月 22 日	讨论政府工作报告和“十三五”规划纲要草案	坚持以新发展理念引领发展，坚持稳中求进工作总基调，适应经济发展新常态，实行宏观政策要稳、产业政策要准、微观政策要活、改革政策要实、社会政策要托底的总体思路，把握好稳增长与调结构的平衡，保持经济运行在合理区间，着力加强供给侧结构性改革，加快培育新的发展动能，改造提升传统比较优势，抓好去产能、去库存、去杠杆、降成本、补短板，加强民生保障，做好重点领域风险防控，努力实现全面建成小康社会决胜阶段良好开局……	6.7	6.5～7	2.3	3	稳增长

续表

序号	公告稿发布时间	会议名称	涉及经济问题论述	当期 GDP	GDP 目标	当期 CPI	CPI 目标	笔者推测的未来经济工作重点
13	2016年4月29日	分析研究当前经济形势和经济工作	会议强调，要按照中央经济工作会议决策部署，贯彻党的十八届五中全会精神，落实创新、协调、绿色、开放、共享的发展理念，坚持宏观政策要稳、产业政策要准、微观政策要活、改革政策要实、社会政策要托底的总体思路。要坚持适度扩大总需求，实行积极的财政政策和稳健的货币政策，坚定不移以推进供给侧结构性改革为主线，加快培育新的发展动能，改造提升传统比较优势，全面落实“去产能、去库存、去杠杆、降成本、补短板”五大重点任务。要确保党中央确定的政策不走样、不变形，确保各项政策落实到位……；会议强调，宏观经济政策要增强针对性。要保持股市健康发展，充分发挥市场机制调节作用，加强基础制度建设，加强市场监管，保护投资者权益。要保持人民币汇率基本稳定，逐步形成以市场供求为基础、双向浮动、有弹性的汇率运行机制。要按照加快提高户籍人口城镇化率和深……	6.7	6.5～7	2.3	3	调结构

参考文献

1. 董德志著：《投资交易笔记——2002～2010年中国债券市场研究回眸》，经济科学出版社2011年版。

2. ［美］法博齐编著，任若恩、李焰等译：《固定收益证券手册》（第六版），中国人民大学出版社2005年版。

3. ［美］艾伦·格林斯潘著，余江译：《动荡的世界》，中信出版社2014年版。

4. 孙国峰著：《第一排：中国金融改革的近距离思考》，中国经济出版社2012年版。

5. 盛松成，翟春著：《中央银行与货币供应》，中国金融出版社2015年版。

6. 伍戈，李斌著：《成本冲击、通胀容忍度与宏观政策》，中国金融出版社2013年版。

7. 中华人民共和国国家统计局编：《中国主要统计指标诠释》，中国统计出版社2010年版。